Encarnación Guerrero García

Núria Xicota Tort

UNIVERSO.ele
Spanisch für Studierende

A2

**Kurs- und Arbeitsbuch
mit Audio-CD**

Hueber Verlag

Fachliche Beratung

Christine Beckmann, Dozentin für Englisch und Spanisch an der THM (Technische Hochschule Mittelhessen)

María del Pilar Seijas Chao, Lektorin an der Universität Augsburg

Dr. Cristina Pozo Vicente, Dozentin an der Fachhochschule Köln und Dozententrainerin an der Universität Duisburg-Essen

Javier Alcántara, Lehrbeauftragter an der Hochschule für angewandte Wissenschaften, München

Ein **MP3-Download** der Sprachaufnahmen ist unter www.hueber.de/universo erhältlich.

Inhalt der MP3-Dateien: © Hueber Verlag GmbH & Co. KG, München, Deutschland.

Sprecher: Cecilia Bolaños, Flavia Buono, Hugo de las Heras Gala, Raquel Fernández, Ernesto Garzón Villada, Anne Maier, Raquel Muñoz, Elsa Rodríguez Arribas, Giancarlo Sánchez Aizcorbe

Produktion: Tonstudio Langer e. K, Neufahrn bei Freising

3. 2. 1.   Die letzten Ziffern
2023 22 21 20 19   bezeichnen Zahl und Jahr des Druckes.
Alle Drucke dieser Auflage können, da unverändert, nebeneinander benutzt werden.
1. Auflage
© 2019 Hueber Verlag GmbH & Co. KG, München, Deutschland
Redaktion: Raquel Muñoz, Anne Maier, Hueber Verlag, München
Umschlaggestaltung: Sieveking · Agentur für Kommunikation, München
Zeichnungen: © Mascha Greune, München
Gestaltung und Satz: Sieveking · Agentur für Kommunikation, München
Druck und Bindung: Firmengruppe APPL, aprinta druck GmbH, Wemding
Printed in Germany
ISBN 978–3–19–024333–4

Art. 530_26350_001_01

Liebe Lernerin, lieber Lerner,

UNIVERSO.ELE ist konzipiert für alle, die Spanisch für ihr Studium benötigen oder einfach in relativ kurzer Zeit die spanische Sprache erlernen möchten. Das Lehrwerk entspricht den Richtlinien des Gemeinsamen Europäischen Referenzrahmens (GER).

UNIVERSO.ELE A2 führt zum Niveau A2 des Gemeinsamen Europäischen Referenzrahmens und lässt sich flexibel an unterschiedliche Kurslängen anpassen. Der Band bietet Stoff für 40 bis 60 Unterrichtsstunden: Optionale Seiten in jeder Lektion ermöglichen die weitere Vertiefung zu Hause oder im Unterricht. Vielfältige Übungen im Arbeitsbuchteil und weitere Aktivitäten und Tests im Lehrwerkservice sowie auf der Moodle-Plattform dienen der Konsolidierung und Vertiefung.

Die Lektionen
Die Auftaktseite jeder Lektion bietet einen Überblick über die kommunikativen Ziele. Der Lektionstitel, Fotos und Aktivitäten ermöglichen einen ersten Zugang zum Thema.

Teile A, B und C
Die Lektionen sind jeweils in die Teile A, B und C gegliedert. Für jeden Teil sind Lernziele angegeben. Damit gewinnt der Lernprozess an Transparenz. Verschiedene relevante Textsorten sorgen für den notwendigen Input. Die dazugehörigen Aktivitäten dienen der Analyse und dem Verständnis des neuen Stoffes. Im Anschluss wird das Gelernte sofort angewendet.

Mi proyecto
Der Kernteil jeder Lektion wird mit einer Projektarbeit im Team und einer Schreibaufgabe zu interessanten Themen abgeschlossen.

Mi gramática und Mi léxico
Auf diesen Seiten werden nochmals grammatische und lexikalische Aspekte der Lektion aufgegriffen und genauer analysiert bzw. intensiver geübt. Diese Seiten können bei Bedarf auch selbstständig zu Hause bearbeitet werden. Auf der Seite *Mi léxico* werden außerdem Strategien zum Wortschatzlernen eingeführt.

Cultura
Anhand eines Textes wird ein zur Lektion passendes soziokulturelles Thema behandelt. Die Seite kann bei Bedarf ebenfalls zu Hause bearbeitet werden.

Arbeitsbuchteil
Die Arbeitsbuchseiten bieten weitere Aufgaben zur Anwendung und Vertiefung des Gelernten. Es werden sowohl grammatische als auch lexikalische Inhalte trainiert.

Der Anhang
Im Anhang befinden sich ausführliche Grammatikerläuterungen zu den Lektionen, die Transkriptionen zu den Hörtexten, die Lösungen zum Arbeitsbuch und der Wortschatz der Lektionen.

Wir wünschen Euch viel Spaß und Erfolg beim Spanischlernen!

Euer Universo.ele-Team

		Kommunikation	Wortschatz
8 S.7	**Mi piso, mi habitación**	» eine Wohnung beschreiben (Lage, Zimmer, Einrichtung) » ein einfaches Telefonat verstehen » die Position von Gegenständen im Raum angeben » Wohnungen und Zimmer vergleichen » Erlaubnis und Verbot ausdrücken » über Regeln und Aufgaben im Haushalt sprechen	» Wohnungen und Räume » Vokabular zur Beschreibung einer Wohnung *(con luz natural / amueblado / oscuro, ...)* » Einrichtungsgegen-stände » Aufgaben im Haushalt
9 S.19	**Mis compras**	» sich in einem Geschäft über ein Produkt informieren (Qualität, Preis) » Werbeslogans und Kleinanzeigen verstehen » Gegenstände beschreiben » über Fähigkeiten sprechen	» Abteilungen in einem Kaufhaus » Produkte » Vokabular zum Konsumverhalten » Vokabular zur Beschreibung von Gegenständen (Material, Farbe, Form)
10 S.31	**El aprendizaje, un viaje sin fin**	» über Erlebnisse im Ausland sprechen und diese zeitlich einordnen » Erlebnisse bewerten » die Dauer und Häufigkeit einer Handlung angeben » Informationen über das Lernverhalten (Aktivitäten und Häufigkeit) geben » über die eigene Lernbiographie sprechen	» wichtige Dokumente: *carné, pasaporte, seguro,...* » studienbegleitende Auslandsaufenthalte: *pasantía, periodo de prácticas* » Aktivitäten im Unterricht: *memorizar, entender, practicar,...* » Suffixe
11 S.43	**Biografías**	» nach biografischen Angaben fragen und darüber Auskunft geben » die Zeitspanne nennen/erfragen » einen Lebenslauf verstehen und darüber sprechen » sich auf ein Bewerbungsgespräch vorbereiten » eine Stellenanzeige verstehen	» Vokabular im Zusammenhang mit der eigenen Biografie: *nacer, crecer, ir al colegio,...* » wichtige Begriffe für einen Lebenslauf: *formación, especialidad,...* » Berufe und berufsspezifische Eigenschaften
12 S.55	**Eran otros tiempos**	» das Aussehen von Personen beschreiben » eine Person im Laufe ihres Lebens beschreiben » über Erinnerungen sprechen » Kleidung kaufen » über Mode sprechen » Vergangenheit und Gegenwart vergleichen	» Beschreibung des Aussehens » Kindheitserinnerungen » Mode und Kleidung » Materialien, Muster und Formen » Adjektive zur Beschreibung von Objekten
13 S.67	**Cosas de la historia**	» einfache Zeitungsüberschriften verstehen » über ein historisches Ereignis sprechen » Informationen in einem Reiseführer verstehen » über Praktikumserfahrungen sprechen » formelle Briefe verfassen	» Vokabular in Verbindung mit Ereignissen in der Vergangenheit: *lanzar, morir, atentar, celebrar, manifestación, crisis,...* » Aufbau von Städten » Formulierungen für formelle Briefe
14 S.79	**Ponte en forma**	» über Gemütszustände sprechen: *estoy cansado, nervioso...* » Anweisungen geben und verstehen » Krankheitssymptome beschreiben: *¿Qué te pasa? No sé, no me encuentro muy bien.* » Ratschläge geben: *te recomiendo, tienes que, lo mejor es que, puedes,...* » über Essgewohnheiten sprechen » Ernährungstipps geben	» Gemütszustände: *estar nervioso / enfermo, ...* » Sportarten » Körperteile: *cuello, pierna, brazo,...* » Empfindungen: *tener sueño/frío/calor* » Nahrungsmittel und Ernährung » Themenbereich Kochen

Hörtext mit Tracknummer
 Aktivität zu zweit
 Aktivität in einer kleinen Gruppe
 Reflexion über Sprachphänomene
 Schreibübung auf den Mi proyecto-Seiten

Frases útiles

¿Qúe dice tu profesor/a?

Habla.

Escribe.

Lee.

Escucha.

Trabajo en parejas:
Trabaja con tu pareja.

Trabajo en grupo:
Trabaja en grupo.

Pregunta y responde.

Completa.

Marca con una cruz.

Relaciona.

Marca.

Compara.

¿Cómo pides ayuda?

No entiendo.

¿Cómo se escribe?

¿Cómo se dice ...
en español?

¿Qué significa
en alemán?

¿Cómo se pronuncia?

¿Qué tenemos
que hacer?

¿Me puede ayudar,
por favor?

Mi piso, mi habitación

Hier lernst du …

… eine Wohnung zu beschreiben
   (Lage, Zimmer, Einrichtung)
… ein einfaches Telefonat zu verstehen
… die Position von Gegenständen im Raum anzugeben
… Wohnungen und Zimmer zu vergleichen
… eine Erlaubnis oder ein Verbot auszudrücken
… über Regeln, Aufgaben und Gewohnheiten im Haushalt zu sprechen

In dieser Lektion schreiben wir eine Wohnungsanzeige und bereiten eine Besichtigung vor, um eine/n neue/n Mitbewohner/in für unsere Wohngemeinschaft zu finden.

el dormitorio

el salón-comedor

el balcón

la cocina

el pasillo

el cuarto de baño

la mesita de noche

la cama

el sillón

la lámpara

la barbacoa

la silla

la lavadora

la estantería

la televisión

el escritorio

el sofá

la mesa

el armario

el frigorífico

a ¿Dónde pones los objetos? Colócalos en la habitación correspondiente.

- *El frigorífico lo ponemos en la cocina, ¿no?*
- *Vale. Y la televisión la ponemos…*
- *De acuerdo.*

b ¿Qué habitación es más importante para ti? ¿Por qué?

- *Pues para mí, la cocina es la habitación más importante porque…*

8 A

Kommunikation eine Wohnung beschreiben (Lage, Zimmer, Einrichtung) »» ein einfaches Telefonat verstehen
Grammatik *ser, tener* und *estar* (Wiederholung) »» Mengenangaben *(la mayoría, unos pocos, casi nadie...)*
Wortschatz Teile einer Wohnung »» Adjektive zur Beschreibung einer Wohnung

1 Me encanta mi piso

a ¿Cómo vives tú? Lee la encuesta y contesta.

Vivo...
- ☐ en un piso compartido
- ☐ con mis padres
- ☐ en una residencia de estudiantes
- ☐ solo/-a

Mi piso / apartamento está...
- ☐ en el centro
- ☐ en las afueras
- ☐ en una urbanización

Mi habitación es...
- ☐ luminosa ☐ oscura
- ☐ tranquila ☐ ruidosa
- ☐ grande ☐ pequeña
- ☐ barata ☐ cara

Mi piso / apartamento tiene...
- ☐ calefacción de gas natural
- ☐ conexión a Internet
- ☐ ascensor
- ☐ jardín
- ☐ garaje
- ☐ WIFI
- ☐ piscina
- ☐ balcón
- ☐ trastero
- ☐ sótano

- ☐ otros:
  ....
  ....

b Intercambia las informaciones con tu compañero/-a.

- ■ *Vivo en..., ... está..., ... es... y tiene...*

c ¿Dónde vive la mayoría de la clase?
Vuestro/-a profesor/a lo escribe
en la pizarra. Haced un ranking.

- ■ *Nosotros vivimos en...*
- ● *Y nosotros en...*

La mayoría vive en ....
Unos pocos en ....
Otros en ....
Casi nadie en ....

2 Ofrezco habitación

a Lee estos tres anuncios de alquiler de habitaciones. Busca y marca en los textos
la siguiente información: precio, ubicación y características del piso o de la habitación.

Habitación en alquiler a 20 minutos del centro ☆ ⊕ ✉
Buscamos compañer@ de piso para alquiler de habitación en piso compartido (cuatro
habitaciones grandes y dos baños). Somos dos chicos y una chica de 29 y 30 años. Muy
buen ambiente. Piso amueblado, grande y luminoso, con WIFI. En urbanización con piscina
(de junio a septiembre) y pista de pádel. Zona del Violón, con vistas al río Genil. Ver a partir
de las 20h. El precio es de 320€ al mes (gastos incluidos) y tres meses de fianza (960€).

Habitación en pleno centro de Granada, solo chicas ☆ ⊕ ✉
Se alquila habitación por 240€ al mes, gastos excluidos (gas natural, comunidad, Internet
y electricidad). Se ofrece buen ambiente respetando las normas básicas de convivencia.
Ambiente limpio y tranquilo; con todas las ventajas de vivir en el centro de la ciudad y
tener cerca todo: ocio, tiendas, paradas de bus y estación de tren. Habitación amplia con
balcón y cuarto de baño propio.

Habitación en piso espacioso y confortable

Soy una señora de 70 años, amable y sencilla. Alquilo dos habitaciones a personas limpias y respetuosas. El piso es muy grande, luminoso y tranquilo, próximo a la Plaza de La Trinidad. Las habitaciones son individuales y están amuebladas con cama, armario y mesita de noche. El precio es de 290 euros por habitación. Derecho a uso de cocina, lavadora, Internet y salón. Posible rebaja de alquiler a cambio de ayuda en casa.

 b Una persona llama a uno de estos tres anuncios para informarse mejor. Escucha la conversación telefónica. ¿De qué piso se trata?

c Escucha de nuevo y presta atención a lo que dicen las personas. Completa.

Beim Entgegennehmen eines Anrufs sagt man ...	Um zu erfahren, wer anruft, sagt man ...	Zur Verabschiedung sagt man ...
	Perdona, ¿de parte de quién?	
¿Sí?		

3 Busco piso o habitación

a Aquí tienes tres personas interesadas en encontrar piso en la ciudad de Granada. Decide con tu compañero/-a qué piso de **2a** es interesante para cada una de ellas. ¿Por qué?

Busco habitación en piso compartido o familiar

Hola a tod@s:
Me llamo Javi, tengo 28 años y busco habitación en piso compartido o familiar, a cambio de tareas domésticas: limpieza, compra, cocina (cocino muy bien), lavado, planchado, y demás tareas. También puedo cuidar de personas mayores o niños. Soy simpático, muy humano y tengo facilidad para el trato. También estoy dispuesto a pagar un alquiler moderadamente bajo.

Madre e hija buscan piso

Somos dos personas, mi hija, de 14 años, y yo. Buscamos una habitación amplia o dos habitaciones pequeñas en piso compartido en Granada. Somos personas educadas y ordenadas. Nos gustaría un piso solo de chicas. Estamos dispuestas a pagar hasta 300 euros al mes.

 Estudiante gallego busca piso

Soy de un pequeño pueblo de Orense y voy a estudiar en Granada Traducción e Interpretación. Quiero compartir piso con otros estudiantes. Busco un piso céntrico, acogedor y con gente agradable. El coste del alquiler no puede superar los 300 euros mensuales.

■ *Yo pienso que el chico del anuncio... puede ir a... ¿no crees?*

b Lee de nuevo los textos y marca cómo son las personas que se presentan.

→ *Mi léxico 1 y 2*

c Llegas a Granada y buscas piso. Escribe un anuncio donde te presentas y explicas qué tipo de habitación buscas.

Soy... Quiero... Busco...

8 B

Kommunikation die Position von Gegenständen im Raum angeben » Wohnungen und Zimmer vergleichen
Grammatik lokale Präpositionen » der Komparativ *(más, menos, tan… como, tanto como)* » Possessivpronomen
mit Artikel Wortschatz Einrichtungsgegenstände » weitere Adjektive zur Beschreibung einer Wohnung

4 La mudanza

a Escucha la conversación. ¿Cuáles de estos objetos escuchas?

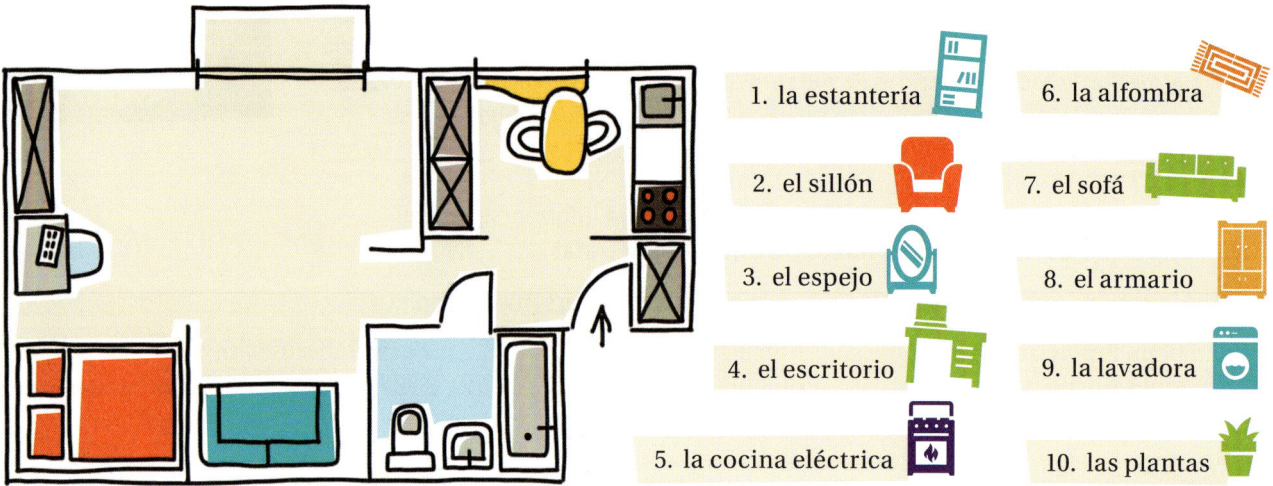

1. la estantería
2. el sillón
3. el espejo
4. el escritorio
5. la cocina eléctrica
6. la alfombra
7. el sofá
8. el armario
9. la lavadora
10. las plantas

b ¿Dónde están los objetos anteriores? Escucha otra vez y márcalos en el plano.

c ¿Qué muebles tienes en tu habitación? Descríbela. Tu compañero/-a la dibuja.

Ortsangaben

encima (de)
debajo (de)
al lado (de)
en la esquina
entre

5 El piso de la izquierda es…

a Ana y Lisa, dos estudiantes de Medicina, buscan un piso para compartir.
Escucha la conversación. ¿De qué hablan?

☐ de la compra de muebles ☐ del tamaño del piso ☐ de los gastos de alquiler

b Mira los planos de estos pisos y lee los comentarios de Ana y Lisa.
Relaciona las afirmaciones con el plano correspondiente.

- *Mira, este piso es más espacioso y acogedor y tiene más metros cuadrados que el otro.*
- *Sí, es verdad pero mira, es más caro, y además, los dos tienen el mismo número de habitaciones, ¿no?*
- *No, mira, este tiene una habitación más: pequeña, pero perfecta para los amigos.*
- *Ah, sí es verdad, pero el balcón es más pequeño, y yo quiero un balcón más grande.*
- *No sé, a mí me gusta más el otro piso. Fíjate, la cocina tiene menos luz y ¡qué pequeña! Además no está amueblada.*
- *Vale, de acuerdo. Pero el cuarto de baño del otro piso no tiene ventana…*
- *Mejor, así en invierno es menos frío… Hm… ¿A ver cómo son los dormitorios?*
- *Bueno, igual de grandes, ¿no?*
- *No, no. Mira, yo creo que estos son más grandes. Además ya están amueblados.*

A.

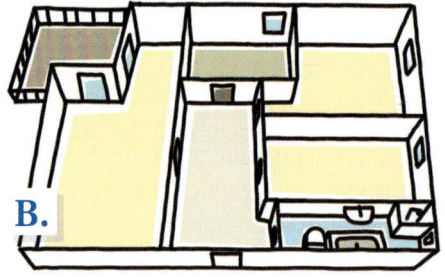

B.

c Vuelve a leer el diálogo y fíjate en cómo comparan los pisos. Completa la tabla con ejemplos del texto.

	Vergleich von Eigenschaften	Vergleich von Dingen
Komparativ bei Ungleichheit (+)	**más** + Adjektiv (+ **que**)	**más** + Substantiv (+ **que**) ....
Komparativ bei Ungleichheit (-)	**menos** + Adjektiv (+ **que**)	**menos** + Substantiv (+ **que**) ....
Komparativ bei Gleichheit (=)	**tan** + Adjektiv + **como** *tan grande como* .... **igual de** + Adjektiv (+ **que**)	**el/la mismo/-a, los/las mismos/-as** + Substantiv (+**que**) .... **tanto/-a/-os/-as** + Substantiv + **como** *tantas habitaciones como* ....

d Escucha el diálogo otra vez. ¿Con qué piso se quedan? Y tú, ¿qué piso prefieres? ¿Por qué? Cómentalo con un/a compañero/-a.

- ■ *Yo prefiero... porque... ¿Y tú?* ● *Pues yo...*

6 El mío es pequeño

a Lee lo que dicen estas personas de su piso. ¿Y cómo es el tuyo? Reacciona.

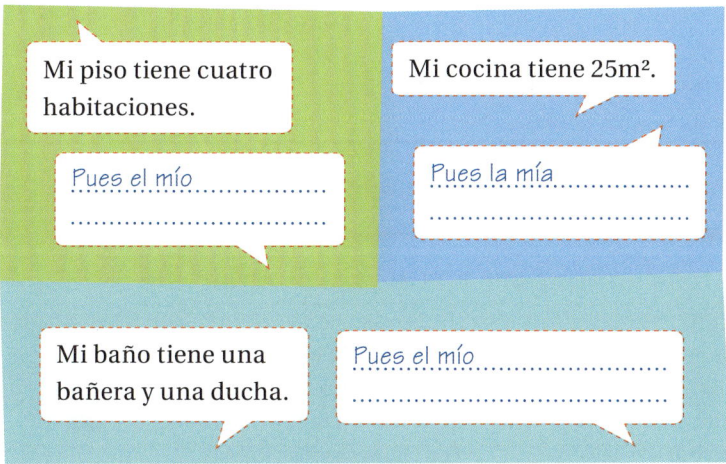

Mi piso tiene cuatro habitaciones.

Pues el mío ....

Mi cocina tiene 25m².

Pues la mía ....

Mi baño tiene una bañera y una ducha.

Pues el mío ....

Possessivpronomen

- ● **Mi** cocina es grandísima.
- ■ Pues **la mía** es pequeña, pero acogedora.

Um Eigenes von Fremdem zu unterscheiden, benutzt man das betonte Possessivpronomen mit dem bestimmten Artikel: **el/la/los/las** + Possessivpronomen.

mi piso → **el mío**   mi cocina → **la mía**
tu piso → **el tuyo**   tu cocina → **la tuya**
su piso → **el suyo**   su cocina → **la suya**

→ *Mi gramática 1*

b Describe a tu compañero/-a tu piso o habitación. Elige después la palabra que mejor describe el piso o la habitación de tu compañero/-a.

acogedor/-a   confortable   espacioso/-a   amplio/-a   frío/-a   sencillo/-a   cómodo/-a

- ■ *¿Cómo es tu piso, grande o pequeño?* ● *Pues mi piso es..., tiene...* ■ *Pues el mío es..., tiene...*

c Contad a la clase qué diferencias hay entre vuestros dos pisos.

- ■ *El piso de mi compañero/-a es mucho más grande.*

→ *Mi léxico 2*

d Escribe ahora un pequeño texto sobre tu vivienda ideal.

Mi vivienda ideal... Es... tiene...

8 C

Kommunikation über Regeln, Aufgaben und Gewohnheiten im Haushalt sprechen
Grammatik eine Erlaubnis / ein Verbot mit *poder* + Infinitiv ausdrücken ›› *estar* + Gerundio
Wortschatz Aufgaben im Haushalt

7 ## Normas de convivencia

a ¿Compartes piso? Mira la lista y señala qué se puede y qué no se puede hacer en el piso donde vives. Añade otros temas a la lista.

Normas de convivencia	Se puede.	No se puede.
Fumar en las habitaciones comunes.	☐	☐
Hacer fiestas los fines de semana.	☐	☐
Llevar a amigos.	☐	☐
Hacer ruido a partir de las 22 horas.	☐	☐
Escuchar música los domingos a las 8 de la mañana.	☐	☐
Tener animales domésticos.	☐	☐
....	☐	☐
....	☐	☐

b Intercambia tus respuestas con tu compañero/-a.
- ■ *¿Se puede… en tu piso…?*
- ● *Sí, pero solo…*

> **eine Erlaubnis / ein Verbot ausdrücken**
> Sí, **se puede** llevar a amigos.
> No, **no se puede** fumar.
> **(no) poder** + Infinitiv

8 ## Tareas domésticas

a Lee este texto sobre cómo organizar las tareas domésticas cuando se comparte piso. Señala las que más te gustan a ti y compara después con un/a compañero/-a.

Reparto de las tareas domésticas en un piso compartido

Primero, hay que distinguir las áreas comunes de las privadas. En las zonas comunes (salón, cocina y baños) se deben establecer unas normas de uso, como por ejemplo, no dejar los utensilios de uso personal en las zonas comunes, u ordenar la cocina después de usarla.

Además, para organizar la limpieza general u otras tareas habituales, lo mejor es establecer turnos. Para ello, es conveniente tener en cuenta las preferencias o habilidades de cada uno. Por ejemplo, hay que pensar en:

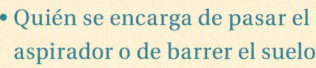

- Quién saca y tira la basura.
- Quién tira los vidrios y papeles en los contenedores adecuados.
- Quién limpia los cuartos de baño y la cocina.
- Quién se encarga de pasar el aspirador o de barrer el suelo.
- Quién riega las plantas, también las del balcón.
- Quién lleva la contabilidad de los gastos comunes.
- Quién se encarga de la lista común de la compra.
Para todo ello, lo mejor es establecer un calendario semanal y/o mensual.

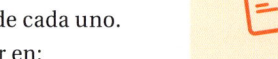

- ■ *Yo prefiero organizar las tareas de la semana para todos.*
- ● *Yo no. No me gusta nada. Yo prefiero hacer la compra.*

b Graciela, José, Ángela y Laura van a compartir piso en Granada. Lee cómo es su ritmo de vida y reparte las tareas.

Ángela
Está poco en casa. Por la mañana va a las clases de la universidad y por la tarde hace unas prácticas en una empresa. No tiene mucho tiempo.

Graciela
Sabe cocinar muy bien, le gustan mucho las plantas, pero es un poco desordenada. Todos los fines de semana se va a casa de sus padres.

Laura
Estudia y trabaja hasta muy tarde, por eso duerme por la mañana. Es ordenada y muy buena organizadora.

José
Es muy ordenado, necesita ver limpieza y orden, es muy ahorrador.

LISTA DE TAREAS

- Limpiar la cocina
- Limpiar y ordenar el salón
- Limpiar el cuarto de baño
- Barrer o pasar el aspirador
- Fregar el suelo
- Regar las plantas
- Bajar la basura
- Hacer las compras de los productos comunes (sal, aceite, azúcar, etc.)

Persona	Ángela	Graciela	Laura	José
Tarea	....	....	....	bajar la basura
	....	....	....	....

■ *Pues yo creo que Graciela puede hacer la compra, ¿no creéis?*
● *Pues sí, porque...*

c ¿Con qué frecuencia haces tú las diferentes tareas?

Tarea doméstica	Frecuencia
• Ordenar mi habitación	• Todos los días
• Sacar la basura	....
• Regar las plantas	....
....	....
....	....
....	....
....	....

Häufigkeit ausdrücken

todos los días / cada día   100%
a menudo
una vez a la semana
de vez en cuando
muy pocas veces
una vez al mes
casi nunca
nunca   0%

d Coméntalo con tu compañero/-a.

■ *Yo saco la basura cada dos días, ¿y tú?*
● *Pues yo no la saco nunca. Siempre lo hace mi compañero de piso.*

9 **¿Qué están haciendo?**

a Observa lo que están haciendo estos estudiantes durante la mañana del sábado. Lee las actividades y relaciónalas con las escenas. Escribe el número de la habitación al lado de la actividad.

.... Está pasando el aspirador. .... Está durmiendo. .... Está regando las plantas.

.... Está cocinando. .... Está viendo la tele. .... Está ordenando su habitación.

.... Está limpiando el polvo. .... Está escribiendo la lista de la compra. .... Se está duchando.

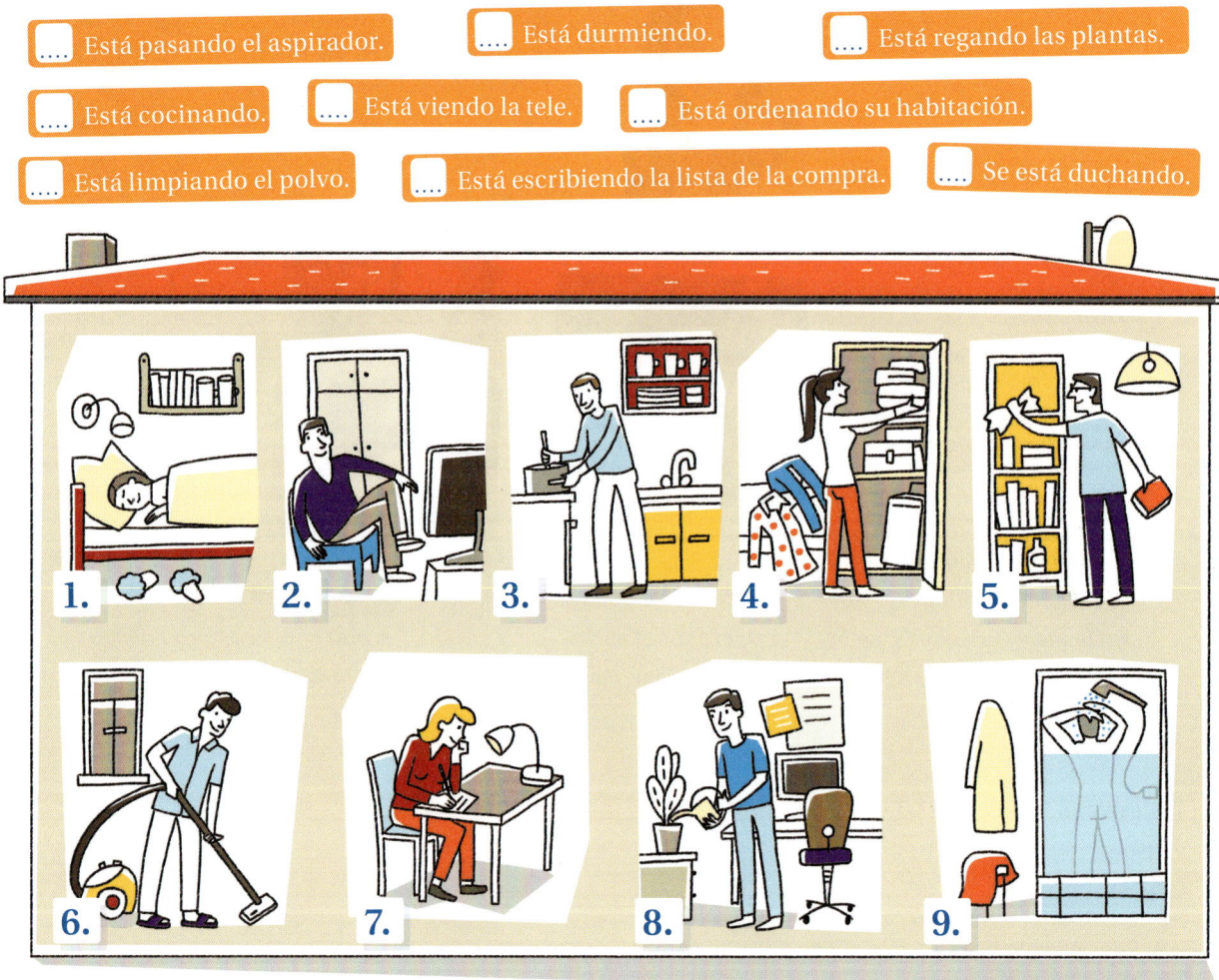

b En la lista de tareas de **9a** aparece una forma verbal nueva: *estar* + gerundio.
Completa las formas de gerundio. ¿Encuentras esta forma equivalente en tu lengua
o en otras lenguas, por ejemplo en inglés? ¿Cuándo se usa?

estar + Gerundio			
estoy		**unregelmäßige Formen**	**Stellung des Pronomens**
estás	.... (-ar)	dormir → durmiendo	**Se** está duchando. / Está duchándo**se**.
está +	.... (-er)	ir → yendo	Está regándo**las**. / **Las** está regando.
estamos	escrib**iendo** (-ir)	leer → leyendo	(las plantas)
estáis		decir → diciendo	
están			

Durch **estar** + Gerundio wird es ermöglicht, eine Handlung **in ihrem Verlauf** darzustellen.
So wird im Präsens ausgedrückt, dass

» eine Handlung genau zum Zeitpunkt des Sprechens (jetzt, gerade) abläuft.

● ¿Pero qué **estás haciendo**? ■ Pues **estoy viendo** la tele.

» eine Handlung zur Zeit abläuft, jedoch auf einen bestimmten Zeitraum beschränkt ist.

● ¿Qué **estás haciendo** este semestre? ■ Pues **estoy estudiando** español. → *Mi gramática 2*

c Y ahora escucha los ruidos. ¿Qué están haciendo estas personas?

1. está ....
2. ....
3. ....
4. ....
5. ....

d Elige una acción y represéntala mediante gestos. Tus compañeros/-as adivinan lo que estás haciendo.

e Pregunta a tu compañero/-a qué cosas interesantes está haciendo este semestre. Luego, cuéntaselo a la clase. ¿Quién de la clase hace la cosa más extraña?

- ■ *¿Estás haciendo algo especial este semestre?*
- ● *No sé, bueno... pues... estoy ayudando a unos amigos a renovar su piso. ¿Y tú?*

NUESTRO PROYECTO

Vamos a buscar a una persona para compartir piso. Para ello vamos a preparar una entrevista para elegir al mejor candidato.

a Antes de preparar la entrevista tenéis que poneros de acuerdo sobre los siguientes aspectos:

- Precio del alquiler y gastos
- Edad de la persona

- Descripción del piso y de la habitación que vais a alquilar
- Cualidades de la persona que buscáis

b Estableced las normas de convivencia en el piso: qué se puede y qué no se puede hacer, horarios y lista de tareas domésticas.

Se puede...	No se puede...	Hay que...

c Ahora preparad las preguntas que vais a hacer a las personas que se presentan a partir de lo que habéis acordado en las actividades **a** y **b**.

POSIBLES PREGUNTAS:
- *¿Te gusta cocinar?*
-
-

Escribimos

Buscas un/-a compañero/-a para compartir tu piso. Escribe un anuncio con las condiciones y las cualidades de la persona que buscas.

Se alquila habitación de ...... m². El piso es ....
Este tiene ...., está .... La habitación es ....
La persona tiene que ser ....

1 La mía es grande y bonita

Mira las distintas situaciones. Escribe el pronombre o adjetivo posesivo.

¿De quién es?

¿Es ....? No. Es de una amiga ....

.... sillón es más cómodo que el ....

2 Estar + gerundio

a Relaciona cada situación de diálogo con la función que le corresponde.

a ● ¿Dónde estás? ¡Te estoy esperando desde hace una hora!
■ Perdona, lo siento, ya voy de camino.

b ● Mira esta foto, aquí estoy haciendo parapente en Mendoza, en Argentina.
■ ¡Qué miedo!, ¿no?

c ● Hola Juan, ¡cuánto tiempo sin verte! ¿Y qué haces ahora?
■ Hola, hombre, pues estoy trabajando en una empresa de informática y estoy muy contento.
● ¡Oye, pues cuánto me alegro!

1. Beschreibt eine Handlung, die genau zum Zeitpunkt des Sprechens stattfindet.

2. Beschreibt eine Handlung im Verlauf.

b Escribe en español cómo dices las siguientes situaciones.

1. Ich kopiere gerade deine Notizen.

....

2. Auf diesem Foto tanze ich gerade mit Ana.

....

3. Dieses Jahr lerne ich viel, weil es mein letztes Studienjahr ist.

....

4. Ich mache gerade ein Praktikum in Peru.

....

1 Asociograma

a Completa el siguiente asociograma.

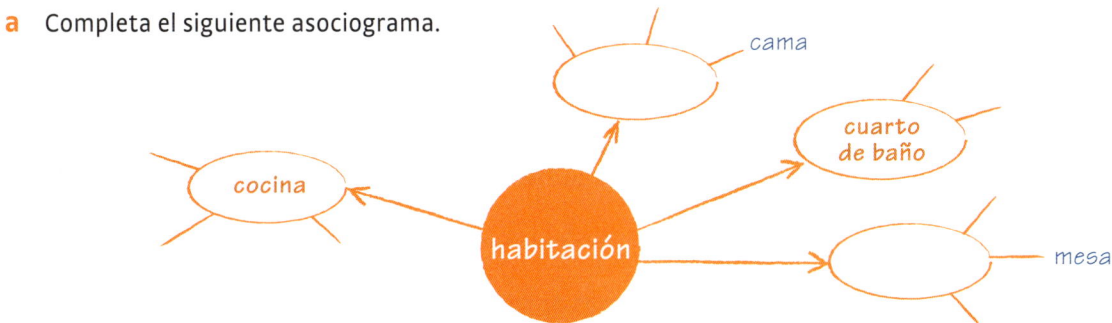

cama

cuarto de baño

cocina

habitación

mesa

b Completa las frases con las palabras y expresiones.

> muy céntrica   grande   cómoda   tres habitaciones   en las afueras   luminosa
> calefacción   ventanas grandes   un armario de madera   agua caliente
> cerca de una parada de metro   ascensor   oscura   al lado de la uni   techos altos

La casa **es**…

La casa **tiene**…

La casa **está**…

2 Cada objeto con su adjetivo

a ¿Qué adjetivos de la lista utilizas para describir las viviendas o personas
de las fotografías? Escríbelos en el lugar correspondiente.

> moderno/-a   viejo/-a   antiguo/-a   mayor   joven   agradable   confortable   sencillo/-a
> desagradable   incómodo/-a   nuevo/-a   amplio/-a   grande   cómodo/-a

....
....
....

b ¿Qué adjetivos se usan para describir personas y cuáles para describir objetos? Agrúpalos.

Personas ....

Objetos: edificios, pisos, casas ....

JÓVENES Y EMANCIPACIÓN EN ESPAÑA

a ¿Cómo prefieres vivir y por qué? Coméntalo con tu compañero/-a.

Prefiero vivir... ☐ solo/-a ☐ en un piso compartido ☐ con mis padres/mi familia

- *Yo prefiero vivir en un piso compartido. Es más divertido. No estás solo, puedes...*

b Mira la estadística y lee lo que dicen algunos jóvenes españoles sobre los diferentes temas. Luego, subraya las informaciones y opiniones que te sorprenden.

Dónde viven los y las jóvenes por género y tramos de edad

	Total	Género		Grupos de edades		
		Varón	Mujer	18-20	21-24	25-39
Total de jóvenes entrevistados	5000	2546	2454	964	1378	1814
En casa de mis padres	63%	67.5%	58.4%	86.0%	60.4%	36.7%
En casa de mis suegros	0.9%	0.7%	1.0%	0.9%	1.3%	0.8%
En mi casa (comprada, alquilada...)	26.3%	21.7%	31.0%	5.8%	24.2%	50.5%
En un piso compartido (con amigos/-as o compañeros/-as)	7.9%	8.7%	7.2%	5.3%	12.2%	9.5%
En casa de otras personas	1.5%	1.52%	1.8%	1.3%	1.4%	2.1%
No contesta	0.1%	0.14%	0.2%	0.1%	0.0%	0.3%

"Para independizarte o para encontrar trabajo, por lo menos tienes que tener treinta años. Antes es muy difícil porque no hay trabajo o se gana muy poco."

"Yo en un futuro quiero mi propia casa... Ni alquiler ni nada."

"A mí no me gusta vivir solo. Por eso, prefiero vivir con más gente en un piso compartido."

"No sé, creo que depende de cada uno. Hay gente que prefiere ser independiente y no tener que dar explicaciones a nadie; y hay gente que está a gusto con sus padres, que no quiere irse de casa... Yo, en cambio, prefiero irme de casa."

"A mí tampoco me gusta vivir solo, por eso vivo con mis padres. Aquí soy autónomo e independiente. Mis padres respetan mi libertad."

c Discutid en grupos de tres personas.

En tu país los/las jóvenes...

... ¿alquilan o compran piso? ... ¿son dependientes o independientes de sus padres?

... ¿viven con los padres? ... ¿comparten piso o viven solos/-as?

- *Creo que en Alemania es diferente porque...*

9

Hier lernst du...
... dich über ein Produkt zu informieren
... Werbeslogans zu verstehen
... Gegenstände zu beschreiben
... über Fähigkeiten zu sprechen
... Kleinanzeigen zu verstehen

Mis compras

In dieser Lektion verfassen wir eine Kleinanzeige für eine Tauschbörse.

Planta 5
Cafetería-Restaurante • Servicio de atención al cliente • Venta de entradas • Aseos

Planta 4 – Electrónica y tecnología
Fotocopiadoras • Ordenadores • Vídeoconsolas Software • Televisión y vídeo • DVD • Videocámaras Fotografía • Telefonía

Planta 3 – Sonido e Imagen
Instrumentos musicales • DVD's Musicales • Compact Disc • Películas de vídeo • Videojuegos

Planta 2 – Hogar
Muebles • Lámparas • Utensilios de cocina Electrodomésticos • Ferretería • Textil

Planta 1 – Moda
Moda joven • Firmas internacionales • Marcas exclusivas Moda vaquera • Zapatería • Ropa interior • Moda deporte

Planta Baja – Complementos
Perfumería y cosmética • Óptica • Joyería • Relojería Parafarmacia

Sótano – Supermercado
Frutería • Pastelería • Pescadería • Carnicería Productos dietéticos • Bebidas • Droguería

79,95 €
zapatillas running

29,90 €
gafas de sol

14,99 €
secador de pelo

149,00 €
GPS de senderismo y montaña

a Mira estos productos. ¿En qué sección de estos grandes almacenes puedes encontrarlos?

● *El secador de pelo en la sección de electrodomésticos.*
■ *Sí, ¿y el pulsómetro?*

39,90 €
pulsómetro fitness

b ¿Cuáles de los productos te parecen útiles y cuáles no? ¿Por qué? Compara y comenta tu respuesta con un/a compañero/-a.

c Amplía la lista con tres productos que puedes comprar en cada planta. Consulta tu diccionario.

9 A

Kommunikation sich über ein Produkt informieren (Qualität, Preis) Grammatik die Demonstrativpronomen *este, ese, aquel* » Kombination von direkten und indirekten Objektpronomen » das Pronomen *se* (3.P. Singular und Plural) » die Präposition *a* mit direktem oder indirektem Objekt Wortschatz Produkte

1 En la tienda

a Juan va de compras. ¿Cuál de estos objetos quiere comprar? Escucha el diálogo.

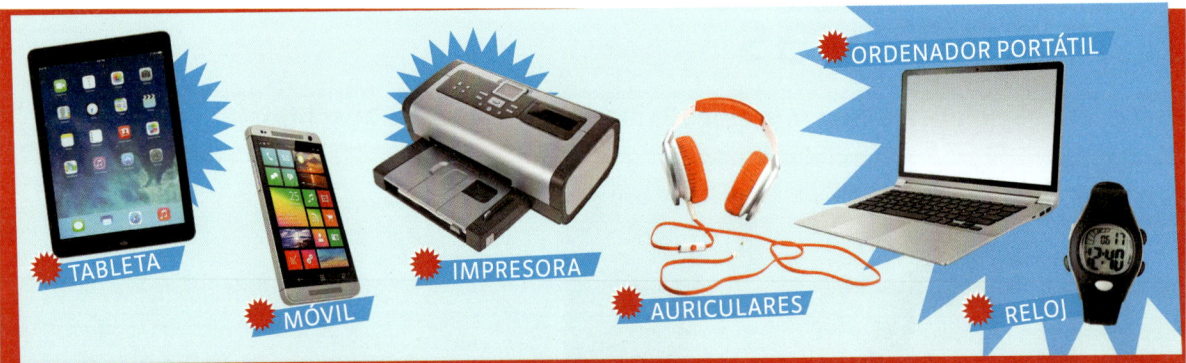

TABLETA   MÓVIL   IMPRESORA   AURICULARES   ORDENADOR PORTÁTIL   RELOJ

b Escucha de nuevo el diálogo y completa la información que falta.

● Hola, muy buenas, ¿puedo ayudarte?

■ Pues sí, gracias. Busco .... que tenéis en la publicidad.

● ¿Este de ....?

■ Sí, sí, ese. ¿Qué tal es? ¿Qué prestaciones tiene?

● Pues tiene una batería de larga duración, y hace unas fotos estupendas.

■ A ver... ¡Uy! ¡Cuánto pesa! ¿Tenéis también otros modelos en oferta?

● Sí, mira, ese de ahí es el último modelo de "Tantun" y cuesta
.... Y .... de allí es el último modelo de "Sonsi".

■ ¿Y cuánto cuesta el modelo "Sonsi"?

● Pues .... euros.

■ ¿Me .... puedes enseñar?

● A ver... un momentito, ahora .... lo traigo.
Mira, aquí .... tienes.

■ ¡Muy bonito! ¡Y qué ligero! Pues... vale. Me .... quedo.

● Muy bien. ¿Me acompañas a caja, por favor?

■ Sí... ¿Puedo pagar con tarjeta?

● Sí, claro.

Demonstrativpronomen
   este/-a/-os/-as (de aquí)
   ese/-a/-os/-as (de ahí)
   aquel/aquella/-os/-as (de allí)
→ *Mi gramática 1a*

c Lee de nuevo el diálogo y busca las expresiones o las palabras que vendedor o cliente utilizan para...

1. ... ofrecer ayuda: ....
2. ... describir el objeto: ....
3. ... señalar un objeto que está relativamente lejos: ....
4. ... preguntar por el precio: ....
5. ... pedir ver un objeto: ....
6. ... aceptar la oferta: ....

Kombination zweier Objektpronomen

Te lo traigo.

Die Reihenfolge der Objektpronomen im Satz ist: indirektes Objekt (OI) + direktes Objekt (OD) + Verb.

→ *Mi gramática 2*

d   Fíjate en estas frases y decide a quién o qué se refieren los pronombres.
Marca con una cruz y escribe el pronombre al lado.

	vendedor	cliente	móvil
1. ¿Puedo ayudar**te**?	☐	☐	☐ ....
2. ¿**Me lo** puedes enseñar?	☐	☐	☐ ....
3. Ahora **te lo** traigo.	☐	☐	☐ ....
4. Aquí **lo** tienes.	☐	☐	☐ ....
5. **Me lo** quedo.	☐	☐	☐ ....
6. ¿**Me** acompañas a caja?	☐	☐	☐ ....

e   Con tu compañero/-a practica la situación del diálogo con los productos de 1a.

2   El regalo de mamá

a   La madre de Juan cumple hoy años. Juan y sus hermanos se escriben
mensajes. Pon en orden la conversación.

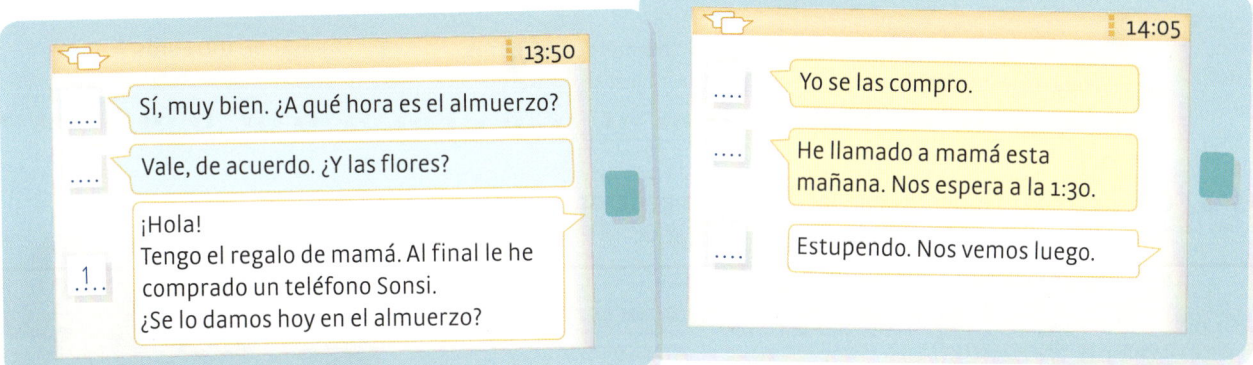

13:50

…. Sí, muy bien. ¿A qué hora es el almuerzo?

…. Vale, de acuerdo. ¿Y las flores?

1.. ¡Hola!
Tengo el regalo de mamá. Al final le he comprado un teléfono Sonsi.
¿Se lo damos hoy en el almuerzo?

14:05

…. Yo se las compro.

…. He llamado a mamá esta mañana. Nos espera a la 1:30.

…. Estupendo. Nos vemos luego.

b   Lee de nuevo el diálogo y marca todos los pronombres que aparecen.
¿A quién se refiere el pronombre "se"? Completa la regla.

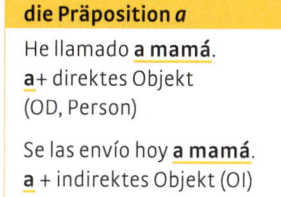

die Präposition *a*

He llamado **a mamá**.
a + direktes Objekt
(OD, Person)

Se las envío hoy **a mamá**.
a + indirektes Objekt (OI)

Kombination von *le, les* und *lo, la, los, las*

Die Pronomen **le** und **les** werden in Kombination mit den Pronomen **lo, los, la** oder **las** zu ....: **Se lo** traigo. (~~Le lo traigo~~.)

c   Tú y tus compañeros de grupo queréis hacer un regalo común a otros compañeros de clase.
¿A quiénes les regaláis estos objetos? Antes de decidir tenéis que preguntarles por sus gustos.

UNA CAJA REGALO

una cesta gourmet

UN CURSO DE SALSA

un vale de compras

UN IPOD® CON AURICULARES

● *¿Te gusta comer bien?*   ■ …   ● *Pues… La cesta gourmet se la regalamos a… porque…*

3 Una encuesta

a Un grupo de estudiantes de la Universidad de Cuenca está realizando una encuesta sobre los hábitos de compra de los jóvenes españoles. Lee el test y contesta las preguntas.

1. ¿Cuántos años tienes?	☐ entre 18 y 22 años	☐ más de 22 años
2. ¿En qué sección compras a menudo productos?	☐ electrónica ☐ moda	☐ música ☐ deportes
3. ¿Qué criterios sigues para comprar?	☐ el precio ☐ la moda	☐ la calidad ☐ el respeto al medio ambiente
4. ¿Dónde compras habitualmente?	☐ centro comercial ☐ grandes almacenes ☐ mercadillos de segunda mano	☐ tiendas pequeñas ☐ Internet
5. ¿Qué productos compras todos los meses?	☐ ropa ☐ artículos deportivos	☐ electrónica
6. ¿Cuánto dinero gastas al mes en ropa o electrónica?	☐ menos de 100 euros	☐ más de 100 euros

b Compara tus respuestas con las de tus compañeros.
Tu profesor recoge los resultados en la pizarra.

- *Nosotros gastamos… y compramos… Para nosotros lo más importante es… y habitualmente compramos en…*

c Lee un extracto sobre el estudio de los hábitos de compras de los jóvenes españoles. Señala las informaciones que dan respuesta a las preguntas de 3a. ¿Qué coincidencias o diferencias existen con los resultados de la encuesta de la clase?

El consumo juvenil está muy determinado por el control que ejerce el grupo. A su vez, la publicidad tiene mucha influencia en el consumo juvenil y fija lo que es y no es ser joven. La respuesta de los jóvenes a la presión de la publicidad es consumir marcas conocidas.
Los jóvenes entre 15 y 22 años son los que más tienen en cuenta la moda, las marcas y la publicidad. Los de más de 22 años dan importancia también a la moda, pero sobre todo al precio, a la calidad, a la necesidad y si el producto es respetuoso con el medio ambiente.

Entre los productos más comprados por los jóvenes están los aparatos electrónicos, la ropa y los productos para el deporte.
Los jóvenes de hoy en día prefieren comprar la mayoría de los productos por Internet porque no hay que hacer colas, es fácil encontrar ofertas, se tiene acceso a productos internacionales y, además, se pueden comparar los precios. Sin embargo, a la hora de comprar ropa, los jóvenes prefieren ir de tiendas. El 36% prefiere los centros comerciales a la tienda tradicional.

- *Los jóvenes de la clase… mientras que los jóvenes españoles…*
- *Sí, además, los jóvenes españoles… pero los jóvenes alemanes también.*

4 Publicidad

a Estos eslóganes proceden de anuncios publicitarios. ¿Qué productos anuncian?
Discute con un/a compañero/-a.

Compra dos y llévate tres.	Vive la vida.	Ven y pásalo genial.

Habla con los tuyos por muy poco dinero.	Cuida tu entorno.	Visítanos en la primera planta.

Haz aquí tus envíos.	Leed, pensad, disfrutad.	¡Entra y descubre el mayor espectáculo del mundo!

● *Bueno, yo pienso que el anuncio de "Compra dos y llévate tres"*
puede ser de un supermercado, por ejemplo para una oferta de pan, ¿no?

■ *Sí, o también...*

b Lee de nuevo los eslóganes y fíjate en los verbos. Completa después
el cuadro con las formas que faltan.

der bejahte Imperativ						
	compr<u>ar</u>	**le<u>er</u>**	**viv<u>ir</u>**	**pensar** (e → ie)	**volver** (o → ue)	**pedir** (e → i)
tú	compra	lee	....	piensa	vuelve	pide
vosotros	comprad	....	vivid	....	volved	pedid

Unregelmäßige Verben							
	hacer	**ir**	**venir**	**poner**	**decir**	**ser**	**tener**
tú	haz	ve	....	pon	di	sé	ten
vosotros	haced	id	venid	poned	decid	sed	tened

Position des Pronomens
Bei bejahten Imperativformen wird das Pronomen an die Verbform angehängt, wie z.B. bei ....

c Lee las instrucciones de las primeras cinco páginas de esta unidad y escribe todas
las formas de imperativo que encuentres. ¿Cuántas de estas formas son irregulares?
¿Has encontrado formas con pronombres? Compáralas con un/a compañero/-a.

d Observa estos productos y piensa a qué personas van dirigidos. Elige dos de ellos e
inventa un eslogan. Tus compañeros/-as tienen que adivinar de qué producto se trata.

9 C

Kommunikation Gegenstände beschreiben ≫ über erlernte Fähigkeiten sprechen ≫ Kleinanzeigen verstehen
Grammatik die Demonstrativpronomen *esto, eso, aquello* ≫ Relativsätze ≫ das Verb *saber*
Wortschatz Adjektive zur Beschreibung von Gegenständen (Material, Farbe, Form)

5 ¿Qué es esto?

a Pregunta a tu compañero/-a por el nombre de estos objetos y escríbelo junto a su descripción.

★★ ★★★★	★ ★★★	★★★ ★★★★	★★ ★★★
....	....	....	....
de metal	de madera	hecho de cristal y tela	de papel

● *¿Qué es esto?*
■ *Pues es…, creo.*

b Escucha cómo dos amigas hablan de estos productos. ¿De qué
objetos hablan? Toma notas de lo que dicen en tu cuaderno.
6-9

Objeto	Material, color y/o forma	Utilidad

c Elige un producto de la unidad. Tus compañeros
tienen que hacerte preguntas para adivinarlo. Tú solo
puedes contestar *sí* o *no*.

● *¿Es de metal?*
■ *Sí.*
● *¿Y sirve para poner bolis?*
■ *No.*

6 Veo veo

a Lee estas descripciones. ¿De qué objeto de la unidad
estamos hablando? Compara con tu compañero/-a.
¿Tenéis los mismos objetos?

1. Es un objeto que sirve para secar el pelo. ....
2. Es un objeto con el que puedo hacer batidos de frutas. ....
3. Son unas cosas con las que puedo correr. ....

b En grupos de tres, describe tres objetos de la unidad, o de tu
elección, sin decir su nombre. Tus compañeros/-as tienen que adivinar
de qué objeto se trata.

● *Es un objeto que…*
● *Es una cosa con la que…*
● *Es un objeto con el que…*

Objekte beschreiben

Material:
● **¿De** qué es?
■ Es **de** cristal / **de** madera /
de papel / **de** tela /
de metal / **de** plástico.

Form:
● ¿Cómo es?
■ Es redond**o/-a**
cuadrad**o/-a**
oval.

Verwendung:
● **¿Para qué** sirve?
■ Sirve **para**…

Demonstrativpronomen: das Neutrum

¿Qué es **esto**? Esto es un florero.
Die Demonstrativpronomen im Neutrum
(**esto** / **eso** / **aquello**) stehen immer im
Singular und ohne Substantiv.

→ *Mi gramática 1b y 1c*

---

das Relativpronomen

Es un objeto **que** sirve
para + Infinitiv

Es un objeto **con el que**
puedo + Infinitiv

Das Relativpronomen kann
auch von einer Präposition
+ bestimmten Artikel
begleitet werden.

→ *Mi léxico 1 y 2*

7 **La economía del trueque**

a Hacer un trueque es cambiar una cosa por otra. Antes de leer el texto, contesta las preguntas. Estas palabras te pueden ayudar.

llevar ropa   cambiar por ropa / por dinero   respeto al medio ambiente

consumir   reciclar   compartir   ahorrar

1. ¿Conoces alguna tienda de trueque en tu ciudad? ¿Cómo funciona? Si no es así, ¿cómo crees que funciona una tienda de trueque?
2. ¿Qué tipo de objetos se ofertan?
3. ¿Por qué acude la gente a este tipo de tiendas?
4. ¿Qué tipo de gente acude a estas tiendas? (edad, profesión...)

b Ahora lee un texto sobre el funcionamiento del trueque en esta tienda de Madrid y compara con tus afirmaciones en 7a.

LA TIENDA DEL TRUEQUE
"No es más rico el que más tiene, sino el que menos necesita."

¿En qué consiste "La tienda del trueque"?
Es un intercambio responsable, nada se compra ni se vende. "La tienda del trueque" es una economía diferente, un comercio distinto, otra forma de consumo. Consiste en el trueque, que es la forma más antigua de comercio.

¿Cuál es la dinámica de la empresa?
Se traen cosas que nos han dejado de gustar o de ser útiles, que están en buen estado. A cada prenda o artículo se le asignan puntos. Los puntos se pueden cambiar por artículos previamente puntuados en la tienda.

¿Hay que pagar algo?
Solo 8 euros al entregar las cosas. Este dinero nos sirve para sufragar gastos.

¿Aceptáis todo tipo de artículos o sólo ropa?
Se aceptan todo tipo de artículos como por ejemplo, ropa, libros, calzados, CDs de música, películas, pequeños electrodomésticos, bisutería, juguetes, etc...

¿Cuál es vuestro objetivo?
Nuestro objetivo es reciclar, compartir, no tirar objetos en buen estado, dar un mayor valor a las cosas: lo que a una persona le ha dejado de gustar o de ser útil, puede ser para otros un tesoro.

c ¿Qué objetos piensas que son ideales para hacer un trueque? Justifica tu respuesta y haz una lista conjunta con tus compañeros de clase.

8 Anuncios

a Lee los anuncios de trueque de habilidades u objetos en una página web y responde:
¿Qué ofrecen o saben hacer? ¿Y qué quieren a cambio? Escribe tus respuestas en los "papeles".

INTERCAMBIO DE IDIOMAS
Soy una mujer de 23 años, estudiante de hostelería. Necesito mejorar mi inglés hablado. A cambio ofrezco clases de cocina española o trabajos domésticos. Solo personas serias. Yo me desplazo. Preferiblemente por las mañanas.

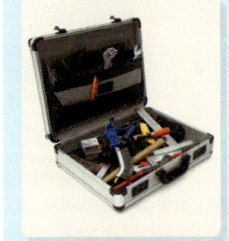

MANITAS A DOMICILIO
Se realizan chapuzas profesionales a domicilio. Reparaciones de aparatos electrodomésticos, se cambian o colocan enchufes e interruptores de luz, lámparas, todo en electricidad. Además, colocación de estanterías, reparación y montaje de muebles. Si tienes alguna duda, consulta sin compromiso. Super económico. Si quieres, el material lo pones tú y yo solo te cobro la mano de obra.

PATINES TUKAN
Cambio 2 pares de patines Tukan chico y chica (tallas 43 y 38) por herramientas, móviles o accesorios para iPhone o iPad. Los patines se han usado 3 veces, conservo la caja original.

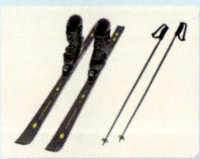

ESQUÍES
Cambio 2 equipos completos de esquíes con botas y bastones. Todo en perfecto estado. ¿Qué me ofreces tú?

GUITARRA ELÉCTRICA
Color negro. Modelo Madeira EG-41BLK. Gran valor por antigüedad. En buen estado. Restaurada hace menos de un año. Funciona perfectamente. Atiendo whatsapp preferiblemente. Precio estimado 350 euros. ¿Qué me das a cambio?

Ofrece / sabe hacer...

Quiere a cambio...

saber	
sé	
sabes	idiomas
sabe +	cocinar
sabemos	poner una lámpara
sabéis	
saben	

● ¿**Sabes poner** una lámpara?
■ No, no lo sé.

b Haz una lista de las cosas que sabes hacer y después intercambia las informaciones con tu compañero/-a.

● *Puedo ofrecerme para dar clases de inglés a cambio de... ¿Y tú?*
■ *Yo sé cocinar muy bien.*

MI PROYECTO

Vamos a elaborar una bolsa de intercambio de habilidades y objetos.

a   Completa las listas A y B con los objetos o habilidades que estás buscando
    y las listas C y D con todo lo que puedes ofrecer.

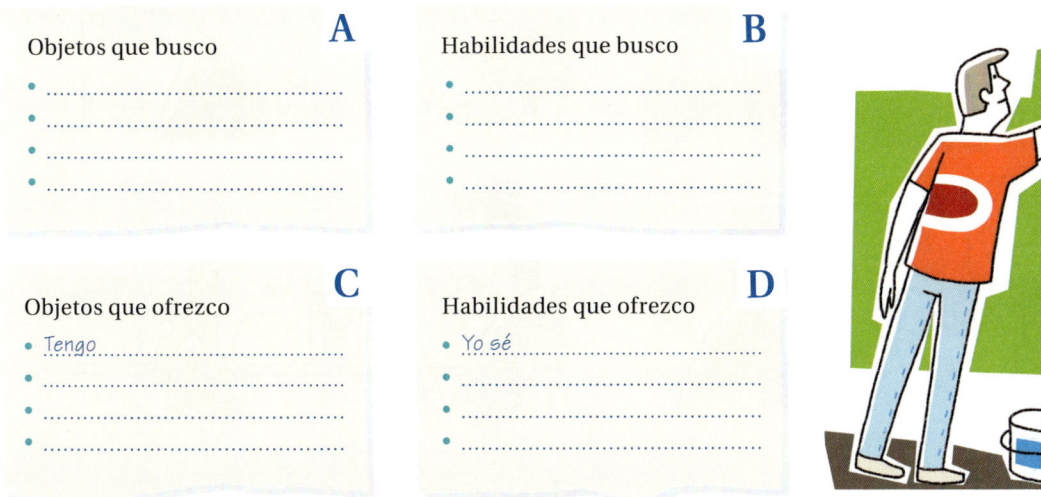

A
Objetos que busco
- ....
- ....
- ....
- ....

B
Habilidades que busco
- ....
- ....
- ....
- ....

C
Objetos que ofrezco
- Tengo ....
- ....
- ....
- ....

D
Habilidades que ofrezco
- Yo sé ....
- ....
- ....
- ....

 b   Busca a compañeros/-as de la clase para intercambiar tus objetos o
    habilidades. Piensa en lo que necesitas y lo que puedes ofrecer a cambio.
    Tienes 5 minutos. ¿Quién ha conseguido cambiar más cosas?

- *Hola Tim, yo ofrezco un reproductor MP3 a cambio de una cafetera. ¿Te interesa?*
- *Lo siento, pero ya tengo uno. Yo necesito, en cambio, un profesor de italiano. ¿Tú sabes italiano?*
- *Sí. ¿Y qué me das a cambio?*
- *Pues yo tengo… / sé…*

Escribimos

Elige un objeto o una habilidad de tu lista y escribe un anuncio.
Piensa en todo lo que puedes decir.

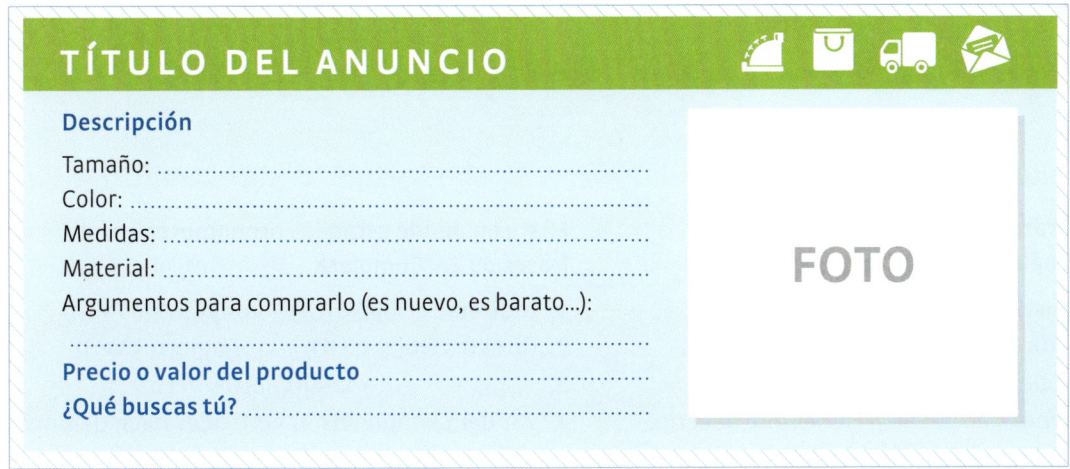

TÍTULO DEL ANUNCIO

Descripción
Tamaño: ....
Color: ....
Medidas: ....
Material: ....
Argumentos para comprarlo (es nuevo, es barato…):
....

Precio o valor del producto ....
¿Qué buscas tú? ....

FOTO

1 Demostrativos

a Relaciona los diálogos con la imagen.

1. ● ¡Mira! Este reloj es muy barato.
   ■ Sí, es verdad. ....

3. ● Aquel reloj es como el mío.
   ■ ¿A ver? ....

2. ● Ese reloj me gusta.
   ■ Sí, pero es muy caro, ¿no? ....

4. ● ¿Qué reloj quieres? ¿Ese?
   ■ No. Mejor aquel. ....

b ¿Qué digo en esta situación? Lee las situaciones y relaciónalas con las frases.

1. Der Sprecher fragt nach etwas, was er nicht kennt oder identifiziert einen Gegenstand.

2. Das Benennen der Sache ist unwichtig.

a ● ¿Qué es esto?
  ■ Esto es una lámpara.

b ● Eso no me gusta nada.
  ■ A mí tampoco.

c ● Esto de aquí se lo das a Javier y eso se lo das a Marta.

c ¿Cómo expresas estas dos formas en tu lengua? Traduce las frases de 1a y 1b a tu idioma.

2 Die Stellung der Objektpronomen

a Lee las frases, subraya los pronombres y señala cuáles son de OD y cuáles de OI.

1. Me gusta mucho.
2. Los compro yo.
3. Me la llevo.
4. Lo tienes que hacer. / Tienes que hacerlo.
5. Lo está leyendo. / Está leyéndolo.

b Fíjate en dónde están los pronombres en las frases de 2a. Completa.

1. indirektes Objekt (OI) + konjugiertes Verb
2. direktes Objekt (OD) + konjugiertes Verb
3. .... + ... + konjugiertes Verb
4. vor dem konjugierten Verb oder nach dem Infinitiv
5. ....

1 Estrategias

a Piensa cuál de estas estrategias utilizas para comunicarte cuando no sabes cómo se dice una palabra. Escribe por orden de preferencia (1 =+, 5 =–).

.... La digo en mi lengua o en una lengua que conozco, por ejemplo en inglés o en francés.

.... Hago mímica.

.... Hago un dibujo.

.... La defino o describo.

.... Pongo un ejemplo.

b Lee cómo estos estudiantes describen el mismo objeto.
¿Cuál de las estrategias de **1a** han utilizado?

Estoy buscando una cosa que sirve para no tener calor en verano. Normalmente es de metal y plástico y funciona con electricidad.

Es una cosa con la que se hace frío. Creo que se dice "Ventilator" o algo así.

Sí, mira esta cosa hace así y sirve para no tener calor.

Necesito una cosa que sirve para usarla en verano cuando por ejemplo hace calor.

2 Tiendas y productos

a Clasifica en qué lugar compras los siguientes productos.

pastelería	carnicería	óptica	farmacia
g	p	g	a
p	t		t

quiosco	frutería	droguería	tienda de moda
r	m	d	p
p	t	p	j
	p	c	b

revistas   gafas
desodorante   pollo
pantalones   perfume
manzanas   galletas
periódicos   aspirinas
champú   jersey
tomates   bañador
plátanos   termómetro
ternera   pasteles

b Ahora tú. ¿Dónde puedes comprar estos productos? Sigue el modelo.

Producto	Lugar de venta
pescado	pescadería
pastel	
zapatos	
chocolate	

Producto	Lugar de venta
libros	
papel	
pan	
churros	

Substantiv + -ería

Im Spanischen bedeutet das Suffix **-ería** „Verkaufsstelle".

Bildung:
Substantiv + Suffix **-ería**
fruta → frut**ería**
carne → carnic**ería**

LATINOAMÉRICA Y SUS MERCADILLOS

a ¿Existen mercados callejeros en la ciudad dónde estudias? Con un/a compañero/-a haz una lista de los productos que puedes encontrar.

b Ahora lee lo que escriben diferentes viajeros en este artículo. ¿Qué tipo de productos puedes encontrar en estos mercados? Márcalos.

LOS TIANGUIS DE CIUDAD DE MÉXICO

La palabra "tianguis" viene del náhuatl "tianquiztli", que significa mercado. Y sí, así de antigua es la tradición de los mercados al aire libre en Ciudad de México: en ellos puedes comprar de todo, frutas, verduras, ropa. Pero a mí el que más me gusta es el tianguis cultural del Chopo. Este ha sido y es todavía el mercado callejero de la contracultura en México. Es el paraíso del rock y demás vanguardias musicales, donde los amantes de la música pueden encontrar miles de discos de vinilo o discos compactos alejados del gusto comercial.

MERCADO DE OTAVALO

Otavalo es una pequeña ciudad indígena al norte de Quito muy frecuentada por los turistas. En esta ciudad puedes visitar el Mercado de Otavalo, uno de los más famosos de la región andina. Muchos artesanos de la región venden allí sus mercancías: ponchos de lana, cobijas, sombreros, tapices, suéteres tejidos a mano, mantas, bufandas, joyas y hasta instrumentos musicales andinos. Los precios son baratísimos. En él puedes comprarte por solo un par de euros los gorros y guantes necesarios para tus futuras expediciones en los Andes, por ejemplo.

MERCADO DE PALOQUEMAO

Este es, sin duda alguna, mi mercado preferido de Bogotá. No es un mercado turístico, sino que es un mercado al que van a comprar muchos bogotanos. En este mercado se puede apreciar la riqueza de un país abundante en frutas, verduras, flores, plantas medicinales y todo lo que uno se puede imaginar. Mi consejo: probad todas las frutas diferentes que veáis, disfrutad de la comida típica que los comerciantes preparan para los miles de compradores que van al mercado. El mercado de Paloquemao es, en definitiva, el mejor lugar para conocer cómo viven, qué comen y cómo son los bogotanos.

MERCADILLO DE ANTICUARIOS DE SAN TELMO

En pleno corazón del barrio bonaerense de San Telmo, en la plaza Dorrego, los domingos por la mañana tiene lugar un fascinante mercadillo de antigüedades. En este mercado puedes encontrar verdaderos tesoros, aun si no quieres comprar nada, de todas formas merece la pena visitarlo: las plazas y las calles se llenan de gente y en cualquier lugar se baila el tango o puedes escuchar músicos ambulantes, o mirar los espectáculos de artistas callejeros que llegan de todas partes.

c ¿Cuál de estos mercados te interesa más? ¿Por qué?

d ¿Te gusta comprar en mercadillos? ¿Por qué? ¿Qué tipo de productos compras?

Hier lernst du…

… über Erlebnisse im Ausland zu
   sprechen und diese zeitlich einzuordnen
… Erlebnisse zu bewerten
… die Dauer und Häufigkeit einer Handlung anzugeben
… Informationen über das Lernverhalten (Aktivitäten
   und Häufigkeit) zu geben und zu erfragen
… über die eigene Lernbiographie zu sprechen

El aprendizaje, un viaje sin fin

In dieser Lektion erarbeiten wir die Sprachlernbiografie des Kurses.

☐ una guía de
   la ciudad

☐ los documentos
   para la universidad

☐ la cámara de
   fotos

☐ las gafas
   de sol

☐ el pasaporte

☐ el monedero (♀) /
   la cartera (♂)

¡Vamos de viaje!

☐ el billete de avión

☐ el seguro
   médico

☐ la tableta

☐ el carné de
   estudiante

☐ la tarjeta
   de crédito

a Te vas a estudiar un semestre a otro país. ¿Cuáles de estos objetos metes en tu mochila?

b Celia, una estudiante, va a cursar un semestre académico en la Universidad de Quito.
Mira el equipaje y los objetos que ha preparado. ¿Cuáles de los objetos de **a** no ha preparado todavía?

● *Pues… ya ha preparado el pasaporte, ¿no?*   ■ *Sí, pero todavía tiene que preparar…*

c ¿Qué llevan tus compañeros en su maleta? ¿Y tú? ¿Conoces el juego? ¡A ver quién tiene mejor memoria!

● *María se lleva libros, Sarah se lleva una guía de la ciudad y yo me llevo un diccionario.*

1 Estudiantes por el mundo

a Lee los comentarios de estas tres personas sobre su experiencia en el extranjero. ¿Cuál te parece la experiencia más interesante? Coméntalo con tu compañero/-a.

- *Para mí la experiencia más interesante es la de Michael porque… ¿Y para ti?*
- *Para mí la de Belén porque…*

Itziar, de Bilbao

Hace dos años viví y estudié en Montreal. Fue maravilloso: conocí a mucha gente y me alojé en casa de una familia canadiense: una experiencia fantástica e interesante. Este año una amiga mía canadiense me ha visitado en España.

Michael, de Manchester

El año pasado hice una pasantía en ayuda social en La Paz. Participé en muchos proyectos, por ejemplo en talleres para adolescentes con discapacidades. Estuve, además, en el norte del país donde trabajé con las comunidades indígenas. Fue una experiencia agotadora, dura y al mismo tiempo inolvidable. También perfeccioné mi español y aprendí mucho sobre la cultura del país.

Belén, de Sevilla

Yo estoy estudiando en Leipzig con una beca Erasmus. Llegué hace dos meses y voy a estar tres meses más. Aunque tengo poco tiempo, porque tengo muchas asignaturas, ya he conocido a mucha gente. La gente aquí es muy abierta. También en estos meses he viajado a algunas ciudades, como Berlín, que me ha encantado. La vida es más barata que en Sevilla y también muy diferente. Me encanta estar aquí y no tengo ganas de marcharme. Además, he conocido a un chico muy interesante…

b En el texto se utilizan dos formas verbales para hablar de hechos pasados. El *pretérito perfecto*, que tú ya conoces, y otro nuevo, el *pretérito indefinido*. Marca en los textos de **1a** estas formas verbales y después completa la tabla con las formas del indefinido o del infinitivo.

participar	aprender	....	llegar	....	....	estar
....	....	viví	....	hice	fue	....

Pretérito indefinido			**einige unregelmäßige Verben**			**Pretérito perfecto**	
visitar	**conocer**	**vivir**	**hacer**	**ir/ser**	**estar**	he has ha hemos habéis han	viaj**ado** conoc**ido** viv**ido**
visit**é**	conoc**í**	viv**í**	hice	fui	estuve		
visit**aste**	conoc**iste**	viv**iste**	hiciste	fuiste	estuviste		
visit**ó**	conoc**ió**	viv**ió**	hizo	fue	estuvo		
visit**amos**	conoc**imos**	viv**imos**	hicimos	fuimos	estuvimos		
visit**asteis**	conoc**isteis**	viv**isteis**	hicisteis	fuisteis	estuvisteis		
visit**aron**	conoc**ieron**	viv**ieron**	hicieron	fueron	estuvieron		

c Lee de nuevo los textos de **1a** y marca cuándo han hecho o hicieron los tres estudiantes estas cosas. Después completa la tabla.

¿Quién?	¿Qué ha hecho / hizo?	¿Cuándo?
1. Michael	Hizo una pasantía.	....
2. Itziar	Vivió y estudió en Montreal.	....
	Su amiga la ha visitado en España.	....
3. Belén	Llegó a Leipzig.	....
	Ha conocido a mucha gente.	....
	Ha viajado a Berlín.	....

der Gebrauch von *Pretérito perfecto* und *Pretérito indefinido*

Das **Pretérito perfecto** gebraucht man,

» wenn man sich auf vergangene Handlungen bezieht, die in einem zeitlichen Kontext stattgefunden haben, der den gegenwärtigen Moment (jetzt/hier) einschließt.

Wann?

hoy; **esta** semana; **este** mes; **este** año; **este** verano

» wenn man über vergangene Handlungen sprechen will, die bis heute (schon oder nicht) stattgefunden haben (**ya**, **todavía no**, **nunca**, **alguna vez**, **varias veces**, **muchas veces**). Der Zeitpunkt ist dann nicht relevant.

Das **Pretérito indefinido** gebraucht man, wenn man sich auf vergangene Handlungen bezieht, die in einem vergangenen zeitlichen Kontext außerhalb des gegenwärtigen Moments (damals/dort) stattgefunden haben.

Wann?

ayer; **hace** + Zeitraum (2 semanas, 2 meses...); el año **pasado**; **aquel** verano

→ *Mi gramática 1 y 2*

2 **Y tú, ¿dónde has estado ya?**

a Escucha a estas personas que cuentan experiencias de viajes. ¿Qué han hecho? ¿Y cuándo? Toma notas.

10

Persona	¿Qué?	¿Cuándo?
1.	....	....
2.	....	....
3.	....	....

b ¿Has hecho alguna vez alguna de estas cosas? En caso afirmativo, indica cuándo y dónde. Compara con un/a compañero/-a.

¿Has hecho alguna de estas cosas?	¿Cuándo?	¿Dónde?
¿Has estado en Latinoamérica?		
¿Has vivido un tiempo en el extranjero?		
¿Has hecho algún curso de idiomas fuera de tu país?		
¿Has compartido piso alguna vez?		

● ¿Has estado en Latinoamérica?   ■ Pues sí, varias veces...   ● ¿Y dónde?

3 Españoles por el mundo

a Lee el email de Celia a su amiga Silvia. ¿Sobre qué temas habla? Subráyalos.

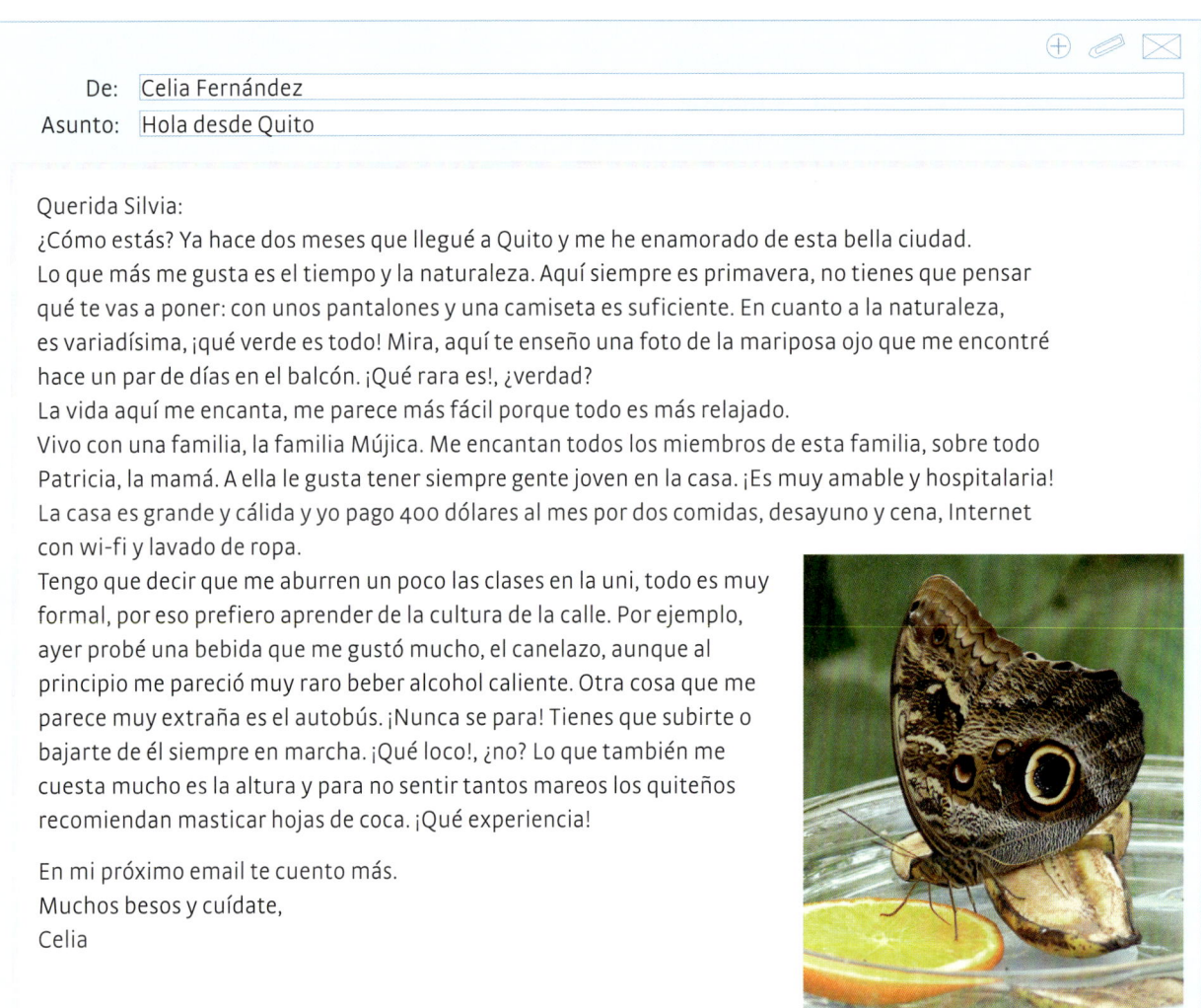

De: Celia Fernández
Asunto: Hola desde Quito

Querida Silvia:
¿Cómo estás? Ya hace dos meses que llegué a Quito y me he enamorado de esta bella ciudad.
Lo que más me gusta es el tiempo y la naturaleza. Aquí siempre es primavera, no tienes que pensar qué te vas a poner: con unos pantalones y una camiseta es suficiente. En cuanto a la naturaleza, es variadísima, ¡qué verde es todo! Mira, aquí te enseño una foto de la mariposa ojo que me encontré hace un par de días en el balcón. ¡Qué rara es!, ¿verdad?
La vida aquí me encanta, me parece más fácil porque todo es más relajado.
Vivo con una familia, la familia Mújica. Me encantan todos los miembros de esta familia, sobre todo Patricia, la mamá. A ella le gusta tener siempre gente joven en la casa. ¡Es muy amable y hospitalaria!
La casa es grande y cálida y yo pago 400 dólares al mes por dos comidas, desayuno y cena, Internet con wi-fi y lavado de ropa.
Tengo que decir que me aburren un poco las clases en la uni, todo es muy formal, por eso prefiero aprender de la cultura de la calle. Por ejemplo, ayer probé una bebida que me gustó mucho, el canelazo, aunque al principio me pareció muy raro beber alcohol caliente. Otra cosa que me parece muy extraña es el autobús. ¡Nunca se para! Tienes que subirte o bajarte de él siempre en marcha. ¡Qué loco!, ¿no? Lo que también me cuesta mucho es la altura y para no sentir tantos mareos los quiteños recomiendan masticar hojas de coca. ¡Qué experiencia!

En mi próximo email te cuento más.
Muchos besos y cuídate,
Celia

b Lee de nuevo el email. ¿Cómo valora las diferentes experiencias en el país? Clasifícalas.

experiencias positivas	experiencias negativas o diferentes
el tiempo, la naturaleza	

c Ahora busca en el texto las expresiones que Celia utiliza para valorar las experiencias y completa.

Verben des Fühlens und Empfindens	*parecer* + Adjektiv	*ser* + Adjektiv	*qué* + Adjektiv/Substantiv
Lo que más me gusta…	Me parece más fácil	es variadísima	¡Qué rara es!
……………	……………	……………	……………
Me aburren…	……………	……………	……………
Me gustó…	……………	……………	……………
Me cuesta mucho…		……………	

Wertende Konstruktionen

La vida aquí **me encanta**.

Me gustan todos los miembros de la familia.

Me aburren las clases en la uni.

Me cuesta la altura.

	OI	Verbo	Sujeto
A mí	me	gusta	la familia Mújica.
A ti	te	aburre	la uni.
A él/ella, usted	le	cuesta	adaptarse a la altura de la ciudad.
A nosotros/-as	nos	aburren	las clases.
A vosotros/-as	os	encantan	la naturaleza y el tiempo.
A ellos/ellas, ustedes	les	cuestan	los horarios.

¡Recuerda!

Um Erlebnisse zu bewerten, verwendet man die Verben **gustar**, **encantar**, **aburrir**, **costar** (+ Substantiv/Infinitiv) und **parecer** (+ *bien/mal/regular* oder Adjektiv).

→ *Mi léxico 1*

---

4 **¿Cómo fue?**

a Escucha cómo valoran estas personas diferentes experiencias. ¿Cuáles? Márcalas:

11-13

1. clima   2. actividades   3. viajes   4. gastronomía

b Lee las experiencias y completa el cuadro contando qué hicieron, cuándo y cómo fue.

"Este año hemos pasado las Navidades en Chile. Ha sido una experiencia fantástica." **1.**

"Ayer estuve en la fiesta de cumpleaños de Juan. ¡Fue divertidísima!" **2.**

"¡Qué frío hemos pasado! Ha sido horrible." **3.**

"En mi último viaje a la India comí insectos fritos. ¡Me encantaron!" **4.**

"El viernes pasado vi la última película de Cuarón. Me pareció muy aburrida, la verdad." **5.**

¿Qué?	¿Cuándo?	¿Cómo fue?
1.	....	....
2.	....	....
3.	....	....
4.	....	....
5.	....	....

c ¿Y tú? Elige uno de estos temas y coméntalo con varios/-as compañeros/-as.

● *Yo una vez comí caracoles en España.*
■ *¿Cuándo?*
● *Hace mucho tiempo.*
■ *Uy, ¡qué asco!*
● *Bueno, a mí me gustaron mucho.*

un deporte de riesgo

una comida extraña   mi primer viaje solo/-a

una excursión inolvidable

d Elige una opción de la lista de **4c** y escribe un pequeño texto sobre una experiencia relacionada con el tema. Piensa en qué, cuándo y cómo fue. Después en grupos de cuatro elegid la experiencia más interesante y presentadla a la clase. Ponedle también un título.

10 C

Kommunikation Informationen über das Lernverhalten (Aktivitäten und Häufigkeit) geben und erfragen »
über die eigene Lernbiographie sprechen **Grammatik** die temporalen Präpositionen *hace, desde, desde hace,
hace... que* **Wortschatz** Aktivitäten im Unterricht » Zeitangaben: Dauer und Häufigkeit

5 **¿Qué lenguas hablas?**

a ¿Estás de acuerdo con las siguientes afirmaciones? Discútelo con tu compañero/-a.

> **1.** *"Aprender idiomas enriquece culturalmente."*

> **2.** *"Para aprender idiomas es necesario establecer una conexión emocional con ellos."*

> **3.** *"Hay idiomas más importantes que otros."*

● *Sí, es cierto que tenemos conexiones emocionales con los idiomas, por ejemplo, yo he aprendido italiano porque tengo amigos en Italia.*

b Lee la siguiente entrevista al profesor de español Albert Bosch. ¿Estás de acuerdo con él?

Entrevista al profesor de origen español Albert Bosch, un profesor con 20 idiomas

Albert Bosch es profesor de español de la Universidad de Chulalongkorn, en Bangkok (Tailandia). Ha sido profesor de inglés y ha dado clase de otros idiomas esporádicamente. Desde hace dos años enseña solo español.

¿Qué lenguas ha estudiado?

He estudiado catalán, inglés, alemán, ruso, kazajo o rumano, y así hasta veinte idiomas. Aunque ahora no los practico todos. Hace ocho años empecé a estudiar tailandés y chino. El aprendizaje de idiomas es mi vida. Entiendo los idiomas como expresión de nuestro bagaje cultural.

Hábleme de la dificultad de aprender diferentes idiomas...

Podría clasificar los idiomas entre los que he estudiado y los que he hablado y podido utilizar de verdad. He llegado a estudiar hasta veinte, hace un par de años me propuse hacer la lista y apuntar todos. El ruso, por ejemplo, lo estudié cuatro años, también es una locura pero lo aprendí como lector trabajando en Kazajistán. En aquel momento lo disfruté mucho. El turco lo aprendí a hablar, pero lo olvidé rápido porque lo aprendí rápido, sólo durante un año y lo practiqué durante otro. Después de Turquía me vine directamente a Tailandia y lo primero que hice fue buscar gente turca para no olvidar el idioma. Evidentemente tenemos conexiones emocionales con los idiomas.

¿Qué ha aprendido al aprender idiomas?

A respetar mis propios idiomas. Al igual que aprendes otros idiomas, debes respetar también el tuyo. Todos tenemos un valor cultural. Creo que también es una práctica de autoestima y respeto a uno mismo. Darte cuenta de que los idiomas no son unos más y otros menos. Todos tenemos uno y debemos estar orgullosos, cuidarlo y aprenderlo bien. Y estoy conociendo niños que van a escuelas internacionales y que están empezando a fallar en ese aspecto, de tener mal considerado su propio idioma y me parece un error. De hecho la universidad intenta inculcar el valor del respeto a la cultura tailandesa y me parece bien. No puedes tratar de menos a ningún idioma. Todos los idiomas son una riqueza.

de Guía de Idiomas 2014/2015
www.aprendemas.com
Autora: Ana Rosa Maza

c Lee de nuevo la entrevista y contesta.

1. ¿Cuándo empezó a estudiar Albert tailandés?
2. ¿Durante cuánto tiempo aprendió ruso? ¿Y turco?

d Y tú, ¿cuándo empezaste a aprender español?

● *Yo empecé a aprender español hace..., ¿y tú?*

> **einen Zeitpunkt angeben**
>
> Empecé a estudiar chino **hace** tres años.
>
> Um einen Zeitpunkt anzugeben, verwendet man das Verb in der Vergangenheit + **hace** + Zeitangabe. **Hace** entspricht dem deutschen „vor".

6 Un cuestionario

a Contesta este cuestionario.

1. ¿Qué lenguas conoces? Valora tus conocimientos (muy bien, bastante bien, bien, no muy bien, mal)

lenguas	escuchar	leer	hablar	escribir
inglés	....	....	....	....
....	....	....	....	....
....	....	....	....	....

2. ¿Desde cuándo estudias estas lenguas?

lengua	cantidad de tiempo	fecha de comienzo
....	desde hace	desde ....
....	desde hace	desde ....
....	desde hace	desde ....

3. ¿Qué es lo que más te gusta de aprender lenguas?

☐ aprender la gramática ☐ escribir
☐ leer textos ☐ hablar y comunicarme
☐ escuchar ☐ otros: ....

4. ¿Qué es lo que menos te gusta de aprender lenguas?

☐ la gramática ☐ escribir
☐ leer textos ☐ hablar y comunicarme
☐ escuchar ☐ otros: ....

5. Señala los puntos que coinciden con tu opinión:

☐ entender la gramática me cuesta mucho
☐ memorizar el vocabulario me parece fácil
☐ practicar la pronunciación me parece muy útil
☐ hacer ejercicios de gramática me aburre

6. ¿Qué idiomas te parecen difíciles de aprender?

....

7. ¿Con qué frecuencia practicas español (tándem, escuchar radio, etc.)?

☐ una vez a la semana ☐ una vez cada 15 días
☐ dos veces a la semana ☐ otros: ....

8. ¿Qué haces para aprender mejor la lengua?

☐ ver la televisión de la lengua del país
☐ leer la prensa del país
☐ escuchar música
☐ escuchar programas de radio
☐ leer libros
☐ trabajar con materiales de Internet para esa lengua
☐ otros: ....

---

einen Zeitpunkt angeben

Estudio chino **desde 2011**.

Um den Zeitpunkt des Beginns einer Handlung anzugeben, verwendet man **desde** + Zeitangabe *(el primero de abril / 2011 / marzo)*.

einen Zeitraum angeben

Estudio chino **desde hace** tres años.

Um den Zeitraum, in der eine Handlung stattfindet, anzugeben, verwendet man **desde hace** + Zeitangabe *(dos días / un mes / un año)*.

b Hazle las preguntas del cuestionario a un/a compañero/-a.
Piensa sobre el tipo de estudiante que es y por qué.

→ *Mi léxico 2*

estudioso/-a   ordenado/-a   hablador/a   perfeccionista

- *Creo que Julia es muy habladora, lo que más le gusta es hacer ejercicios de conversación en clase.*

c Ahora completa la ficha con tu información.

Vivo en .... desde ....

Estudio en .... desde hace ....

Y hace .... que aprendo español.

> **einen Zeitraum angeben**
>
> **Hace** tres años **que** estudio chino.
>
> Um die Dauer einer Handlung anzugeben, verwendet man **hace** + Zeitangabe *(dos horas / una semana)* + **que** + Verb.

7 Nunca es tarde para aprender

a Escucha a estas personas que hablan sobre diferentes experiencias de aprendizaje. ¿Qué han aprendido o están aprendiendo?

14-16

1. ....
2. ....
3. ....

b Escucha los diálogos otra vez y escribe cómo es o ha sido / fue la experiencia, y cuándo han realizado estas actividades.

14-16

	1.	2.	3.
¿Cuándo?	....	....	....
¿Cómo?	....	....	....

c Piensa en cosas que tú has aprendido ya y completa.

Me costó mucho esfuerzo ....

Me pareció muy fácil ....

Me pareció muy útil ....

No me gustó nada ....

> **einer Aussage zustimmen oder eine Aussage ablehnen**
>
> - A mí me costó mucho esfuerzo aprender chino.
> - **A mí también.**
> - Pues, **a mí no.**
>
> - A mí no me costó mucho esfuerzo aprender a leer.
> - **A mí tampoco.**
> - Pues, **a mí sí.**

d ¿Con quién compartes alguna de las experiencias?
Entrevista a tus compañeros/-as.

- *A mí me costó mucho aprender a nadar.*
- *¿Sí? Pues a mí no, pero sí me costó aprender a leer. ¿Y a ti?*

NUESTRO PROYECTO

Vamos a obtener la biografía lingüística de la clase.

a Escribe las preguntas para poder obtener las siguientes informaciones.

- Lenguas que habla la clase y nivel (inicial – intermedio – avanzado)
- Razones por las que los/las estudiantes aprenden español
- Experiencias del aprendizaje
- Actividades para mantener y/o mejorar el nivel de español.
- Objetivos del curso de español

b Formad grupos de cuatro personas, haceros las preguntas del ejercicio anterior y escribid los resultados.

c Ponedlo en común en la clase. El/la profesor/a se encarga de apuntar los resultados totales en la pizarra.

- *Casi todos* los estudiantes… pero *casi nadie* en la clase… *Solamente* dos/tres/… estudiantes…

d Y ahora completad el documento de la clase con las conclusiones a las que habéis llegado.

LENGUAS QUE HABLA LA CLASE Y SU NIVEL

Aprendizaje del español

Inicio del aprendizaje: ....

Razones del estudio del español: ....

Los/las estudiantes estudian español (para / porque / por) ....

....

Proceso de aprendizaje

Lo que más cuesta ....

Lo más fácil ....

Lo más útil ....

Estrategias favoritas de la clase para aprender español:

....

....

Propuestas para el curso de español:

A los/las estudiantes nos gustaría ....

✎ Escribimos

El próximo semestre vas a participar en un curso de español en la Universidad de Lima. Escribe una carta donde les informas sobre tu aprendizaje del español: cuándo empezaste, por qué lo estudias, qué cursos has hecho, qué países has visitado, etc.

Estimado profesor: … / Estimada profesora: …

1 ¿Perfecto o indefinido? Una diferencia de perspectiva

a Encarna es del sur de España y Victoria es de Colombia. Encarna cuando cuenta hechos del pasado siempre los relaciona con el momento presente (aquí/ahora), mientras que Victoria no. Ella siempre piensa en el allí/entonces. Lee el diálogo y la explicación.

> Después de las clases, una amiga le pregunta a otra.
> **Victoria:** ¿Dónde está Ana? ¿No vino a clase?
> **Encarna:** No, me ha llamado y me ha dicho que no viene.

In vielen Teilen Spaniens (z. B. in Galizien, dem Baskenland und auf den Kanarischen Inseln) und in Lateinamerika wird beim Sprechen über Handlungen in der Vergangenheit fast ausschließlich das Pretérito indefinido verwendet.

b Ahora completa tú los siguientes diálogos según la perspectiva de Encarna y la de Victoria.

> 1. Las dos amigas están de excursión por el bosque:
> **Encarna:** ¿......................... (comprar, tú) botellas de agua?
> **Victoria:** ¡Ay! Lo .... (olvidar, yo).

> 2. Las dos amigas están esperando un taxi:
> **Victoria:** ¡Por fin .... (llegar) el taxi!
> **Encarna:** Mujer, si hace cinco minutos que .... (llamar, tú).

2 ¿Aquí o allí?

a ¿Cuándo? Lee las frases y elige la expresión temporal correspondiente.

1. Nos hemos comprado un piso.
   a) este año
   b) el año pasado

2. Lo pasé muy bien en la fiesta.
   a) ayer
   b) esta mañana

3. Ha sido una experiencia inolvidable.
   a) el verano pasado
   b) este verano

4. Vi una película con unos amigos.
   a) el otro día
   b) este sábado

5. Hice mis prácticas en Ecuador.
   a) en 2013
   b) este semestre

aquí/ahora

este año

allí/entonces

b Escribe debajo de las burbujas las expresiones temporales correspondientes.

1 Valoraciones

Completa los verbos de las burbujas con los adjetivos o adverbios. Escribe
después una frase completa con cada verbo.

fácil | mucho | divertido/-a | poco | difícil | aburrido | útil | poco útil | bastante

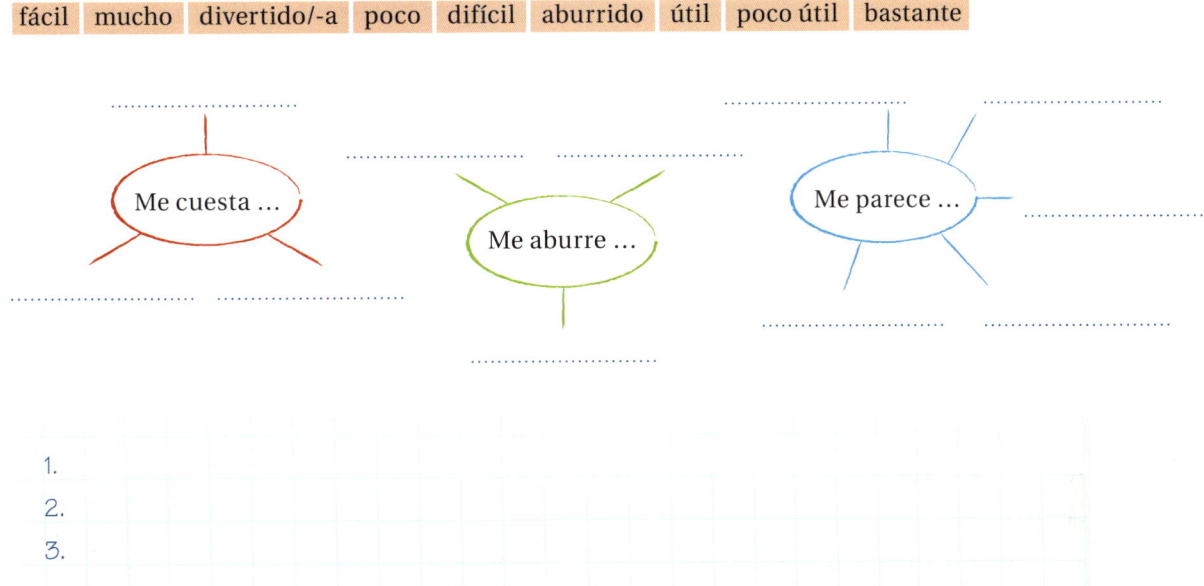

Me cuesta …

Me aburre …

Me parece …

1.

2.

3.

2 Adjetivos para describir

a Busca los sustantivos para los adjetivos de la tabla y escríbelos al lado.

Adjektive	Bildung der Substantive mit der Endung -ión
organizado/-a	la organización
perfeccionista	....

Adjektive	Bildung der Substantive mit der Endung -ía
simpático/-a	la simpatía
alegre	....

Adjektive	Bildung der Substantive mit der Endung -dad
responsable	la responsabilidad
creativo/-a	....
moderno/-a	....
serio/-a	la seriedad
activo/-a	....
fácil	la facilidad
difícil	la dificultad

Adjektive	Bildung der Substantive mit der Endung -ismo
idealista	el idealismo
pesimista	....
egoísta	....

ESTRATEGIA

Vom Adjektiv ausgehend können durch das
Anhängen von verschiedenen Endungen
Substantive gebildet werden. Die häufigsten
Endungen sind *-ión*, *-dad*, *-ía* und *-ismo*.

b Haz tu propia red de palabras. Atrévete a formar nuevas palabras a partir de las
que ya conoces. Utiliza también el diccionario. Aquí tienes algunas propuestas.

… | OPTIMISTA | OPTIMISMO | ANTIPATÍA | … | GENEROSO | … | …

NUEVAS CULTURAS, NUEVOS MUNDOS

a ¿Qué es el Programa Erasmus? ¿Conoces a estudiantes Erasmus en tu país? ¿A qué destinos prefieren ir? ¿Qué piensas que es lo positivo de una beca Erasmus?

b Lee las entrevistas a estos dos estudiantes Erasmus y contrasta con tus respuestas.

España se mantiene como el país favorito de estudiantes procedentes de algún país europeo que participa en el programa Erasmus. La universidad de Granada y la de Alicante son los principales destinos. Francia y Alemania son los países más populares después de España.

Carlos: hizo el año pasado su Erasmus en Irlanda.

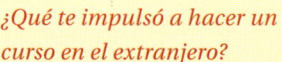

¿Qué te impulsó a hacer un curso en el extranjero?

El vivir una experiencia fuera de mi país y conocer la cultura de otro país. Vivir solo y tener algo de experiencia en mi último año de carrera.

¿Qué diferencias has encontrado entre España y el país de acogida?

Bueno..., el frío, el clima, mucho más lluvioso, más nublado, la comida, muy diferente a la española. La gente, que suele ser más fría, más distante... Pero en general, ¡no estuvo mal!

¿Qué *echaste de menos?

La familia, la paella, el buen clima, y... a mi perro, por supuesto.

¿Qué te costó más, la lengua o la falta de paella?

La lengua, por supuesto. Porque mi madre me mandaba paquetes con mucha comida: sobrasada, jamón, chorizo... todos los meses. O sea, que supongo que la lengua.

¿Se **liga tanto con un Erasmus?

Pues la verdad es que sí. Se conoce a mucha gente y las relaciones son muy efímeras...

¿Qué es lo más importante que te llevas del Erasmus?

El aprender a vivir solo. Fue una experiencia que me va a servir mucho para el futuro. Tanto a nivel personal como académico.

*echar de menos = vermissen   **ligar = flirten

Borislava: hace su Erasmus en la Universidad de Alicante.

¿Por qué has elegido Alicante?

Bueno, siempre he querido venir a España y Alicante me gusta mucho porque tiene playa, también el clima es mucho mejor que en mi país.

¿Qué estudias?

En mi país "Relaciones Internacionales", pero aquí en Alicante, como no hay este estudio, he escogido Historia.

¿Qué echas de menos?

Bueno, a mis amigos, a mi familia, pero no mucho más.

¿Fue complicada tu adaptación?

No, no, qué va. A mí siempre me ha gustado conocer otros países.

¿Conoces a mucha gente?

Sí, mucha... tanto españoles como otros Erasmus.

¿Qué diferencias encuentras entre tu país y España?

A los españoles les gustan mucho las fiestas por lo que he visto. En mi país también la gente va a fiestas y tal, pero no tanto como aquí en España. Es que aquí lunes, martes, miércoles, todos los días hay fiestas.

¿Te vas a quedar aquí algo más?

Sí, sí, me gustaría. A lo mejor para hacer un máster.

c Carlos dice que le costó adaptarse al clima, a la comida, a la gente. ¿Y a ti? Piensa en alguna de tus experiencias en el extranjero y cuenta las diferencias culturales que encontraste con respecto a tu país.

- *Bueno, pues..., por ejemplo, yo una vez estuve en India con mis padres y allí se come la comida con las manos...*

Hier lernst du...

... nach biografischen Angaben zu fragen
und darüber Auskunft zu geben

... das *Indefinido* anzuwenden

... vergangene Ereignisse zeitlich einzuordnen

... einen Lebenslauf und eine Stellenanzeige zu verstehen

... dich auf ein Bewerbungsgespräch vorzubereiten

Biografías

In dieser Lektion bereiten
wir ein Bewerbungsgespräch
vor und führen es durch.

1.

2.

3.

4.

5.

6.

7.

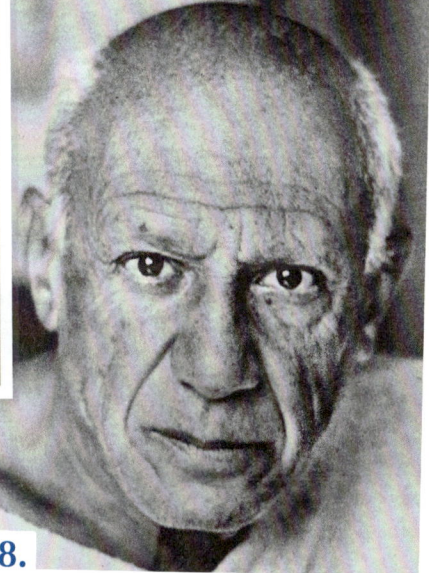

8.

a Mira las fotos de estos famosos del mundo hispanohablante.
¿Sabes cómo se llaman y cuál es su profesión? Escribe sus nombres en
el lugar adecuado de la tabla. Después compara con tu compañero/-a.

- *¿Sabes quién es Almudena Grandes?* ■ *Sí, creo que es una...*

Mundo del deporte	Mundo de la literatura	Mundo del cine	Mundo de la música	Mundo del arte

b ¿Qué otros personajes hispanos conoces?
Haz una lista común con tus compañeros de clase.

11 A

Kommunikation nach biografischen Angaben fragen und darüber Auskunft geben ≫ vergangene Ereignisse zeitlich einordnen Grammatik unregelmäßige Verben des *Indefinido* ≫ der Konsonantenwechsel im *Indefinido* Wortschatz biografische Angaben: *nacer, crecer,...*

1 Como la vida misma

a Aquí tienes la biografía de Frida Kahlo. Lee los acontecimientos más importantes de su vida, ordénalos cronológicamente y relaciónalos con las fotos.

.... **Conoce al** pintor Diego Rivera en 1928.

.... **Muere** el 13 de julio de 1954 en Ciudad de México.

.... **Tiene** un terrible accidente en 1925.

.... **Se vuelve a** casar con Diego Rivera en 1940.

.... **Empieza a pintar** a los veinte años.

.... **Se divorcia de** Diego Rivera en 1939.

.... **Se casa con** Diego Rivera en 1929.

.... **Nace** el 6 de julio de 1907 en Coyoacán.

.... **Vive en** Estados Unidos en 1932.

b Escucha la conversación y comprueba.
17

c Aquí tienes las formas verbales de la biografía de Frida Kahlo en Indefinido. Escribe el infinitivo.

Indefinido	Infinitivo
tuvo un accidente	tener
empezó a pintar	....
nació	....
vivió	....
se casó	....
conoció a alguien	....
murió	....
se divorció	....
se volvió a casar	....

d Piensa en seis fechas importantes de tu vida. Luego, tu compañero/-a tiene que adivinar de qué acontecimientos se trata.

● *A los once años...*   ● *No.*
■ *¿Aprendiste a nadar?*   ■ *Pues... ¿Fuiste de vacaciones a España?*

Indefinido: unregelmäßige Verben

estar	→	estuv-
poner	→	pus-
poder	→	pud-
saber	→	sup-
querer	→	quis-
tener	→	tuv-
venir	→	vin-

e
iste
o
imos
isteis
ieron

unregelmäße 3. Person (Sg. und Pl.)

morir → murió
murieron

orthographische Änderungen in der 1. Person

empezar	→	empecé
llegar	→	llegué
jugar	→	jugué
explicar	→	expliqué

→ *Mi gramática 1 y 2*

2 Biografía de Frida Kahlo

a Lee ahora estos extractos de la biografía de Frida Kahlo y ordénalos de forma cronológica.

En 1925, a los 18 años, tuvo un terrible accidente. Sufrió la fractura de varios huesos y lesiones graves de espalda. Después del accidente tuvo que pasar mucho tiempo acostada e inmóvil. Durante ese tiempo empezó a pintar de forma continuada. El arte antiguo de México, su arquitectura y la revolución mexicana fueron básicos para el desarrollo de su obra.

Al cabo de tres años conoció al ya famoso pintor mexicano Diego Rivera. El 21 de agosto del año 1929 con 22 años se casó con él. En 1932 el matrimonio se trasladó a Estados Unidos a trabajar y un año más tarde volvió a México. Su obra expresa sus sentimientos, sus emociones y su dolor y para ello utiliza el colorido y las figuras tradicionales de su país y las imágenes religiosas del arte popular mexicano.

1. Nació el 6 de julio de 1907 en Coyoacán, al sur de Ciudad de México. En 1913, tuvo *poliomielitis, enfermedad que afectó permanentemente el uso de su pierna derecha. Su padre la acompañó y motivó en sus ejercicios durante los nueve meses de rehabilitación. Los dos tuvieron siempre una relación muy cercana.

Tras muchas operaciones y una vida llena de pasión y sufrimiento, Frida Kahlo murió en la noche del 13 de julio de 1954 en Ciudad de México. La casa en la que la pintora vivió con su marido Diego Rivera es ahora el "Museo Frida Kahlo", y conocida también como "Casa azul".

Frida se divorció de Diego Rivera a los diez años de matrimonio, pero en 1940, al año siguiente, volvieron a casarse. Fueron años difíciles. Esto se refleja muy bien en las obras *Las dos Fridas* y *Dos desnudos en un bosque*.

En septiembre de 1926 pintó su primer autorretrato al óleo. En este primer autorretrato empezó una dinámica que continuó en el resto de sus autorretratos: reflejar en sus cuadros los sucesos de su vida y los sentimientos que le producen. Un ejemplo de esto se ve en las obras *La columna rota* y *Sin esperanza*.

*la poliomielitis= Kinderlähmung

b Lee de nuevo la biografía y subraya las expresiones temporales que aparecen.

c Ahora contesta las preguntas utilizando las expresiones temporales que aparecen en el texto. Compara tus respuestas con las de tu compañero/-a.

1. ¿En qué día y año nació la artista?
2. ¿En qué año sufrió poliomielitis?
3. ¿A qué edad tuvo un accidente de tranvía?
4. ¿Cuándo comenzó a pintar?
5. ¿En qué año se casó con el pintor Diego Rivera?
6. ¿Tras cuánto tiempo se divorció de él?
7. ¿Cuándo se volvieron a casar?
8. ¿En qué año y en qué día murió la artista?

d Busca la biografía de un personaje famoso y escríbela de acuerdo a los puntos que te damos. Cada grupo lee a la clase la biografía sin decir el nombre del personaje. ¿De quién se trata?

Nombre y apellidos:
Fecha y lugar de nacimiento:
Estudios:
Profesión / su obra:
Personas que conoció:
Fecha y lugar de su muerte:

Ereignisse zeitlich einordnen
después de X días/meses/años
días/meses/años **más tarde**
al cabo de X /días/meses/años
al día/al año /a la semana siguiente
a los X años

11 B

Kommunikation	über einen Lebenslauf sprechen **»** eine Stellenanzeige verstehen
Grammatik	Zeitangaben: *antes de / después de, desde / desde hace, hasta*
Wortschatz	wichtige Angaben in einem Lebenslauf

3 Mi currículo vitae

a Lee estos datos sobre la vida de Nuria Bedregal Rodríguez y completa su currículo vitae con las palabras subrayadas.

1. **Antes de** entrar en la Universidad hizo el <u>bachillerato</u> en el instituto Ramón y Cajal.
2. Estudió en Madrid **hasta** el año <u>2001</u>.
3. En 2001 estudió un <u>semestre</u> universitario en Chile.
4. En 2002 volvió a Madrid y en 2003 terminó sus estudios de <u>Derecho</u>.

5. **Después de** licenciarse en Derecho hizo un <u>máster</u> en Quito.
6. **De** 2005 **a** 2008 trabajó como <u>asistente</u> en la empresa KALAM.
7. **Desde** 2009 trabaja como <u>profesora</u> en Madrid.

CURRÍCULO VITAE

INFORMACIÓN PERSONAL

Nuria Bedregal Rodríguez

🏠 Avenida de la Ilustración 25, 28023 Madrid (España)

📱 +34 91 654321

✉️ n.bedregal@gmx.es

Fecha de nacimiento: 12 de mayo de 1980

Nacionalidad: española

EXPERIENCIA PROFESIONAL

| 2009 – presente | *profesora* de Derecho del Trabajo en la Universidad Complutense de Madrid |
| 2005 – 2008 | *asistente* en Recursos Humanos en KALAM |

EDUCACIÓN Y FORMACIÓN

2004 – 2005	*máster* en Recursos Humanos, en la Universidad Andina Simón Bolivar en Quito, Ecuador
2003	Licenciatura en *Derecho*
2001	*semestre* en la Universidad de Santiago de Chile
1998 – *2001*	Estudios de Derecho en la Universidad Complutense de Madrid
1998	Selectividad
1996 – 1998	*bachillerato* en el Instituto Ramón y Cajal, Madrid

IDIOMAS

Español	lengua materna
Inglés	nivel avanzado (B2-C1), oral y escrito
Alemán	nivel intermedio (B1-B2), oral y escrito

OTROS DATOS DE INTERÉS

Conocimientos en Ofimática: Windows, Word, Excel (nivel de usuario)

Disponibilidad para viajar

b Preparad cinco preguntas sobre el currículo vitae de Nuria Bedregal Rodríguez utilizando las expresiones temporales marcadas en **3a**. Los otros grupos responden.

- *¿Hasta qué año trabajó como asistente en la empresa KALAM?*
- *Hasta 2008.*
- *Muy bien. Ahora preguntáis vosotros.*

Zeitangaben
antes de + Infinitiv
después de + Infinitiv
desde enero /el año 2001
desde hace una semana /un año
hasta + enero/2012
de 2005/enero **a** 2008 /marzo

4 **Mi mundo profesional**

a Lee estas ofertas de trabajo y completa con las palabras que faltan.

sueldo | jornada laboral | contrato | titulación superior

1.

UNIVERSIDAD ICEL
CAMPUS LA VILLA

Solicita:	**COORDINADOR ACADÉMICO DE DERECHO**
Edad:	30 - 40 años
Sexo:	Indistinto
Titulación superior	Licenciatura en Derecho.
Experiencia:	de 2 años en docencia o en puesto similar.
Otras características:	buen carácter, buena presencia, buen trato con la gente.
Horario de trabajo:	lunes a viernes de 6:30 a 11:30 y sábados con disponibilidad (de 7:30 a 17:30) para cubrir 5 horas.

¡CONTRATACIÓN INMEDIATA!

Se ruega acudir sin cita a la entrevista, la cual se realizará del día 18 al día 20 de febrero de 10:00 a 13:30 y de 16:00 a 18:00 horas. Se ruega presentar currículum, título académico y carné de identidad (DNI).

....................: a acordar.

Lugar:	Campus La Villa Av. Cantera No. 16, Col. Ciudad de México.
Persona responsable:	Elizabeth González

2.

EXPERTO/-A EN FORMACIÓN LABORAL

Lugar: Murcia
Empresa: Iniciativas Organizativas De Empresa
Requisitos:
- Formación universitaria relacionada con Relaciones Laborales, Graduado Social o Derecho.
- Valorable poseer título de Postgrado o Máster en Recursos Humanos.
- Experiencia laboral en asesorías, departamento de administración de personal o similar.
- Experiencia docente.
- Experiencia en manejo de personal y temas de liderazgo.
- Español e inglés fluido.

Se ofrece:
..... _Jornada laboral_: a tiempo completo
Tipo de ..._Contrato_...: indefinido
Interesados enviar CV a m.gonzalez@boege-b.org

b ¿Cuál de las dos ofertas de trabajo es la más adecuada para Nuria Bedregal? ¿Por qué?
- _Bueno, yo creo que para ella es mejor trabajar de/en... porque..._

11 C

Kommunikation berufliche Qualifikationen angeben » Wünsche hinsichtlich eines Arbeitsplatzes äußern » ein Bewerbungsgespräch **Grammatik** *ser* + Eigenschaften und *saber* + Fähigkeiten **Wortschatz** Berufe und berufsspezifische Eigenschaften

5 Profesiones y cualidades

a Observa las fotos. ¿Qué cualidades crees necesarias para cada uno de estos trabajos? Discute con tu grupo. Estas expresiones te pueden ayudar. Utiliza tu diccionario.

ser ...	estar ...	saber ...	tener ...
exigente, sociable	dispuesto/-a a viajar	trabajar en equipo	conocimientos en...
comunicativo/-a	acostumbrado/-a a...	conducir	experiencia laboral
dinámico/-a	en forma		
creativo/-a			
valiente			

POLICÍA

PROFESOR EN LA UNIVERSIDAD

PERIODISTA

INGENIERA

GUÍA TURÍSTICO

DEPORTISTA

TAXISTA

POLÍTICO

● *Pues yo creo que para ser policía hay que ser valiente.*

■ *Sí, y además hay que estar en forma.*

b Y vosotros, ¿a qué os vais a dedicar tras vuestros estudios? ¿Qué cualidades son necesarias para vuestra profesión? Poneos de acuerdo y haced al final una lista de toda la clase. ¿Qué cualidades se repiten más?

→ Mi léxico 1 y 2

6 Una entrevista de trabajo

a Lee las preguntas de una entrevista de trabajo y algunas de las respuestas que dio la persona que se presentó al puesto de trabajo. Relaciónalas con la pregunta correspondiente.

Sobre la empresa

1. ¿Cómo nos conoció?
2. ¿Qué sabe de nosotros?

Estudios y trayectoria profesional

3. ¿Por qué escogió estos estudios?
4. ¿Cuáles son los últimos cursos que ha hecho?
5. ¿Ha pensado seguir ampliando sus estudios?
6. ¿Ha realizado ya alguna práctica a lo largo de su estudio?
7. ¿Cuál es su experiencia anterior?
8. ¿Cuáles son sus objetivos futuros?

Competencias personales

9. ¿Qué puede aportar usted al trabajo? Háblenos de sus cualidades.
10. ¿Qué es lo que más le gusta de un trabajo?
11. ¿Qué es lo que menos le gusta?
12. ¿Qué posición prefiere tener cuando trabaja en equipo?
13. ¿Qué significado tiene para usted la palabra trabajo?
14. ¿Qué hace en su tiempo libre?
15. ¿Sabe hablar en público? ¿Ha tenido que hacerlo alguna vez?
16. ¿Cuál es el último libro que ha leído? ¿Qué le pareció?

PLANETA VERDE
Soluciones medioambientales

a Sí, muchas veces. Estoy acostumbrado a hablar en público desde los estudios universitarios... *15*

b Escogí Comercio Internacional porque me gusta trabajar en empresas grandes relacionadas con el comercio internacional. Me parece muy importante en nuestro mundo globalizado. *3*

c Soy una persona muy exigente, sociable y organizada. Sé escuchar y me gusta trabajar en equipo. *9*

d Lo mejor es la relación con los compañeros, tener un buen ambiente de trabajo y lo peor es no tener tiempo para la vida privada. *10/11*

f "El Capital" de Piketty. *16*

e Mis objetivos a corto plazo son integrarme en un buen equipo, rodeado de profesionales, aprender y aportar conocimientos. *8*

g Encontré su anuncio de trabajo en la página de ofertas de trabajo que tiene la universidad. *1*

 b Escucha y comprueba.

c Y para ti, ¿cuáles son tus prioridades a la hora de buscar un trabajo? Clasifícalas por orden de importancia. Luego, compara tu clasificación con la de tu compañero/-a.

- ● *Pues para mí lo más importante es tener una buena relación con los compañeros/-as. ¿Y para ti? ¿Tú qué piensas?*
- ■ *Sí, claro. Pero además el trabajo tiene que ser...*

... Vivir cerca de tu familia y amigos.

... Tener tiempo libre.

... Tener un sueldo alto.

... Tener mucha responsabilidad.

... Tener buena relación con los compañeros.

... Tener posibilidades de promoción/ascenso.

... Tener horarios flexibles.

... Tener un trabajo interesante y variado.

... Tener un/a jefe/-a agradable.

7 Preguntas

a ¿Qué dices o haces en las siguientes situaciones? Marca tus respuestas y compáralas con las de tus compañeros/-as.

1. **En la entrevista de trabajo te preguntan por tus ideas religiosas, ¿qué haces?**

☐ Me levanto rápidamente y me voy.
☐ Le digo amablemente que ese es un tema personal y no contesto.
☐ Contesto sin problemas.

2. **Te preguntan que si crees que te van a dar el trabajo, ¿qué dices?**

☐ "Espero que sí."
☐ "No lo sé, no depende de mí."
☐ "Me parece poco probable."

3. **Te dicen que ese trabajo no es para ti, ¿qué haces?**

☐ Te despides y te vas tranquilamente.
☐ Te levantas lentamente y te vas sin decir nada.
☐ Te levantas bruscamente y al salir cierras la puerta de golpe.

b ¿Qué otro tipo de preguntas o situaciones difíciles conoces? Amplía con tus compañeros/-as la lista de **7a** y busca una respuesta o reacción adecuada.

4. Situación: ....
....
....
Reacción: ....
....
....

5. Situación: ....
....
....
Reacción: ....
....
....

NUESTRO PROYECTO

Vamos a elaborar modelos de encuesta para una entrevista de trabajo.

a Elige el anuncio que más te interesa y busca a otros/-as compañeros/-as que también han elegido tu anuncio.

1

GUÍA TURÍSTICO DE GRUPOS EN ANDORRA

Atención de grupos de viajeros. Recibir en su llegada a los clientes, acompañarlos durante su estancia a las estaciones de esquí y alojamientos, y gestionar las reservas de los servicios "Après-ski".

2

ANIMADOR/-A SOCIOCULTURAL EN LAS ISLAS BALEARES

Se necesitan animadores turísticos con idioma alemán para la temporada de verano.

3

Profesor/a nativo/-a de alemán

Buscamos profesor de alemán para clases en empresa. Zona: Bahía de Cádiz. Horario de lunes a jueves, de 15.00 a 16.00 horas. Grupos de 3 alumnos.

b Elaborad las preguntas para hacer una entrevista de trabajo sobre el anuncio.

c Elegid a una persona de los otros grupos para hacerle la entrevista. Poned en común los resultados y elegid a la persona más idónea para cada anuncio.

✎ Escribimos

Escribe tu biografía. Puedes apoyarte en los puntos que te damos.

Lugar de nacimiento

Lugar de residencia en la infancia

Estudios

Experiencias vividas

Lugar de residencia actual

1 Otra manera de escribir una biografía

a Lee esta biografía de Paco de Lucía y después comenta qué es lo que te llama la atención. ¿En qué tiempo está escrita?

Francisco Sánchez Gómez, de nombre artístico **Paco de Lucía**, nace en Algeciras (Cadiz) el 21 de diciembre de 1947. Paco de Lucía pertenece a una dinastía de músicos flamencos "Los Lucía". Su padre es quien le enseña a tocar la guitarra. Su carrera empieza muy pronto, a los doce años, y en 1962 graba sus primeros discos. En 1969 conoce a **Camarón de la Isla**, con el que forma una de las parejas más míticas del flamenco. Ambos fusionan los ritmos flamencos con ritmos de música **rock** y **pop** jazz.

Paco de Lucía es también uno de los artistas que más ha hecho por la internacionalización del flamenco. Ha actuado con éxito en escenarios de todo el mundo y ha grabado con muchos artistas de otros estilos musicales, como John McLaughlin, Al Di Meola o Carlos Santana. A lo largo de su carrera ha grabado un total de 38 discos y ha recibido numerosos premios: dos premios Grammy latinos, el Premio Nacional de Arte Flamenco, etc.

Paco de Lucía se ha casado dos veces. Una primera en 1977 con Casilda Varela con quien tiene tres hijos, pero de quien se separa veinte años más tarde. Un par de años más tarde, conoce a su segunda esposa, Gabriela, de origen mexicano. Con ella se vuelve a casar y tiene dos hijos. Paco de Lucía muere a consecuencia de un infarto cardíaco el 25 de febrero de 2014 en la ciudad mexicana de Playa del Carmen.

> **Historisches Präsens**
>
> Manchmal werden Biografien oder Ereignisse, die sich in der Vergangenheit zugetragen haben, statt in einer Vergangenheitsform im Präsens erzählt. Dies nennt man im Spanischen „Presente histórico". Durch das „Presente histórico" wird den erzählten Ereignissen mehr Unmittelbarkeit verliehen: Es bringt Vergangenes näher an das Hier und Jetzt.

b Ahora resume la biografía de Paco de Lucía utilizando el Indefinido. Puedes utilizar estos verbos.

empezar · tener · formar una pareja · nacer · **Paco de Lucía** · ser · grabar · fusionar con ritmos de música · morir · recibir

> **ESTRATEGIA**
>
> Bevor du mit dem Schreiben beginnst, kannst du deine Ideen ordnen, indem du dir kurze Notizen machst.

2 Verbos regulares y verbos irregulares

Clasifica los verbos del ejercicio **1b** y completa la tabla con las formas en indefinido (en la 3ª persona).

regulares	irregularidad vocálica (o→u, e→i) en las terceras personas		completamente irregulares
....	mo**r**ir	→	....
....		mu**r**ieron	....
....	do**r**mir	→	du**r**mió	....
....			....
....	pref**e**rir	→	prefi**r**ió	....
....		....	....

⚙ Beachte die unterschiedliche Betonung der regelmäßigen und unregelmäßigen Verben im Indefinido: naci**ó** – **tu**vo.

1 Mundo laboral

Clasifica las palabras en la tabla. Puede haber varias posibilidades.

ser exigente   *Gehalt*   sueldo   máster   educación   contrato   *bereit sein* estar dispuesto/-a   información personal
conocimientos de informática   experiencia profesional   datos de interés   ser dinámico/-a
datos personales   jornada laboral   titulación superior   disponibilidad   datos académicos
graduado   ser organizado   formación

currículo *Lebenslauf*	trabajo	cualidades
sueldo, máster, educación contrato, datos personales jornada laboral	graduado datos académicos máster experiencia profesional	ser organizado ser dinámico/-a ser exigente conocimientos de informática

2 Mi currículum

Completa con tus datos el siguiente currículo.

INFORMACIÓN PERSONAL

....
....
....
....

Fecha de nacimiento: ....   Nacionalidad: ....

EXPERIENCIA PROFESIONAL

....
....

EDUCACIÓN Y FORMACIÓN

....
....
....

IDIOMAS

....
....

OTROS DATOS DE INTERÉS

....
....

¿LA GENERACIÓN PERDIDA?

a Define el término "generación" y después busca con tu compañero/-a ejemplos de generaciones a lo largo de la historia. Busca palabras para definirlas.

b Ahora vas a leer un texto sobre "la generación perdida" de España. Lee el texto y busca otros términos que también caracterizan a esta generación.

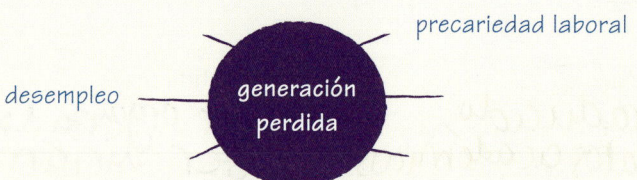

precariedad laboral

desempleo — **generación perdida**

Se denomina con este nombre a la primera generación de jóvenes españoles nacidos en democracia con edades entre los 18 y los 35 años. Ellos están viendo cómo la crisis económica acaba con sus sueños. Son los jóvenes con más formación académica de toda la historia de España. También es la generación que presenta un mayor número de abandono escolar en busca de unos ingresos inmediatos y que está acostumbrada a conseguirlo todo. Ahora, gran parte de ellos vive con trabajos cada vez más precarios o sufre un desempleo, que duplica la media de Europa. A pesar de ello, hay algunas voces cargadas de sueños e ilusiones que reclaman aires de cambio.

c Ahora lee las reacciones de algunos jóvenes españoles ante su actual situación. En una situación así, ¿con qué persona te identificas? Compara tu respuesta con un compañero/-a.

● *Yo creo que con Rubén porque así puedes buscar posibilidades en otros lugares...*

El emprendedor
Rubén Carré, de 32 años. Estudió Periodismo. Durante varios años no encontró trabajo y decidió emigrar a Latinoamérica, como muchos españoles hacen en la actualidad. En Perú y, en concreto, en Lima, encontró trabajo y tiene una buena situación económica.

La decepcionada
Isabel Pérez, de 28 años, es licenciada en Bioquímica y Máster en Biología Molecular, Celular y Genética. Después de dos años de beca en el Centro de Investigación Príncipe Felipe (CIPF) de Valencia está en paro viviendo de nuevo con sus padres.

El sindicalista
Jesús, estudiante de Derecho. Es miembro de la Plataforma "Jóvenes sin trabajo". Jesús dice: "Hay que concienciar a los jóvenes de su situación y exigir responsabilidades a los gobiernos y a los bancos".

El positivo
Marcos, 30 años, licenciado en Económicas. Vivió fuera de España y aprendió varios idiomas pero a la vuelta a España no encontró trabajo. Ahora vive con sus padres y ha invertido todo su dinero en un Máster para conseguir su objetivo: ser el primero y conseguir un buen trabajo.

d ¿Cómo describes tu generación? Ponedle un nombre.

» **Hier lernst du...**
... das Aussehen von Personen früher
und heute zu beschreiben
... über Erinnerungen zu sprechen
... über Kleidungskäufe und Mode zu sprechen
... die Vergangenheit mit der Gegenwart zu vergleichen

Eran otros tiempos

In dieser Lektion sprechen wir über Erinnerungen, die wir an die Ferien in unserer Kindheit haben, und vergleichen sie mit den Ferien heute.

EL BLOG DE *Malena*

A .....

B .....

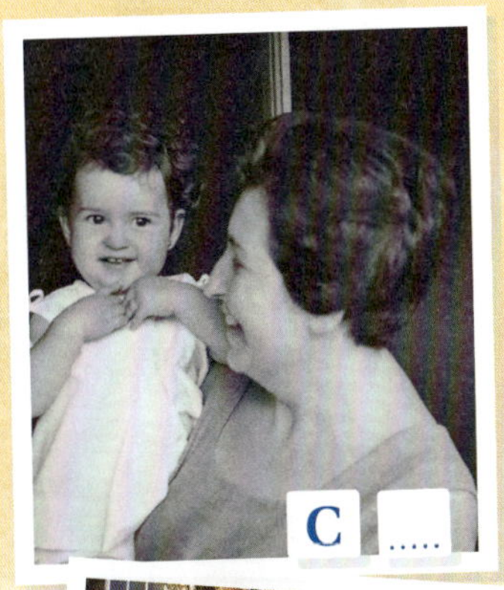

C .....

D .....

E .....

F .....

G .....

a Malena nos muestra fotos de su infancia, su adolescencia y su vida actual. ¿De qué década crees que son? Relaciónalas.

| finales de los 60 | años 70 | años 80 |
| años 90 | años 2000 | vida actual |

b Escucha los diálogos y enumera las fotos en el orden en que se mencionan.

19-25

c ¿Cómo piensas que es Malena? Descríbela con tres adjetivos.

d Describe a alguien de la clase. Tus compañeros/-as adivinan.

| ¿Cómo es? | ¿Cómo es su pelo? | ¿De qué color tiene los ojos? |

● *Esta persona tiene el pelo largo y rizado...*

12 A

Kommunikation das Aussehen von Personen früher und heute beschreiben ›› über Erinnerungen sprechen
Grammatik das *Imperfecto de indicativo* ›› Verben des Fühlens und Empfindens und ihre Vergangenheitsformen ››
die Verben *aburrir* und *molestar* **Wortschatz** *recordar (que), acordarse de (que)* ›› Eigenschaften

1 Recuerdos

a Inés y Toni, dos de los protagonistas de la serie de televisión "La familia Alcántara",
recuerdan cómo eran y qué hacían sus personajes en los años 60. Lee los recuerdos.
¿Cómo es su personalidad?

rebelde   conformista   idealista   soñador/a   inconformista   realista

● *Yo pienso que Inés es…*   ■ *Pues yo…*

A finales de los años 60 aún vivía con mis padres. ¡Cómo me gustaba
el olor a la buena comida al volver a casa…! El olor a croquetas, a
albóndigas… Mi comida favorita eran los canelones que mi madre y
mi abuela me hacían en mi cumpleaños. Me acuerdo también de la
mili, ¡qué maldad tenían algunos de los militares! Me molestaba tener
que compartir mi habitación con mi hermano pequeño, siempre
buscando en mis cosas. Recuerdo la facultad, las manifestaciones
que hacíamos los estudiantes. Odiaba la falta de libertad y el miedo
que todos teníamos a tener una opinión propia. ¡Qué tiempos tan
difíciles para mis padres! ¡Cómo sufrían!

De aquella época yo recuerdo que me encantaba
ponerme minifaldas, siempre llevaba vestidos cortos,
pantalones de campana, bueno, la moda de entonces.
También recuerdo que discutía muchísimo con mis
padres porque no me entendían.
¡Me aburrían nuestras continuas discusiones!
Yo no quería casarme, tener hijos y estar siempre en
casa. Yo quería descubrir el mundo, tener un trabajo,
tener mi propio piso… ¡Qué tiempos tan difíciles!

b Aquí aparece una nueva forma de pasado: el imperfecto.
Busca en los textos de **1a** las formas verbales que faltan.

Pretérito Imperfecto de indicativo

regelmäßige Verben			unregelmäßige Verben		
llevar	**tener**	**vivir**	**ser**	**ir**	**ver**
………………	tenía	………………	era	iba	veía
llevabas	tenías	vivías	eras	ibas	veías
llevaba	tenía	vivía	………………	iba	veía
llevabámos	………………	vivíamos	éramos	íbamos	veíamos
llevabais	teníais	vivíais	erais	ibais	veíais
llevaban	tenían	vivían	eran	iban	veían

über Erinnerungen sprechen

Recuerdo la ropa de la época.
Recuerdo que me encantaba…

Recuerdo + direktes Objekt
Recuerdo + **que** + Satz

Me acuerdo de la mili.
Me acuerdo de que estaba…

Me acuerdo de + direktes Objekt
Me acuerdo de + **que** + Satz

Verwendung

Das **Imperfecto** wird im Spanischen verwendet, um von Erinnerungen an
regelmäßige Handlungen und Gewohnheiten in der Vergangenheit zu sprechen:
Cuando **tenía** ocho años, me **gustaba** jugar con mis amigos en la calle.
A los veinte años todavía **vivía** con mis padres.

→ *Mi gramática 1*

c ¿Qué recuerdos positivos y qué recuerdos negativos de aquella época tienen los hijos de la familia Alcántara? Completa con las expresiones del texto.

expresión positiva	recuerdos positivos	expresión negativa	recuerdos negativos
....	....	Me molestaba	....
....	....	....	....
Me encantaba	ponerme minifaldas	....	....

weitere wertende Verben: *aburrir* und *molestar*		
Me **molestaba** compartir mi habitación. Me **aburrían** las matemáticas. Die Verben **aburrir** und **molestar** werden wie das Verb **gustar** gebraucht.	**ahora** me gusta/n me aburre/n me molesta/n	**antes** me gustaba/n me aburría/n me molestaba/n

d ¿Qué recuerdos tiene Mercedes Alcántara de su niñez? Lee y completa.

Cuando era pequeña...

.... (vivir) en el pueblo con mis padres y mi abuela.

Mi abuela .... (tener) el pelo blanco. .... (llevar) casi siempre un bastoncillo para andar y a mí me .... (encantar) escondérselo para la hora de dar el paseo por la tarde...

Recuerdo que después de comer mi madre me .... (obligar) a dormir la siesta y yo lo .... (odiar). Después, por la tarde, mi madre me .... (enseñar) a coser pantalones, chaquetas,...

¡Cómo me .... (aburrir) las tardes veraniegas!

2 **Cuando era niña...**

a Escucha y completa cómo recuerda Ana los siguientes aspectos. Vuelve a escucharla y completa si el recuerdo es positivo o negativo y qué expresiones utiliza para ello.

26

	¿Qué recuerda?	¿Como es el recuerdo: positivo (+) o negativo (–)?
1. Colegio	....	....
2. Aspecto físico	....	....
3. Comida	....	....
4. Actividades de tiempo libre	....	....

b ¿Cómo fue tu infancia? Descríbesela a tu compañero/-a. ¿Qué diferencias y semejanzas hay entre vosotros?

¿Qué te gustaba hacer después de las clases?   ¿Qué te gustaba comer?

¿Qué recuerdos tienes del colegio, de los profesores,... ?   ¿Cómo llevabas el pelo?

● *Cuando era niño me encantaba nadar. Iba después del colegio...*

12 B

Kommunikation	Kleidung einkaufen » über Mode sprechen
Grammatik	Wiederholung: Kongruenz von Substantiven und Adjektiven
Wortschatz	Mode und Kleidung » Materialien, Muster und Formen

3 De compras

a Mira estas ofertas de ropa. Tienes un vale de 200 euros. ¿Qué ropa te compras para esta temporada?

MI MODA

MUJER Y HOMBRE   NIÑO   🔍   Cesta de compra 🛒

leggins estampados de flores, **14€**

pantalones vaqueros, **49€**

falda larga, **24€**

vestido para salir, **69€**

cazadora plumífero **59€**

jersey de lana, **39€**

blusa de lunares, **34€**

camiseta de manga corta de algodón, **9€**

botas, **89€**

cinturón de piel marrón, **29€**

zapatos de tacón, **29€**

● *Pues yo necesito un jersey nuevo pero...*

b Agrupa la ropa de la página web en el campo léxico correspondiente.

prendas de vestir para mujeres	prendas de vestir para hombres	zapatería	complementos
			bufanda gorro 

c Escucha la conversación entre Ana y una amiga. Después contesta las preguntas.

27

	1.	2.
¿Qué compró?		
¿Qué talla?		
¿Qué número?		
¿De qué color?		
¿Cuánto costó?		

materiales

de algodón 🌥

de lana 🐑

de piel

de seda 🦋

sintético/-a ◇

estampado

de flores

de lunares

de rayas

de cuadros

tamaño/forma

corto/-a

largo/-a

de tacón

de manga larga

4 La moda y sus épocas

a ¿Sabes cómo se vestía la gente en los años 70 o en los 90? Lee este texto sobre moda y elige dos adjetivos para describir cada estilo.

informal   extravagante   moderno/-a   divertido/-a   original   cómodo/-a
práctico/-a   clásico/-a   rompedor/a   cuidado/-a

Años 70
Es la época en la que los adolescentes se podían expresar libremente. Así surgió el concepto de ropa diferente, original, divertida y extravagante. Tendencias: pantalones anchos de campana, blusas con estampados de flores, de algodón, minifaldas y botas altas.

70

Años 80
Se introdujeron nuevas tendencias, entre ellas, las preferencias por la ropa de marca. Tendencias: jerseys de gran tamaño, blusas y chaquetas de cuero con gruesas hombreras, pantalones vaqueros con agujeros y desgastados, faldas muy largas o muy cortas, cinturones muy anchos y moda con colores brillantes.

80

90

Años 90
La ropa se definía sobre todo por los grupos musicales. Tendencias: camisetas de grupos de música, vestidos, camisas, pantalones, bufandas de pana y principalmente de cuadros y de rayas y zapatos de tacón muy altos. La gran innovación fue la aparición de los piercings, tatuajes y tintes de pelo.

XXI

La primera década del siglo XXI
La moda se fue asociando y cambiando según las distintas "tribus urbanas", que constituyeron un modo de vivir, una determinada actitud frente a la vida. Tendencias: las gorras puestas a la inversa, la ropa de deporte ancha (chándal) y las zapatillas deportivas.

● *La ropa de los años 70 me parece… porque…*

b Imagina que te invitan a una fiesta temática de moda. Comenta con tu compañero/-a de qué época prefieres vestirte y por qué.

● *Yo prefiero vestirme de… porque…*
■ *Pues yo de… porque…*

c ¿Y actualmente? Describe qué prendas de ropa están de moda en la actualidad. ¿Cuál es la propuesta más atrevida?

→ *Mi léxico 1*

d Piensa qué prendas de ropa, colores y estilos prefieres para estas diferentes situaciones. ¿Coincides con tus compañeros/-as?

● Para ir a cenar con unos amigos en el fin de semana
● Para ir a la uni
● Para ir a la boda de tu mejor amigo
● Para ir de compras el sábado por la ciudad
● Cuando vas de vacaciones en verano

■ *Pues yo cuando voy a un restaurante me gusta ir elegante por eso llevo…*

Kommunikation Vergangenheit und Gegenwart vergleichen **Grammatik** Zeitangaben mit dem *Imperfecto* » Zeitangaben mit dem Präsens » der Konnektor *en cambio* » Adverbien auf *-mente* **Wortschatz** Adjektive zur Beschreibung von Objekten

5 ¡Qué diferente!

a En estas fotos ves el pueblo granadino de Salobreña a finales de los años 50 y ahora. Obsérvalas: ¿Qué ves? ¿Qué es diferente? Discute con un compañero/-a.

- *En la foto de los años 50 se ve un castillo y hay... pero no hay...*
- *Sí. Y en la actualidad todavía se ve el castillo pero no hay... Ahora...*

b María nos cuenta cómo era Salobreña en los años 50. Lee el texto de la página siguiente y completa la tabla.

antes		ahora	
¿Cómo era?	Pequeño	¿Cómo es?	....
¿Qué había?	....	¿Qué hay?	....
	....		....
	....		....

Como soy de Granada, cuando era pequeña pasaba las vacaciones en un pueblecito maravilloso de la costa granadina que se llama Salobreña. Y es que antes, en los años cincuenta, la gente no se iba de vacaciones al extranjero sino que se iba a la playa más cercana. Por eso, mi familia y yo pasábamos nuestras vacaciones allí. ¡Y a mí me encantaba! Este pueblo costero está situado en la parte centro oeste de la costa tropical granadina. De aquella época me acuerdo que si miraba por la ventana de mi dormitorio podía ver el impresionante pueblo blanco y en lo alto, un castillo árabe del siglo XIII. Entonces, los niños, por las tardes todavía podíamos pasear por su vega y cortar caña de azúcar. Y no como ahora. Hoy en día ya casi no hay caña de azúcar ni vega… En su lugar hay casas, piscinas privadas, hoteles, como consecuencia del furor turístico que comenzó en los años 60 en toda nuestra costa mediterránea.

Lo que más me gusta recordar de aquellos veranos son los paseos con mi madre los sábados por la tarde por las calles estrechas del pueblo, para llegar a tiempo de escuchar los conciertos nocturnos en el castillo. ¡Todavía hoy puedo recordar el olor a verano y a jazmín de esas noches! Después, en la madrugada del domingo, mi padre me llevaba con él a la playa para ver regresar las barcas con la pesca de la noche. ¡Qué impresión ver todavía los peces saltar en las redes! Actualmente ni hay barcas, ni pescadores, eso sí, muchos restaurantes, heladerías, discotecas, bares en primera línea de playa con música hasta altas horas de la madrugada. Ahora tengo poco tiempo para visitar el pueblo de mi niñez en el que por suerte aún existen el castillo árabe y las casas de color blanco.

c Lee de nuevo el texto y subraya los marcadores de tiempo que utiliza la autora para hablar de antes y para hablar de ahora. Después completa la tabla.

Zeitangaben: früher	Zeitangaben: heute
Cuando	

d ¿Cómo valoras estos cambios? ¿Qué prefieres tú?

● *Yo prefiero como era antes…* ■ *Pues yo no. Antes era muy aburrido…*

→ *Mi gramática 2*

12 C

6 Antes y ahora

a Mira las fotos y cuenta cómo en tu opinión han cambiado con el tiempo estos lugares u objetos.

> lento/-a   estricto/-a   pequeño/-a   rápido/-a   moderno/-a   abierto/-a   confortable
> incómodo/-a   tradicional   ruidoso/-a   luminoso/-a   lento/-a   caro/-a   extravagante

Antes la escuela era... no había... Los maestros eran... Pero, ahora...
Antes los coches... En cambio, en la actualidad...
Antes las viviendas... Sin embargo, actualmente...

---

der Konnektor *en cambio*

Antes vivía en un pueblo, **en cambio** / **pero** / **sin embargo**, ahora vivo en una ciudad muy grande.

En cambio wird verwendet, um einer Aussage eine andere Aussage gegenüberzustellen.

Adverbien auf *-mente*

actual → actual**mente**

→ *Mi léxico 2*

---

b ¿Qué cosas han cambiado desde que eras pequeño/-a hasta ahora en tu entorno? Piensa en la familia, los horarios, la forma de vestir, tu lugar de residencia, gustos musicales, amigos...

● *Bueno, yo cuando iba al colegio vivía con mis padres, mis amigos eran del barrio y ahora...*

c ¿En qué cosas ha cambiado tu compañero/-a de clase y qué cosas hace o tiene todavía? ¿En qué coincidís? Cuéntaselo a la clase.

Antes	Todavía hace o tiene

● *Mi compañero/-a y yo cuando teníamos 10 años llevábamos gafas y ahora todavía las llevamos.*

NUESTRO PROYECTO

Vamos a hablar de los recuerdos que la clase tiene de sus vacaciones entre los 10 y los 15 años y a compararlas con la situación actual.

a ¿Cómo han cambiado tus vacaciones desde los 10 años? Escríbelo en la tabla. Luego, ponlo en común en la clase.

	antes (10-15 años)	ahora
En qué estación del año	....	....
Lugares más frecuentados	....	....
Tipo de alojamiento	....	....
Medios de transporte	....	....
Con quién	....	....

b Haced una lista con todas las informaciones de vuestro grupo. ¿En qué cosas coincidís?

LAS VACACIONES DE TU GRUPO DE ESPAÑOL

	ANTES (10-15 AÑOS)	AHORA
En qué época		
Lugares más frecuentados		
Tipo de alojamiento		
Medios de transporte		
Con quién		

Escribimos

Elige tu lugar favorito de vacaciones entre los 10 y los 15 años.
¿Qué recuerdos tienes?
Escríbelos teniendo en cuenta los siguientes puntos:

- ¿Cómo era el lugar?
- ¿Cómo era un día normal: por la mañana / por la tarde / por la noche?
- ¿Qué es lo que más te gustaba hacer?
- ¿Cuál es tu recuerdo más positivo y cuál tu recuerdo más negativo?

1 Relación presente / imperfecto

Lee los dos textos y después completa la explicación con los tiempos verbales correspondientes.

Aquí Carlitos tiene 8 años y cuenta cómo es su vida y qué piensa de la escuela.

Ahora Carlos tiene 28 años y recuerda su vida y la escuela a los 8 años.

Tengo 8 años y lo que más me gusta es jugar con mis amigos en la calle y pensar qué quiero ser de mayor: unas veces Marco Polo, otras astronauta, otras policía... ¡Qué bien lo pasamos! Sin embargo, lo que más odio son los coscorrones continuos del profesor cuando le hago preguntas comprometidas sobre el régimen o sobre Dios. Me encantan las clases de Geografía, pero me aburren enormemente las de Matemáticas. También me molesta tener siempre que llevar pantalones cortos incluso en invierno. La verdad es que mis amigos y yo nos pasamos el día haciendo gamberradas.

Yo recuerdo que a los 8 años lo que más me gustaba era jugar con mis amigos en la calle y pensar qué quería ser de mayor: unas veces Marco Polo, otras astronauta, otras policía... ¡Qué bien lo pasábamos! Sin embargo, lo que más odiaba eran los coscorrones continuos del profesor cuando le hacía preguntas comprometidas sobre el régimen o sobre Dios. Me encantaban las clases de Geografía, pero me aburrían enormemente las de Matemáticas. ¡También me molestaba tener siempre que llevar pantalones cortos incluso en invierno! Pero, bueno, ¡qué tiempos aquellos! La verdad es que mis amigos y yo nos pasábamos el día haciendo gamberradas.

Mit dem .... beziehen wir uns auf nicht abgeschlossene Ereignisse, die in dem Moment stattfinden, in dem wir sprechen. Das .... verwenden wir, wenn wir uns an Ereignisse in der Vergangenheit erinnern. Es wird der Moment betrachtet, in dem die Handlung gerade geschah. Anfang und Ende der Handlung spielen dabei keine Rolle.

2 Marcadores temporales

Elige un marcador temporal para acompañar a cada forma verbal.
Intenta que siempre sea uno diferente.

~~antes~~   hoy en día   en aquella época   aún   ~~entonces~~   actualmente   ~~hoy~~   a los X años   cuando

Imperfecto

1. • Antes/Entonces era rubio, tenía el pelo rizado y siempre lo llevaba largo, por los hombros. ¡La gente siempre pensaba que era una niña!
■ ¡Qué coincidencia, yo también lo tenía largo!

Imperfec

2. • Cuando era pequeña siempre quería ser mayor, sin embargo actualmente pienso a menudo en mi niñez.
■ Sí, bueno, creo que es muy normal. ¡A medida que tenemos más responsabilidades...!

3. • Hoy todo es diferente, la gente, la manera de hacer amigos, la manera de comunicarse. ¡Creo que estoy haciéndome mayor!
■ Hombre, no digas eso. Lo que pasa es que la vida evoluciona muy rápido.

4. Hoy en día los jóvenes lo tienen muy fácil para estudiar, en cambio, en aquella época estudiar era un lujo solo para unos pocos.

Antes + Imperfecto Hoy (handwritten)

Antes escribía con una máquina (handwritten)

Antes hacíamos luz con una vela, hoy tenemos electricidad. (handwritten)

Antes hacíamos fuego (handwritten, left margin)

1 Ropa y calzado

Agrupa las siguientes palabras en el recuadro que corresponda.

de campana   corto   muy altos   de tacón   estrecho   de algodón   barato   de pana   de rayas
de manga larga   con hombreras   negra   de cuero   largos

zapatos	vestido	cazadora	pantalones

2 Redes de palabras

a Relaciona los adjetivos con las fotos. Para algunos adjetivos tienes varias posibilidades.

ancho/-a   caro/-a   extravagante   estricto/-a   confortable   largo/-a   incómodo/-a
original   rápido/-a   tradicional

escuela

transporte

vivienda

b Escribe los adjetivos contrarios (antónimos).

ancho/-a ≠ ...*estrecho*...
caro/-a ≠ ...*barato*...
extravagante ≠ ...*aburrido/normal*...
confortable ≠ ...*inconfortable/incómodo*...
estricto/-a ≠ ...*relajado*...

incómodo/-a ≠ ...*CO*...
rápido/-a ≠ ...*despacio lento*...
largo/-a ≠ ...*corto*...
original ≠ ....
tradicional ≠ ....

c Fíjate en los ejemplos y después forma el adverbio de estos adjetivos. Completa la regla.

confortable → confortable**mente**   cómodo → *cómodamente*
rápido   → rápid**amente**   tradicional → *tradicionalmente*
original   → original**mente**   extravagante → *extravagantemente*

Es gibt zwei Arten, Adverbien zu bilden: In der Regel wird bei Adjektiven das Adverb gebildet,
indem das Suffix **-mente** an die feminine Form angehängt wird, wie z.B. bei ....
Bei Adjektiven, die keine femininen Endungen haben (Adjektive auf *-e, -l, -z*, etc), wird zur Bildung
des Adverbs das Suffix **-mente** an das Adjektiv angehängt, wie z.B. bei ....
Trägt das Adjektiv einen graphischen Akzent, so wird dieser übernommen: có**modo** → có**modamente**.

HISTORIA RECIENTE DE ESPAÑA

a Mira estas fotos relacionadas con la reciente historia de España. ¿Qué acontecimientos reflejan? ¿Qué otra foto o información puedes añadir sobre España?

Golpe de estado   Primeras elecciones democráticas   Atentado de Madrid

Burbuja inmobiliaria   Movimiento 15-M

b Lee este cuadro de la historia reciente de España. Relaciona las fotos con las diferentes épocas.

1939–1975   **Dictadura**
1939: termina la Guerra Civil y comienza la dictadura del general Francisco Franco.

1975–1982   **Transición española**
1975: el 20 de noviembre muere el general Franco y el 22 de noviembre Don Juan Carlos de Borbón es Rey de España.
1977: primeras elecciones democráticas. Gana el partido de centro derecha UCD.
1978: se aprueba la Constitución española.
1981: el 23 de febrero se produce un intento de golpe de estado.
1982: elecciones generales, gana el partido socialista (PSOE).

1982–1996   **Gobierno socialista de Felipe González**
1986: España ingresa en la CEE y en la OTAN. En estos años: aprobación de los Estatutos de Autonomía.
1992: Juegos Olímpicos de Barcelona y Exposición Universal de Sevilla.

1996–2004   **Gobierno conservador de José María Aznar**
1996: elecciones generales. Gana el partido de derechas PP.
2004: el 11 de marzo se produce un atentado terrorista en Madrid y el 14 de marzo el PSOE gana las elecciones generales.

2004–2011   **Nuevo gobierno socialista**
Presidente del gobierno Rodríguez Zapatero.
2008: crisis económica en España.

2011–2014   **Nuevo gobierno conservador**
Presidente del gobierno Mariano Rajoy.
2011: el 15 de mayo comienzan las protestas de los jóvenes "indignados" en la Plaza Mayor de Madrid.
2014: Abdicación del rey Juan Carlos. Felipe VI y doña Letizia nuevos Reyes de España.

c Un grupo de españoles está interesado en la historia reciente de Alemania.

Eligid una época y señalad qué datos importantes podéis contar. Destacad las palabras importantes que pertenecen a ese periodo. ¿Qué foto elegís para ese periodo?

Alemania, años 60   Alemania, años 80   Alemania de 2000 hasta la actualidad

Hier lernst du…

… einfache Zeitungsüberschriften zu verstehen

… über ein historisches Ereignis/eine persönliche Erfahrung zu sprechen

… über Handlungen zu sprechen, die durch eine neue Handlung unterbrochen werden

… über Praktikumserfahrungen zu sprechen

Cosas de la historia

In dieser Lektion wählen wir eine vergangene Kultur aus und präsentieren sie im Kurs.

A ….. 2002

B ….. 2004

2005 **C** …..

2006 **D** …..

2008 **E** …..

2009 **F** …..

a Aquí tienes algunos de los acontecimientos más importantes de la década del 2000. Relaciónalos con las fotos.

1. Muerte del rey del pop, Michael Jackson

2. Llegada del primer afroamericano, Barack Obama, a la presidencia de Estados Unidos

3. Llegada a la presidencia de Bolivia del primer indígena, Evo Morales

4. Entrada del euro **5.** Lanzamiento de Facebook

6. Celebración del Mundial de Fútbol en Alemania

b ¿Qué edad tenías y qué hacías en esa época?

● *Pues cuando Evo Morales llegó a la presidencia boliviana, yo tenía once años e iba a la escuela, ¿y tú?*

1 **Noticias**

a Aquí tienes algunas noticias de Latinoamérica de los últimos años.
Leélas y relaciónalas con el titular correspondiente.

> **Hoy se inaugura en Brasilia la Unión de Naciones Suramericanas, la casa de todos los suramericanos**

> **Atrapados en una mina a 700 metros de profundidad en Chile**

> **Protestas estudiantiles en Chile**

> ***Waka Waka*, la canción oficial de la Copa del Mundo de Sudáfrica**

> **La gran crisis económica en Argentina y el Corralito**

5 de octubre de 2010

Rescataron a 33 mineros atrapados en el yacimiento San José, situado a 45 km al norte de la ciudad chilena de Copiapó.

18 de agosto de 2011

Manifestaciones en la capital de los estudiantes universitarios y de secundaria que rechazan la privatización de la enseñanza.

23 de mayo de 2008

Nace con el objetivo de construir un espacio de integración y unión

(cultural, social, económica y política) para eliminar la desigualdad social, fortalecer la participación ciudadana y la democracia en América del Sur.

19 de diciembre de 2001

Ante la política económica del gobierno cientos de miles de personas salen a las calles para protestar.

10 de junio de 2010

Shakira inaugura el Mundial ante millones de visitantes en el estadio.

b Lee de nuevo las noticias de **1a**, marca todos los verbos y completa la tabla. Después compara con tu compañero/-a. ¿Cuántos de estos acontecimientos recordáis?

verbo	sustantivo
.... →	la inauguración
.... →	la protesta
.... →	el rechazo
participar →	....
.... →	la construcción
.... →	la eliminación
.... →	el fortalecimiento
.... →	el nacimiento

> **Substantivierung von Verben in Zeitungsüberschriften**
>
> celebrar → **la celebración**
> **Celebración** del mundial de fútbol en Alemania en 2006.
>
> Wenn ein Verb in ein Substantiv umgewandelt wird, spricht man von „Substantivierung". Diese findet man oft in Zeitungsüberschriften, wenn Information unpersönlich und in einem knappen Stil vermittelt werden soll.
>
> → *Mi léxico 1*

● *Yo recuerdo las protestas de los estudiantes chilenos.*
Lo leí en los periódicos...

c ¿Conoces prensa en español? ¿Qué periódicos o revistas conoces?

d Estos son algunos periódicos en español. Busca y consulta la página web de algunos de ellos y elige tres titulares siguiendo los criterios. Preséntaselos a tu grupo. ¿Cuál es el titular más interesante?

CRITERIOS:
● los entiendo
● me parecen interesantes
● son desconocidos en mi país

MÉXICO
EL UNIVERSAL

CHILE
LA TERCERA

ESPAÑA
20 minutos

COLOMBIA
EL ESPECTADOR

ARGENTINA
Clarín

ESPAÑA
eldiario.es

13 B

Kommunikation über ein historisches Ereignis sprechen » über Handlungen sprechen, die durch eine neue Handlung unterbrochen werden Grammatik Konnektoren in einer Erzählung » Verwendung von *Imperfecto* und *Indefinido* » *estaba* + Gerundio Wortschatz Wortschatz zu historischen Ereignissen

2 Así lo vivieron algunas personas

a Algunas personas cuentan cómo vivieron dos de los acontecimientos de la actividad **1a**. Léelos. ¿Cuáles son?

(a) .... Encendí la tele y recuerdo que (b) .... del estadio, en el que por todas partes (c) .... Por el escenario pasaron una veintena de artistas famosos, como Juanes o Alicia Keys, que cantaron canciones muy conocidas. **Entonces**, salió una colombiana muy famosa, (d) ...., e interpretó la canción oficial del Mundial, el *Waka-waka*. **De pronto** el estadio se volvió loco: la gente (e) .... ¡Fue muy emocionante! Recuerdo que durante todo el mes de julio se convirtió en la canción más bailada y escuchada en todos los lugares.

(e) .... Mis tíos y mis primas decidieron enseñarme la parte más céntrica de la ciudad. La verdad es que yo (f) .... Ese día, (g) ...., pero, **de repente**, nos encontramos a miles de manifestantes bonaerenses (h) .... la dimisión del presidente. **Enseguida** vino la policía y aquello se convirtió en una batalla. A los pocos días, el presidente dimitió y se marchó de la ciudad. Tras pasar aún tres semanas más cuando me subí al avión, respiré hondo y me alegré de volver a casa.

b En los textos anteriores faltan algunos fragmentos. Colócalos en el lugar correspondiente.

1. ... mostraban imágenes de las calles de la ciudad y...

6. ... que hacían mucho ruido, con palos y cacerolas y que estaban pidiendo...

2. ... bailaba al ritmo de la música, mientras volaban papelitos de colores sobre todo el estadio.

7. Yo estaba visitando a mi familia en Buenos Aires. Sabíamos que la situación estaba mal y queríamos ver de primera mano qué pasaba.

3. ... que llevaba unos leggins, un top de cebra y una falda de fibras deshilachadas

8. ... tenía miedo. No estaba acostumbrada ni a las manifestaciones ni a ninguna intervención militar.

4. Eran sobre las siete de la tarde y estaba con mi familia.

5. ... lucían los colores de la bandera sudafricana.

9. ... como ya era habitual las calles del centro estaban llenas de gente

---

Konnektoren (in einer Erzählung)

...**de repente/de pronto** nos encontramos...
Enseguida vino la policía...
Entonces el estadio fue un furor.

Die Konnektoren **de repente**, **de pronto**, **enseguida** und **entonces** zeigen an, dass sich der Inhalt der Erzählung gleich ändern wird und geben ihr mehr Lebendigkeit.

c Observa qué tiempos verbales se utilizan en los textos de **a** y **b** y reflexiona sobre las razones. El cuadro explicativo te puede ayudar. Completa con ejemplos del texto.

Der Gebrauch von *Pretérito perfecto*, *Indefinido* und *Imperfecto*

Der Sprecher **berichtet** von einer Folge von Ereignissen und treibt so die Handlung voran. In diesem Fall werden im Spanischen die Vergangenheitsformen **Pretérito perfecto** oder **Indefinido** verwendet.

Beispiele: ....

....

Der Sprecher **betrachtet** die Umstände, die dieses Ereignis begleiten. Dafür hält er die Handlung an. Zum Beispiel beschreibt er, wie eine Situation zum Zeitpunkt des Ereignisses („damals") war. In diesem Fall wird im Spanischen das **Imperfecto** verwendet.

Beispiele: ....

....

→ *Mi gramática 1 y 2*

---

3   **Así lo viví yo**

28-30

a Escucha cómo estas personas vivieron algunos acontecimientos importantes de su vida. Después contesta las preguntas.

¿Qué pasó?	¿Dónde estaba?	¿Con quién?	¿Qué estaba haciendo cuando ocurrió?
1.	....	....	....
2.	....	....	....
3.	....	....	....

***estaba* + Gerundio**

● ¿Qué hacías en ese momento?

■ Pues... **estaba desayunando** con mi familia cuando escuchamos la noticia en la tele.

Mit **estaba** + Gerundio beschreibt man die Erinnerung an den Verlauf einer Handlung, die in einem konkreten Moment der Vergangenheit stattgefunden hat.

---

b Piensa en un acontecimiento de los últimos 10 años: ¿Cómo lo viviste? Toma notas.

1. Sitúa el acontecimiento en el tiempo y describe qué pasó.

2. Describe dónde estabas en ese momento, qué estabas haciendo y con quién estabas.

3. Cuenta qué pasó después.

c Cuéntaselo a tu compañero/-a. ¿Tenéis experiencias comunes? Contadlo a la clase.

  ● *Pues... en... Ariane y yo estábamos en casa con nuestros padres...*

13 C

Kommunikation | Informationen in einem Reiseführer verstehen » einen formellen Brief verfassen
» über Praktikumserfahrungen sprechen | Grammatik | Gebrauch des *Indefinido* und des *Imperfecto* bei der
Erzählung von Ereignissen | Wortschatz | Aufbau von Städten » Formulierungen für formelle Briefe

4 De excursión

31

a Escucha la conversación entre unos excursionistas y su guía.
Contesta las preguntas.

¿Cuál es el punto de destino? ....

¿Qué hay en este punto de destino? ....

¿Cuándo se construyó? ....

¿Para qué? ....

¿Qué están haciendo los excursionistas?
☐ una ruta azteca   ☐ el Camino del Inca   ☐ una excursión a un templo maya

b ¿Has estado ya en este lugar o en otro lugar parecido? ¿Cómo fue? Valora la experiencia.

5 Un poco de historia

a Los excursionistas han leído las siguientes informaciones
sobre el pueblo Inca y Macchu Picchu en una guía
turística. Lee y completa el cuadro con la información
más relevante en relación a la cultura incaica.

Cuzco en la época
de los Incas

Alto Cuzco

Bajo Cuzco

**Los incas, la mayor civilización
precolombina de América del Sur.**

El pueblo Inca vivió en Perú
desde 1100 hasta 1532. Los incas
vivían de la agricultura, que era
la base económica del imperio.
Todos trabajaban la tierra, hasta el
emperador. A consecuencia de la
gran producción agrícola, los incas
construyeron una red de caminos,
que se conserva hasta la actualidad
(por ejemplo, el Camino del Inca).

Desarrollaron, además, un estilo altamente funcional de
arquitectura pública. Por ejemplo, el plano de sus
ciudades se basaba en un sistema de avenidas
principales atravesadas por calles más pequeñas.
Estas calles desembocaban en una plaza abierta
rodeada de edificios municipales y templos. Las
casas eran de un solo piso y se construían con
materiales de la zona, con grandes bloques de
piedras en las zonas de alta montaña, o con
adobe, si estaban situadas en ciudades
costeras. Una obra maestra de la
combinación entre su arquitectura y su
ingeniería son las ruinas de Machu Picchu,
"la montaña vieja", que se construyó
a mediados del siglo XV: una ciudad de
escaleras grandes y pequeñas. Esta
montaña está cerca de la ciudad de Cusco,
que después de la presencia de los
españoles se llamó Cuzco. A los incas
los llamaban también "los hijos del
sol" porque tenían como dios al sol
y por eso su símbolo era el oro.
El último emperador del imperio
fue Atahualpa.

Situación geográfica	....
Economía	....
Legado histórico	....
Religión	....

b En el texto sobre los incas el autor utiliza los tiempos verbales indefinido e imperfecto. ¿Cuándo utiliza uno y cuándo otro? Subraya con colores distintos las frases en las que aparecen el indefinido y el imperfecto, y después lee las explicaciones siguientes. Decide qué tiempo verbal corresponde a cada uso y escribe tres ejemplos para cada uno.

Gebrauch des *Indefinido* und des *Imperfecto* bei der Erzählung von Ereignissen

1. Um von vollendeten und abgeschlossenen Ereignissen in der Vergangenheit zu erzählen, verwendet man die Zeitform ...., wie z.B. bei:

....

....

....

2. Um die Erzählung anzuhalten und die Ereignisse zu beschreiben (nur als Teil des Vorgangs, ohne dass dieser abgeschlossen ist), verwendet man die Zeitform ....,
wie z.B. bei:

....

....

....

→ *Mi gramática 3*

Orthographische Änderungen beim *Indefinido*

construió → constru**y**ó

constru**i**eron → constru**y**eron

Wenn der Stamm eines Verbs auf **-er/-ir** auf Vokal endet, wird das intervokalische **i** der 3. Person Singular und Plural zu **y**, wie z.B. bei creer, leer, oír und construir.

c Aquí tienes una vista aérea de la Ciudad de Cuzco. ¿Qué ves? ¿Se parece a la descripción de las ciudades incaicas que aparece en el texto de la actividad **a**? Argumenta tu respuesta.

6 Una pasantía en Inka Llacta

a Lee la carta de Andrea Zamudio López. ¿Es una carta formal o informal?

Para: Carlos Ramírez
Asunto: Prácticas

Estimado Sr. Ramírez:
A través de la presente me dirijo a usted para solicitar unas prácticas en su institución. Soy Andrea López y en la actualidad estoy cursando el último ciclo de la carrera de Historia, en la Universidad de Lima. Como quiero especializarme en la cultura inca, ya he participado en varias expediciones arqueológicas y esta pasantía es un requisito fundamental para poder elegir esta especialidad. Adjunto mi currículum para mayor información y una carta de recomendación. Muchas gracias por su tiempo y atención.
Atentamente,
Andrea López

---

b Lee de nuevo la carta y completa la tabla con las expresiones correspondientes. Compara después con las cartas formales de tu país. ¿Hay diferencias? En caso afirmativo, señálalas.

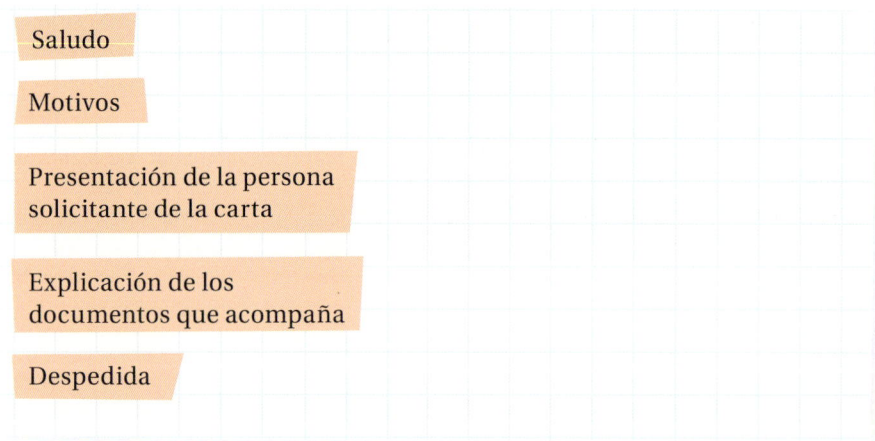

Saludo

Motivos

Presentación de la persona solicitante de la carta

Explicación de los documentos que acompaña

Despedida

> **¡Fíjate!**
> Im Spanischen steht nach der Anrede ein Doppelpunkt. Der nachfolgende Satz beginnt mit einem Großbuchstaben.
> → *Mi léxico 2*

c David quiere contarnos su experiencia en Santiago de Chile durante una pasantía de seis meses, pero se ha olvidado de incluir los detalles de su estancia en la historia. Completa su relato con los detalles que faltan.

a. Todo estaba muy bien organizado.
b. esta era muy hospitalaria y cariñosa.
c. La gente vivía a veces en condiciones imposibles y no tenían las comodidades y las ayudas de aquí en Europa.
d. ~~Mientras todavía estudiaba~~
e. porque quería ver los problemas de cerca.

(1) ...*d*... hice una pasantía de seis meses en ayuda social en Santiago de Chile. (2) .... Allí participé en muchos proyectos, en talleres con adolescentes con discapacidades (3) .... Fue una experiencia agotadora, dura y al mismo tiempo inolvidable (4) .... Lo mejor fue el calor humano de la gente, (5) .... También perfeccioné mi español y aprendí mucho sobre la cultura del país.

d ¿Has hecho ya algún periodo de prácticas? Intercambia tus experiencias con otros dos compañeros/-as.

- ● *Bueno, yo el semestre pasado hice unas prácticas en Nicaragua.*
- ■ *¿Ah, sí? ¿Dónde?*

- ● ¿Qué? ● ¿Cuándo?
- ● ¿Dónde? ● ¿Qué tenías que hacer?
- ● ¿Cómo valoras la experiencia?
- ● ¿Por qué o con qué objetivo?

NUESTRO PROYECTO

Vamos a elegir una cultura antigua y presentarla en clase.

a Pensad en alguna cultura antigua importante que influyó en tu país o tu región. Haced una lista en la pizarra.

b Elige una de ellas y busca a dos compañeros/-as que también la hayan elegido. En grupos de tres, escribid informaciones sobre esta cultura teniendo en cuenta los siguientes puntos. También podéis buscar fotos e informaciones en Internet.

Hechos importantes que ocurrieron: ....
....

Época en que ocurrió: ....

Características fundamentales (economía, cultura, religión, tradiciones, ...):
....
....
....
....

c Ponedlo en común en la clase.

Escribimos

Escribe una carta formal solicitando una pasantía / unas prácticas en una empresa que te interesa mucho. Sigue estos puntos:

- ● Saludo
- ● Motivo/s por lo/s que escribes la carta
- ● Qué solicitas y por qué
- ● Despedida

1 ¿Indefinido o imperfecto?

David cuenta cómo conoció a Mayra, su mujer, mientras hacía una pasantía en Santiago de Chile.
Reescribe los verbos que aparecen en infinitivo utilizando indefinido o imperfecto.
Reflexiona para ello qué tiempo verbal usa para…

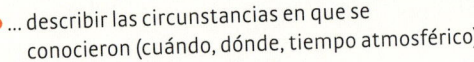

● … describir las circunstancias en que se
conocieron (cuándo, dónde, tiempo atmosférico)
● … describir físicamente a Mayra
● … describir el encuentro

(Conocer) (1).................. a Mayra el primer
día que (llegar) (2)................... a Santiago
de Chile. Yo (estar) (3).................. buscando
en el plano mi hotel. Recuerdo que (hacer) (4).................. un día terrible,
(llover) (5).................. sin descanso y (hacer) (6).................. mucho frío.
Ella (acercarse) (7).................. y (ofrecerme) (8).................. su ayuda.
(Tener) (9).................. unos ojos oscuros, profundos y grandes y su pelo
(ser) (10).................. muy rizado, abundante y fuerte. (enamorarse, yo)
(11).................. de ella. Ella me (invitar) (12).................. a tomar un café.
Nos (sentar) (13) .... en un bar y (empezar) (14)...................
a hablar, hasta que el camarero nos (echar) (15) ....

2 Conectores

a Dale un poco más de intensidad al texto de David. Incluye dentro del texto
dos o más conectores de la lista.

| conectores que agilizan el discurso | entonces, de repente / de pronto, en ese momento, enseguida |
| conectores organizadores del discurso | primero / luego / después, también / además, finalmente |

b Compara con tus compañeros/-as. ¿Tenéis todos la misma versión?

3 Los pasados

Subraya la opción correcta en cada definición de los tiempos de pasado.

A. Ich berichte von einer Folge von Ereignissen, die die Handlung vorantreiben. In diesem Fall verwendet man im Spanischen die Vergangenheitsform **Pretérito perfecto/ Indefinido – Imperfecto.**

B. Ich berichte von einer Folge von Ereignissen, die die Handlung vorantreiben. Wenn ich diese Zeitform verwende, bringe ich die Folge von Ereignissen mit dem jetzigen Zeitpunkt („hier") in Verbindung. In diesem Fall verwendet man im Spanischen die Vergangenheitsform **Indefinido – Pretérito perfecto.**

C. Ich betrachte die Umstände, die dieses Ereignis begleiten. Um die Umstände zum Zeitpunkt des Ereignisses zu beschreiben, halte ich die Handlung an. In diesem Fall wird im Spanischen folgende Vergangenheitsform verwendet: **Pretérito perfecto/ Indefinido – Imperfecto.**

1 Verbos y sus complementos

a Completa los verbos con los sustantivos. A veces hay más de una posibilidad.

una manifestación   una avenida   una ley   una exposición   un edificio   un museo
una plaza   un concurso   un auditorio   un trabajo   un festival   la desigualdad social

inaugurar
protestar en
protestar por
participar en
construir
rechazar

b Transforma los verbos de **1a** en sustantivos y escribe un titular de periódico con cada uno.

verbo	sustantivo	ejemplo
inaugurar	....	....
protestar	....	....
participar	....	....
construir	....	....
rechazar	....	....

2 Cartas formales e informales

¿Carta formal o informal? Ordena los elementos en el lugar que corresponden.

hola, ¿qué tal?   Atentamente   un fuerte abrazo...   estimado/-a
me dirijo   te echo de menos   querido/-a   en la actualidad estoy
cordialmente   adjunto   hasta pronto   espero noticias tuyas
besos   nosotros de momento estamos muy bien

	carta formal	carta informal
saludos	....	....
	....	....
desarrollo	....	....
	....	....
despedida	....	....
	....	....

LA GENERACIÓN DEL BOOM

a Observa las portadas de algunas de las novelas más importantes de la literatura latinoamericana del siglo XX. Fíjate en los escritores, ¿los conoces?, ¿has leído algo de ellos?

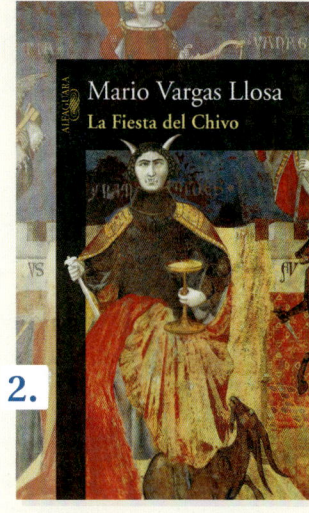

b Lee la sinopsis de estos libros y después relaciónalas con la obra correspondiente.

...... Viaje a la historia de Colombia a través de varias generaciones de la familia ficticia Buendía.

...... Visión panorámica de la historia del México contemporáneo contada por un empresario y político a punto de morir.

...... Radiografía psicológica del dictador dominicano Leónidas Trujillo, apodado "el Chivo".

c ¿Cuál te interesa más? ¿Por qué? Coméntalo con tu compañero/-a. Busca en Internet una traducción de la novela en tu lengua.

La muerte de Artemio Cruz

En su lecho de muerte, durante su último medio día, el anciano y enfermo Artemio Cruz recuerda: "no siempre fui ese triste saco de huesos; alguna vez fui joven, osado, vigoroso, y tuve ideales, sueños, fe. Para defender todo eso, incluso combatí en una revolución. Pero la codicia y la corrupción acabaron con mi idealismo y mi esperanza".

LA FIESTA DEL CHIVO

Urania, tras pasar muchos años en el exilio, visita a su padre en Santo Domingo. Este viaje sirve para regresar al año 1961, cuando la capital todavía se llamaba Ciudad Trujillo. Allí Leónidas Trujillo tiraniza a tres millones de personas.

Cien años de soledad

Cuenta la historia de la familia Buendía a lo largo de seis generaciones, así como los acontecimientos que rodean a la fundación, desarrollo y desaparición final de la villa de Macondo, lugar ficiticio pero que en realidad pretende ser una crónica de la historia de Colombia entre mediados del siglo XIX y mediados del siglo XX.

Hier lernst du…
… über Gemutszustände zu sprechen
… Anweisungen zu geben
… Krankheitssymptome zu beschreiben
… Ratschläge zu geben
… über Essgewohnheiten zu sprechen
… Ernährungstipps zu geben

14

Ponte en forma

In dieser Lektion organisieren wir eine Gesundheitskampagne.

escalada

waterpolo

snowboard

surf

vela

barranquismo

footing

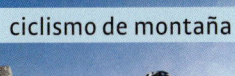
ciclismo de montaña

senderismo

buceo

natación

piragüismo

a Clasifica los deportes. Algunos pueden tener varias posibilidades.

deportes de riesgo	deportes de mantenimiento	deportes acuáticos
…	…	…

b ¿Qué deportes practican tus compañeros/-as? ¿Con qué frecuencia?

c Escribid en la pizarra una lista completa de los deportes practicados por la clase. ¿Cuáles son los más usuales? Haced un ranking. ¿Cómo describes a la clase? ¿Es activa o sedentaria?

14 A

Kommunikation über Gemütszustände sprechen » Anweisungen geben und verstehen
Grammatik vorübergehende Zustände mit *estar* + Adjektiv » Konditionalsätze mit *si* »
der Imperativ **Wortschatz** Gemütszustände » Sportarten » Körperteile

1 Deportes para todos los estados de ánimo

Lee lo que dice esta guía sobre los beneficios del deporte. ¿Qué otras cosas haces tú? Completa la lista para cada uno de los estados de ánimo y, luego, compárala con la de tu compañero/-a.

Qué deporte practicar según tu estado de ánimo

 Si estás muy estresado/estresada:
Practica footing, natación, bicicleta o haz estiramientos.

 Si estás nervioso/nerviosa:
Apuesta por el fútbol, el tenis, el aerobic o por deportes de lucha, como el kárate o el judo.

 Si estás cansado/cansada y necesitas relajarte:
Elige actividades ligeras, como la gimnasia suave, el tai-chi o el yoga.

 Si estás triste o preocupado/ preocupada:
Baila salsa, funky o jazz.

....

....

....

....

> **die seelische Verfassung / vorübergehende Zustände ausdrücken**
>
> María **está** muy preocupada.
> Carlos **está** muy preocupado.
>
> **estar** + Adjektiv
>
> → *Mi gramática 1*

● *Yo si estoy estresada, escucho música. ¿Y tú?*   ■ *Pues yo...*

> **Konditionalsätze mit *si***
>
> Yo **si** estoy estresada, escucho música.

2 Mueve tu cuerpo

a ¿Qué bailes del mundo hispano conoces? Haz una lista con tu compañero/-a. Después poned vuestra lista en común con el resto de la clase. ¿Cuál de ellos has bailado ya?

b ¡Aprenda a bailar merengue! Mira las imágenes en la página siguiente y lee las instrucciones de una escuela de baile. Completa la figura con las partes del cuerpo que aparecen en las instrucciones.

la cabeza

el cuello

....

....

....

los dedos del pie

....

....

el dedo

el pecho

la pierna

....

PASOS BÁSICOS

Den pasos de marcha.

Muevan las **caderas** de un lado al otro.

Flexionen una **rodilla** y estiren la otra. Luego al revés.

Levanten el **pie** del suelo para llevar mejor el ritmo.

VARIACIONES DE LOS BRAZOS

Péinense de un lado al otro el **cabello**.

Muevan los **brazos** y las **manos**.

Sacudan los **hombros**.

LA VUELTA SABROSA

Levanten los **brazos** y den movimientos circulares.

Muevan también la **cadera** en círculos.

Den la vuelta y simultáneamente levanten ligeramente un **pie**.

¡Fíjate!

Die Imperativformen der Form „usted" werden ausgehend von der 1. Person Präsens gebildet, z.B. m**ue**vo → m**ue**va, ven**go** → ven**ga**, ha**go** → ha**ga**.

PASO LATERAL

Hagan primero el paso básico.

Levanten ligeramente el **pie** derecho y luego el izquierdo.

¿Qué?, ¿se animan? Pues, ¡vengan, y bailen conmigo!

der Imperativ mit Pronomen

Péinen**se** de un lado al otro el cabello.

Bei bejahten Imperativen wird das Pronomen an die Imperativform angehängt.

c Subraya en las instrucciones las formas de imperativo y completa la tabla.

der Imperativ			
	levantar	**mover**	**sacudir**
tú	levant**a**	muev**e**	sacud**e**
usted	levant**e**	muev**a**	sacud**a**
vosotros	levant**ad**	mov**ed**	sacud**id**
ustedes	....	muev**an**	....

einige unregelmäßige Verben				
	venir	**hacer**	**ir**	**poner**
tú	ven	haz	ve	pon
usted	venga	....	vaya	ponga
vosotros	venid	haced	id	poned
ustedes	....	hagan	vayan	pongan

→ *Mi gramática 2*

d Ahora seguro que puedes describir el paso final del merengue. Escribe el texto que falta.

PASO FINAL DEL MERENGUE

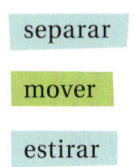

Separe....

....

separar

mover

estirar

14 B

Kommunikation Empfindungen ausdrücken » Ratschläge geben » Krankheitssymptome beschreiben » seelische und körperliche Zustände beschreiben Grammatik Empfindungen ausdrücken mit *qué* + Substantiv + *tener*
Wortschatz Empfindungen: *sueño, frío, calor,...* » Ratschläge: *tienes que, te recomiendo* (+ Substantiv/Infinitiv), ...

3 ¿Qué les recomiendas?

a ¿Qué les pasa a estas personas? Buscad remedios a sus problemas.

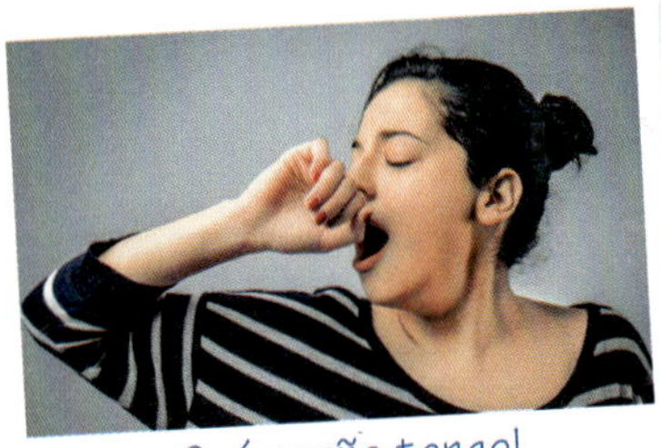

comer más

abrir la ventana

beber más líquido

tomarse un jarabe

dormir más

ponerse un abrigo

ponerse una pomada

hacer acupuntura

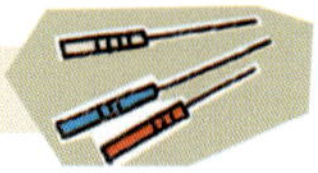

1 ¡Qué sueño tengo!

4 ¡Qué frío tengo!

2 ¡Qué calor tengo!

5 ¡Qué hambre tengo!

3 ¡Qué dolor de garganta tengo!

6 ¡Qué sed tengo!

> **Empfindungen ausdrücken**
> ¡**Qué** calor **tengo**!
> **Qué** + Substantiv + **tener**

● *A la chica que tiene sueño, **le recomiendo**...*
■ *Y al hombre que tiene..., **le recomiendo**...*

b Relaciona los consejos con las sensaciones físicas en el ejercicio **a**.

[...] Tienes que dormir más.

[...] Te recomiendo un té caliente.

[...] Puedes abrir la ventana.

[...] Pon la calefacción.

[...] Lo mejor es tomarse el agua no muy fría.

[...] ¿Por qué no te tomas otro bocadillo?

c Un amigo vuestro, que está estresado porque mañana tiene un examen, quiere relajarse. Escribe consejos para él. Tienes 4 minutos. Compara luego con tu compañero/-a. ¿Quién tiene más?

4 Me duele

32-34

a Mira las fotos. ¿Dónde están las personas? ¿Con quiénes hablan?
Escucha los tres diálogos y relaciónalos con las fotos.

…   …   …

doler		
me		
te		
le	duele	la cabeza
nos	duelen	los oídos
os		
les		

32-34

b Escucha las conversaciones otra vez. ¿Qué les pasa a las personas? Márcalo.

está	tiene	le duele	le duelen	se encuentra
cansado/-a	dolor de cabeza	la cabeza	las piernas	bien
nervioso/-a	tos	la garganta	los oídos	mal
enfermo/-a	fiebre	el estómago	las muelas	regular
resfriado/-a	miedo			

seelische und körperliche Zustände beschreiben

encontrarse (o → ue)

me encuentro		
te encuentras	bien	
se encuentra	mal	
nos encontramos	regular	
os encontráis	triste	
se encuentran		

sentirse (e → ie)

me siento		
te sientes	bien	
se siente	mal	
nos sentimos	regular	
os sentís	triste	
se sienten		

32-34

c Completa los diálogos con las expresiones que faltan y después
escucha y comprueba.

¿Tiene usted algo contra el dolor?   es que no me encuentro bien

Carmen, ¿puedo pasar?   porque tengo miedo de no aprobar

Buenos días, ¿en qué puedo ayudarle?   ¿Qué tal te encuentras hoy?

1. ● ....
  ■ Sí, buenas. Mire me duelen las muelas. ....
  ● Espere un momento, por favor... Aquí tiene. Tome este analgésico
    cada 8 horas. Y si mañana todavía le duelen, vaya al dentista sin falta.
  ■ Sí, gracias. ¿Cuánto es?
  ● Son 5 euros con 40.

2. ● ....
  ■ Sí, pasa, pasa.
  ● ....
  ■ Regular. Estoy resfriada y creo que
    tengo un poco de fiebre.
  ● ¿Por qué no te vas a casa?
  ■ Sí, ahora mismo lo hago.
  ● ¡Qué te mejores!
  ■ Gracias.

3. ■ Buenas tardes. Dígame.
  ● Buenas tardes, doctora. Soy Carlos Quintana.
  ■ Hola buenas, dígame qué le pasa.
  ● Pues, verá... ....
    Últimamente no duermo y estoy muy cansado.
  ■ ¿Tiene algún problema?
  ● Bueno, sí, es que tengo los exámenes...
    Y claro estoy nervioso ....

d Expresa con gestos un dolor o una sensación. Tu compañero/-a adivina de qué se trata y te da un consejo.

14 C

Kommunikation über Essgewohnheiten sprechen » Ernährungsratschläge geben
Grammatik Empfehlungen geben mit *hay que, deber* und *tener que*
Wortschatz Wortfeld Nahrungsmittel und Ernährung » beim Kochen

5 ¿Y tú qué comes?

a La Universidad de Harvard ha publicado una nueva pirámide alimenticia con recomendaciones para una dieta saludable. Lee el gráfico y el texto que lo acompaña y subraya en diferentes colores los hábitos positivos y negativos.

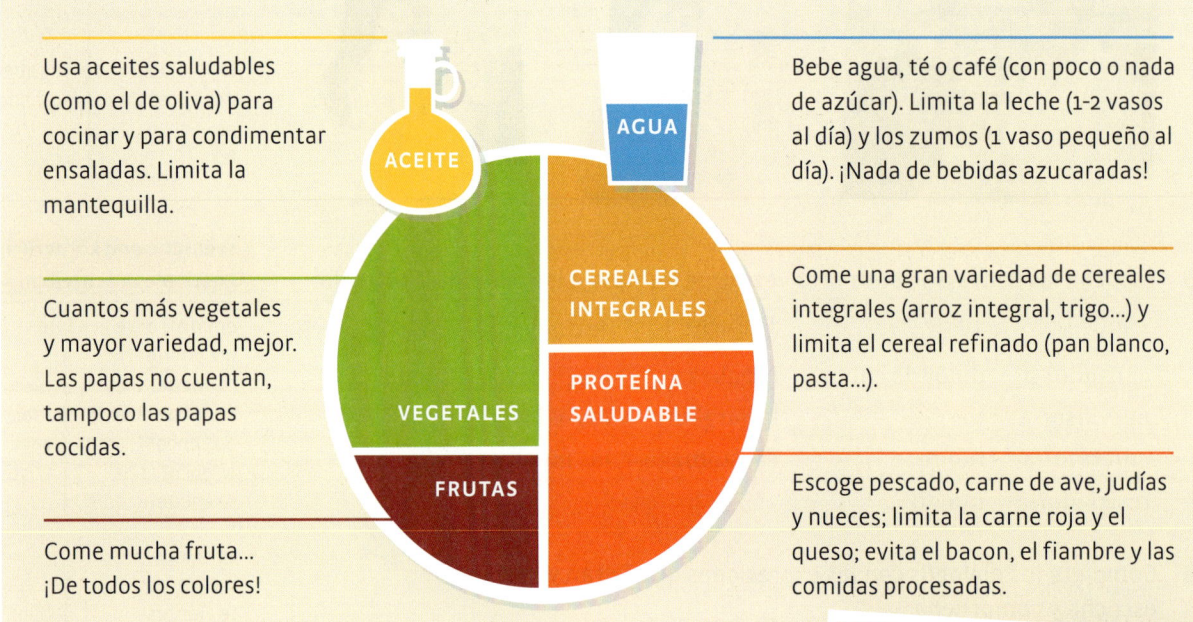

Usa aceites saludables (como el de oliva) para cocinar y para condimentar ensaladas. Limita la mantequilla.

Cuantos más vegetales y mayor variedad, mejor. Las papas no cuentan, tampoco las papas cocidas.

Come mucha fruta... ¡De todos los colores!

ACEITE
AGUA
CEREALES INTEGRALES
PROTEÍNA SALUDABLE
VEGETALES
FRUTAS

Bebe agua, té o café (con poco o nada de azúcar). Limita la leche (1-2 vasos al día) y los zumos (1 vaso pequeño al día). ¡Nada de bebidas azucaradas!

Come una gran variedad de cereales integrales (arroz integral, trigo...) y limita el cereal refinado (pan blanco, pasta...).

Escoge pescado, carne de ave, judías y nueces; limita la carne roja y el queso; evita el bacon, el fiambre y las comidas procesadas.

b ¿Cuáles de estos consejos sigues tú? Haz una lista de los alimentos que consumes y después compara con un/a compañero/-a.

● *Yo como mucha fruta, ¿y tú?*
■ *Yo también.*

c Haz una lista de alimentos para cada uno de los grupos que se presentan en **5a** (vegetales, frutas, cereales, proteínas). ¿Con qué frecuencias tomáis estos alimentos durante la semana?

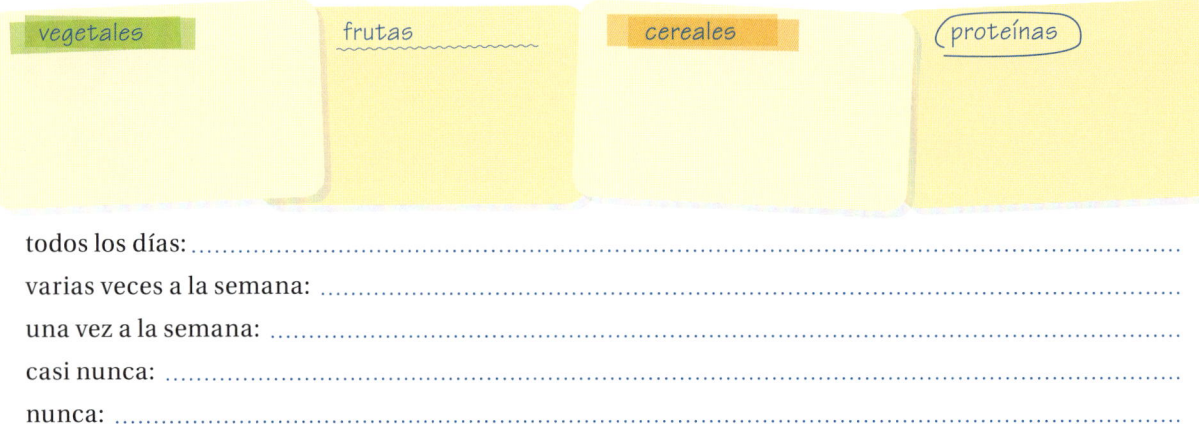

vegetales	frutas	cereales	proteínas

todos los días: ....

varias veces a la semana: ....

una vez a la semana: ....

casi nunca: ....

nunca: ....

● *Yo tomo todos los días... y mi compañero Tim también.*
■ *Y yo tomo varias veces a la semana..., en cambio mi compañera Aline, no.*

6 La opinión de otros expertos

a Lee estas opiniones sobre nutrición. ¿Con cuáles estás de acuerdo?

☐ Para evitar enfermedades hay que alimentarse bien y hacer deporte.

☐ La alimentación actual se basa mucho en la producción industrial, pero no en lo que las personas necesitan.

☐ Los lácteos pueden ser perjudiciales para la salud.

☐ Los cereales no son siempre buenos para la salud.

☐ Los frutos secos son beneficiosos para la salud.

☐ No hay que comer demasiada fruta después de la comida porque engorda.

☐ Los deportistas deben consumir muchos hidratos de carbono.

☐ Los tubérculos como la patata tienen más nutrientes que la pasta.

☐ Comer demasiados huevos provoca colesterol.

b 🎧 35 Escucha la entrevista con una especialista en nutrición. ¿Cuáles de las ideas de **6a** menciona la experta?

c 👥 ¿Conoces otras recomendaciones para mantener la salud? Haz una lista con tu compañero/-a.

> **Empfehlungen geben**
>
> **unpersönlich:**
> **Hay que comer** fruta.
> **Hay que** + Infinitiv
>
> **persönlich:**
> **Debes consumir** hidratos de carbono.
> **Tienes que** hacer más deporte.
> **deber** + Infinitiv /
> **tener que** + Infinitiv

7 ¿Comer más sano es comer más caro?

a 👥 ¿Comen los estudiantes universitarios de manera insana? Haz la encuesta a otros compañeros de clase.

> 1. ¿Cuánto gastas al mes en comida y bebida?
>
> 2. ¿Dónde realizas las principales comidas del día y por qué?
>
> | | | | |
> |---|---|---|---|
> | Desayuno | ☐ casa | ☐ cafetería | |
> | Almuerzo | ☐ casa | ☐ cafetería | ☐ comedor universitario |
> | Cena | ☐ casa | ☐ cafetería | ☐ comedor universitario |
>
> 3. Principalmente comes... ☐ comida rápida.   ☐ comida enlatada.
>   ☐ comida congelada.   ☐ lo que cocinas tú.

● *Pues yo siempre desayuno en casa, para mí el desayuno es muy importante.*

■ *¿Sí?, pues para mí no. Yo prefiero dormir más.*

b Lee el siguiente texto. Después contesta la pregunta que plantea la Universidad de Granada al comedor universitario.

Según los expertos durante el estudio en la universidad, la mayoría de los estudiantes viven fuera de casa, lejos de su familia. Entonces se adaptan a una nueva situación de convivencia: el comportamiento alimentario de los compañeros, los apuros económicos, sus habilidades culinarias. Desgraciadamente los cambios más negativos son el seguimiento de una dieta alta en grasas, proteína animal, azúcares y sal. En gran medida es la consecuencia de un menor consumo semanal de frutas frescas, verduras cocidas, ensaladas, pescados… y en parte, el consumo asiduo de comida rápida, enlatada, congelada y bebidas alcohólicas. Por eso la universidad de Granada se ha hecho la siguiente pregunta: ¿es posible ofertar un menú de calidad a un precio razonable?

c ¿Y cómo es en tu país? ¿Cómo cambia la alimentación cuando los estudiantes viven fuera de casa? ¿Cuánto cuesta un menú en la cantina de la universidad? ¿Y qué contiene?

8 Sano, bonito y barato

a Lee la receta. ¿A cuál de los platos se refiere?

mi receta

INGREDIENTES
1 kg de tomates,
1 pepino pequeño,
1 pimiento verde,
1 diente de ajo,
3 cucharadas de aceite,
1 cucharada de vinagre,
sal, agua.

ELABORACIÓN: En primer lugar, se cortan las verduras que tenemos preparadas para la receta. A continuación se echan todos los ingredientes (ajo, pepino, pimiento verde, tomate, etc.) en una jarra y se trituran. Después se aliña con vinagre, aceite y sal. Se echa un poco de agua y se baten todos los ingredientes. Por último se introduce en el frigorífico y se deja enfriar.

CONSEJOS: Si quieres darle a la presentación del plato un estilo muy profesional, puedes decorar cada plato o taza con trocitos de pepino, pimiento y tomates y si no eres vegetariano también queda sabrosísimo con unos trocitos de jamón.

b Mira los dibujos y busca en el texto las acciones. Completa.

....

Anweisungen geben

Se echa el agua.
Se lavan bien las patatas.

Se + 3. Person Singular oder Plural

→ *Mi léxico 1*

c Vamos a hacer un recetario saludable y de bajo coste.
En pequeños grupos escribid la receta de un plato sano y barato.

NUESTRO PROYECTO

Vamos a organizar una campaña de prevención para mejorar el estado de salud.

a ¿Has tenido situaciones de mucho estrés en este último año? ¿Por qué? Haz una lista común de razones con tus compañeros/-as de grupo.

Lista de razones
- *Poco tiempo para preparar los exámenes*
- *...*

b Leed la lista de recomendaciones de un equipo de psicólogos para combatir el estrés. ¿Cuáles de ellas ponéis en práctica vosotros? ¿Y cómo? Discutidlas en vuestro grupo y tomad notas.

10 FORMAS DE COMBATIR EL ESTRÉS

1. Aprenda a relajarse
2. Duerma lo necesario
3. Busque ambientes agradables
4. Organícese y establezca prioridades
5. Sea positivo
6. Haga deporte
7. Practique actividades de ocio
8. Fomente las relaciones sociales
9. Cuide la alimentación
10. Pida ayuda

- *Yo para combatir el estrés, hago deporte, por ejemplo, salgo a correr antes de ir a dormir.*
- *Yo también. Pero pienso que lo mejor es el yoga.*
- *Pues yo te recomiendo la natación: ir a nadar por la noche es lo mejor.*

c Este semestre vuestra universidad quiere hacer una campaña de prevención para los estudiantes. Elegid el tema que más os interese, poned un título a la campaña y escribid 10 consejos utilizando las diferentes formas que conocéis de la unidad. La propuesta más interesante será la ganadora. Estas son algunas de las propuestas:

- Campaña para dejar de fumar
- Campaña para prevenir el uso de drogas
- Campaña para estar en forma

Escribimos

Escribe sobre ti: ¿Llevas una vida sana? ¿Cómo te alimentas? ¿Qué deportes practicas? ¿Qué haces en tu tiempo libre? Intercambia luego tu texto con el de un/a compañero/-a. Léelo y apunta lo que tenéis en común.

1 *Ser* o *estar* para caracterizar

Lee los dos diálogos y fíjate en las expresiones marcadas en negrita. ¿Por qué aparece en la frase 2 el verbo *estar*? Lee luego la regla y completa con el verbo *ser* o *estar*.

1. ● ¿Y cómo es Marcos, tu nuevo compañero?
   ■ Pues **es algo nervioso**, pero muy competente.

2. ● ¿Y cómo es Marcos, tu nuevo compañero?
   ■ Pues normalmente es muy tranquilo, pero en estos días **está algo nervioso**.

Wenn man im Spanischen von Eigenschaften spricht, verwendet man ...., wie z.B. bei...............................

Wenn man im Spanischen von Zuständen spricht, verwendet man ...., wie z.B. bei...............................

In diesen Fällen lässt sich das Verb auch mit „sich fühlen" (*encontrarse/sentirse*) übersetzen.

2 Formas del imperativo

a Lee los textos y marca todas las formas del imperativo.

Consejos para bailar mejor
1. Apúntate a clases o ve a talleres para aprender nuevos movimientos o mejorar tu técnica de baile.
2. Aprende nuevos movimientos viendo vídeos y practicando frente al espejo.
3. Observa a los que bailan bien... y también a los que bailan mal, puedes aprender mucho.
4. Practica con los zapatos que vas a utilizar en la pista de baile.
5. Respeta a tu compañero de baile, ayúdalo y déjate ayudar.

Buenos hábitos para dormir bien
1. Fije un horario estable para ir a la cama y para despertarse.
2. Procure que su dormitorio sea cómodo, manténgalo bien ventilado y a una temperatura agradable (aproximadamente unos 22°C), aislado de ruidos y luz.
3. Manténgase activo. Haga ejercicio moderado con regularidad, pero no antes de irse a dormir.
4. Duerma con ropa cómoda.
5. Evite las cenas copiosas y no cene demasiado tarde.

b Piensa cuál es la forma en infinitivo de los imperativos que has encontrado y completa la tabla.

	Infinitiv auf *-ar*	Infinitiv auf *-er*	Infinitiv auf *-ir*
(tú)	.... → apuntarse		ve → ....
(usted)		.... → mantenerse	

c Fíjate en las formas que has encontrado. ¿Dónde se colocan los pronombres?

d ¿Cuáles de los imperativos que has encontrado son irregulares? ¿De qué tiempo toma la irregularidad? Escribe los imperativos de los verbos *pensar*, *almorzar* y *pedir* en las formas tú y usted.

1 Grupos de alimentos

a Clasifica los alimentos dentro de su grupo.

cereales y legumbres	frutas	verduras o tubérculos	carne/embutidos	lácteos	pescado

b ¿Qué cosas puedes hacer con estos alimentos? Relaciónalos con las imágenes.

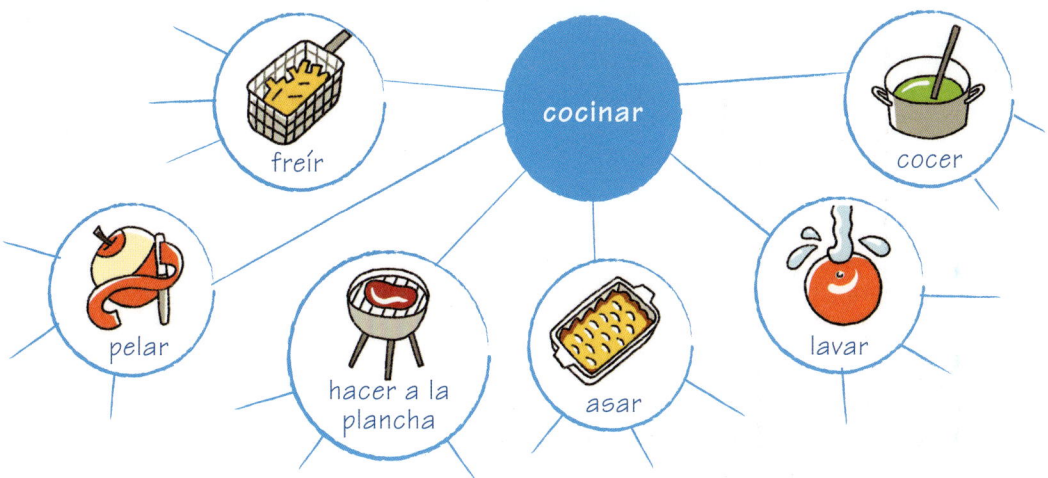

¿QUÉ ES LA DIETA MEDITERRÁNEA?

a ¿Conoces estos alimentos y especias? ¿Cuáles consideras originarios de los siguientes lugares del mundo? Completa.

garbanzos   sésamo   arroz   pepino   melocotón   naranjas   tomate   zanahoria   patatas   castañas
pimienta   dátil   sandía   ajo   maíz   mostaza   calabaza   pera   berenjena   albahaca

Próximo y Medio Oriente	África	Asia	América

b Nombra tres alimentos con los que asocias la dieta mediterránea.

c Lee el siguiente texto y ponle un título a cada una de sus partes. Comprueba tus respuestas de **a**.

Parte 1: ....

Los diferentes pueblos que habitaron el Mediterráneo (íberos, celtas, griegos, romanos, bárbaros y árabes) establecieron a lo largo de los siglos la actual "trilogía mediterránea" de pan, aceite y vino. Desde el Próximo y Medio Oriente llegaron al Mediterráneo los cereales, las legumbres, la zanahoria, la cebolla, los ajos, la ciruela, el melocotón, la cereza, el albaricoque, la manzana, la pera, las nueces y las castañas. De Europa proceden la remolacha, la col y los espárragos; de Asia, los garbanzos, el sésamo, el pepino, la berenjena, la mostaza, las naranjas, los limones, el arroz, la caña de azúcar o especias como la pimienta, el romero o la albahaca; de África, el melón, la sandía, los dátiles; y de América, el maíz, la judía, la patata, el tomate, el pimiento, el calabacín y la calabaza. Gracias a estos alimentos, se configuró uno de los modelos alimentarios más saludables del mundo.

Parte 2: ....

La ciencia moderna ha reconocido el carácter excepcional del estilo de vida mediterráneo y su influencia en la salud de la población: en los países mediterráneos la frecuencia de enfermedades de corazón era hasta hace poco significativamente menor que en otros países del norte de Europa. Así, la dieta mediterránea, era buena para la salud, para un envejecimiento óptimo y para una mayor longevidad.

Parte 3: ....

Sin embargo, en los países mediterráneos, la tradicional dieta Mediterránea está cambiando a consecuencia de la llegada de nuevas costumbres y hábitos alimentarias y está teniendo una influencia negativa sobre la salud (por ejemplo, la obesidad y las enfermedades cardiovasculares).

d ¿A qué hábitos y costumbres alimentarias crees que hace alusión la parte 3?
¿Por qué crees que está ocurriendo este fenómeno?

1 Mi nuevo piso

¿En qué habitación ha puesto Marta sus muebles? Completa el plano y escribe una lista.

2. ....
4. salón-comedor
3. ....
5. ....
1. ....
6. ....

Las sillas las ha puesto en el salón - comedor. El armario lo ha colocado en el...

⚙ Stellt man das direkte Objekt vor das Verb, so muss nach dem direkten Objekt immer das Pronomen desselben folgen. Beispiel: ● ¿Donde has puesto mis gafas?   ■ **Tus gafas las** he puesto en el bolso.

2 De la palabra al texto

a ¿Cuáles de estas palabras son adjetivos? Márcalos.

ruidosa   equipado   amable   sótano   agradable   trastero   acogedor   piso   tranquilo   pequeña
céntrica   amueblado   mes   amplia   luminoso   garaje   fianza   mensual   sencillo   oscura
cara   precio   barato   moderna   grande   individual   compartida   lavadora   espacioso   antigua

b Escribe ahora los adjetivos en la tabla y añade también las formas femeninas de los adjetivos masculinos y las masculinas de los adjetivos femeninos.

Maskulinum	Femininum	eine Endung für beide Geschlechter

c Completa ahora las terminaciones de los adjetivos en el texto.

Vivo en un piso compartid....... en un barrio bastante céntric....... Mi habitación es un poco pequeñ....., pero el piso es bastante ampli......, de unos 120 m². El piso no es nada oscur......, todo lo contrario: es muy luminos....... Lo comparto con otros dos estudiantes muy simpátic....... Nuestro piso es sencill......, pero nos gusta. Tenemos un salón muy acogedor....... y una cocina totalmente equipad.......con una mesa grand...... en la que comemos juntos. ¿Lo que más me gusta del piso? Pues que aunque el centro de la ciudad es bastante ruidos......, mi habitación es muy tranquil....... Y lo mejor es que no es nada car....... ¡Estoy muy contento!

3 Adverbios de cantidad

¿Cómo es el nuevo piso de Marta? Lee y elige el adverbio de cantidad correspondiente.

a. Mi nuevo piso es poco/bastante/nada céntrico, puedo ir andando a todas partes.

b. Encontrar un nuevo piso ha sido mucho/muy fácil y además, no es mucho/nada/poco caro.

c. Vivo en un piso compartido un poco/poco ruidoso, pero muy grande.

d. Mis compañeros son nada/demasiado/muy/poco simpáticos y divertidos.

e. Ahora tengo exámenes, por eso estudio poco/muy/mucho y no salgo nada/muy/bastante .

Mengenangaben sind unveränderlich, wenn sie Adjektive, Adverbien oder Verben abstufen.

4 En el muro de Facebook

a Completa el muro de Marta con los verbos *ser* o *estar*.

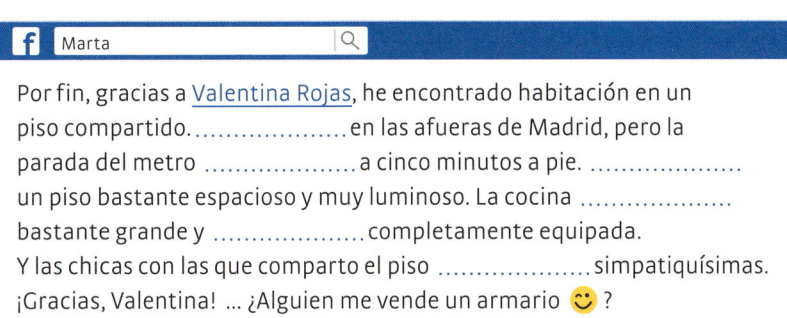

f Marta

Por fin, gracias a Valentina Rojas, he encontrado habitación en un piso compartido....................en las afueras de Madrid, pero la parada del metro ....a cinco minutos a pie. ....un piso bastante espacioso y muy luminoso. La cocina .... bastante grande y ....completamente equipada.
Y las chicas con las que comparto el piso ....simpatiquísimas.
¡Gracias, Valentina! … ¿Alguien me vende un armario 😊 ?

b ¿Dónde vives tú? Escribe un texto donde describes tu barrio y tu piso.

● *Yo vivo en…*

5 Una habitación caótica

Marta y Luisa comentan cómo ha quedado la habitación de Luis después de la fiesta de ayer. Completa el diálogo con las preposiciones *debajo, encima, en* o *dentro*.

¡Qué desastre de habitación! ¿Has visto cómo esta todo? La estantería pequeña está (1) ....el suelo y los libros también.
¡Y qué sucio está todo! Hay muchos platos y vasos de papel (2).................... de la cama y las botellas de las bebidas están (3) ....de su armario.

¡Vaya caos! Además, el edredón no está (4)....................de la cama, como siempre, sino que está (5) .... ¡Ah! Y alguien ha puesto la alfombra (6)....................de su escritorio y su silla (7) ....del armario. Y ¿dónde está Luis? ¡Mira, aquí! ¡Ha dormido (8)....................del escritorio!

6 Barrios

Tres estudiantes han escrito sobre sus barrios en una página web. Compáralos y utiliza para ello: *tan… como, tanto/-a/-os/-as… como, más/menos… que.* Añade dos comparaciones.

	CIUDAD UNIVERSITARIA	BARRIO DE GRÀCIA	BARRIO DE SANTS
¿Dónde está?	No está en el centro, pero sí cerca de las facultades. Además es un barrio muy bien comunicado.	Muy cerca del centro histórico de la ciudad. Se puede ir andando a todas partes.	No está en el centro, pero sí bien comunicado.
¿Qué hay?	Aquí viven sobre todo estudiantes. Hay muchas tiendas y muchas zonas verdes.	Una vida cultural muy interesante y mucha gente joven. También hay muchos bares y tiendas. Hay pocas zonas verdes.	No es un barrio para salir de noche, ni tampoco ofrece muchas actividades culturales.
¿Cómo son las viviendas?	No son caras. Son pisos modernos.	Hay muchos pisos para estudiantes, pero en general los alquileres son caros. Los pisos son antiguos.	La vivienda aquí es algo más barata. Los pisos son bastante sencillos y antiguos.

1. El barrio Ciudad Universitaria no es .... céntrico .... el de Gràcia.
2. El barrio de Gràcia tiene .... tiendas .... el de Ciudad Universitaria.
3. El barrio de Sants ofrece .... actividades culturales .... el de Gràcia.
4. El barrio de Ciudad Universitaria es .... barato .... el de Gràcia.
5. Los alquileres en el barrio de Gràcia son .... caros .... en el Sants.
6. ....
7. ....

Um ein Substantiv in einem Satz nicht zweimal zu nennen, kann es ausgelassen werden:
El **barrio** de Sants ofrece menos actividades culturales que el **barrio** de Gràcia. → El **barrio** de Sants ofrece menos actividades que el ø de Gràcia.

7 ¿Qué piso es mejor?

Elena va a estudiar un semestre en Valencia y ha encontrado dos ofertas. ¿Qué piso te parece mejor? ¿Por qué? Explícale tu opinión a Elena y compara las ventajas de cada uno.

Alquiler de hab. en C/ Gran Canaria, en barrio de la playa de Malvarrosa, Valencia.
200 €/mes, 4 dorm. 4 chicas. Se puede fumar.
Planta 1ª sin ascensor. Hab. amplia y luminosa, con cama grande, escritorio y silla propia. Baño propio totalmente reformado. Gastos (luz, agua y gas), Internet y la comunidad están incluidos. Fianza 2 meses.
Contrato mínimo de seis meses. ☆ ⊕ ✉

Alquiler de hab. en C/ de Garrigues, centro Valencia. 350 €/mes, 6 dorm. 6 chicos/-as. No fumadores. Planta 3ª con ascensor. Ambiente tranquilo, donde poder estudiar. 2 baños comunes. Aparte 40 € mensuales que incluyen Internet, gas, agua, luz y limpieza semanal de zonas comunes. Fianza 1 mes. Contrato mínimo de tres meses. ☆ ⊕ ✉

Hola Elena:
Pues he visto los dos pisos y los dos me gustan. Uno está en ....
mientras que el otro está ..... Además, el piso de la Calle .... tiene más ....
Creo que el piso .... es mejor porque ....

8 ¿Qué tienen en común?

¿Qué tienen en común Andrés, María y Estrella? Escribe frases utilizando *el/los mismo(s) / las misma(s)...que.*

	Estrella	Andrés	María
Edad	23 años	25 años	23 años
Intereses	la política	la política	la meteorología
Idiomas que habla	inglés y francés	alemán y ruso	inglés y francés
Gustos	la comida asiática	la comida francesa	la comida asiática

● *A María le gusta el mismo tipo de comida que a Estrella.*

9 ¿El mío o el tuyo?

Completa los diálogos con los adjetivos o pronombres posesivos.

a. el tuyo   el mío   tu
● Álex, ¿dónde está .... piso?
■ ¿....... ....? En el barrio de Sants, y ¿....... ....?
● Todavía no tengo piso.

b. el nuestro   nuestro   el vuestro
● ¿Sabes? En .... piso el baño es nuevo, ¿y en .... ?
■ En .... no. Tenemos un baño pequeño y bastante viejo.

c. su   los míos   los suyos   los suyos
● Alberto, ¿son estos los libros de Laura?
■ No, estos no son .... Son .... Mira, aquí pone mi nombre...
● ¡Ah! ¿Y dónde están ....?
■ Pues no lo sé, ¿quizás en .... habitación?
● Voy a mirar...

10 ¿Su amigo o un amigo suyo?

Elige la opción correcta.

1. ● ¿Vives solo?
■ No, comparto piso con Alicia, mi novia / una novia mía.

2. ● Perdona, ¿es esta tu silla / una silla tuya?
■ No, puedes sentarte.

3. ● ¿Quiénes son los de la foto?
■ Estos son Eva y Steffen, mis compañeros / unos compañeros míos de clase de español. Somos muchos.

4. ● ¿Son estas tus gafas / unas gafas tuyas de sol?
■ No, las mías están en casa.

11 ¿Con o sin artículo?

Carmen tiene un nuevo piso y se lo describe a Juan. Completa el diálogo con *el, la, los, las, un, una, unos, unas* o ø (sin artículo).

● ¿Y qué tal .... nuevo piso?
■ Muy bien. Está muy cerca de .... universidad y cerca tengo .... parada de autobuses y de metro. .... barrio es muy bonito, con .... tiendas, cafés y restaurantes.
● ¿Y .... piso?
■ Fenomenal. Tiene .... cocina muy grande, ... dormitorio, ... cuarto de baño y .... salón.
● ¿Y ya lo has amueblado?
■ Pues no del todo. He comprado ya .... cama, ... sofá, ... mesa, pero todavía no tengo todas .... sillas, solo tengo ....

● ¿Y la cocina?
■ .... cocina tiene .... electrodomésticos más importantes: .... lavadora un poco antigua pero que funciona, ... nevera pequeña, ... cocina a gas, pero quiero comprar todavía .... lavavajillas. Pero cuestan mucho y ahora no tengo .... dinero.
● ¿Y es antiguo?
■ No, muy antiguo, no. De los años 50, y no tiene .... ascensor. Pero bueno, como vivo en .... primer piso, no importa.

12 Tareas de la casa

a ¿Qué tareas haces? ¿Y cuándo? Combina los elementos de las tres columnas.

recoger	las plantas	cada día
tirar	la lista de la compra	una vez a la semana
limpiar	la aspiradora	casi nunca
regar	la cocina	todos los días
ordenar	la basura	de vez en cuando
sacar	el suelo	una vez al mes
hacer	los vidrios en el contenedor	a menudo
pasar	el baño	muy pocas veces
barrer	la habitación	nunca

b Completa ahora con las formas verbales del presente.

1. ● A ver... ¿quién .... (regar) esta semana las plantas y quién .... (hacer) la compra?
■ Pues... , yo las .... (regar) y Mónica .... (hacer) la compra.

2. ● Óscar siempre .... (recoger) la cocina después de comer, pero hoy la .... (recoger) yo porque él tiene una reunión.

3. ● Mónica es superordenada, todos los días antes de salir de casa .... (hacer) la cama. ¿Y tú?
■ Pues yo no la .... (hacer) casi nunca. ¡Siempre .... (salir) corriendo!
● Pues yo tampoco.

13 En mi nuevo piso

a Carmina tiene un blog sobre la vida estudiantil. Completa el texto con los verbos en la forma correcta del presente.

hablar   despertarse   preferir   hacerse   desayunar   irse   volver   hacer

Ya ha pasado el primer mes en la universidad. Las clases son interesantes, así como mi nueva familia: Carlos y Ricardo, mis compañeros de piso. ¡Nos encanta nuestra vida en el piso que compartimos! Por la mañana, cada uno .... a una hora diferente, pero .... siempre juntos en la cocina. Yo .... unas tostadas, pero ellos .... desayunar cereales con fruta. Durante el desayuno .... sobre nuestras cosas y después cada uno .... a sus clases.
Cuando .... de nuestras clases por las tardes, cada uno .... las tareas que le tocan. ¡Así no tenemos problemas de convivencia!

b Fíjate qué verbos son irregulares en 12 y 13. ¿Dónde está la irregularidad? Escríbelos en la tabla y añade otros verbos del presente de indicativo que presentan las mismas irregularidades.

e → ie	o → ue	-go	irregular	cambio ortográfico

14 ¿Se puede?

a ¿En qué lugares puedes o tienes que hacer estas cosas?

1. Se pueden ver cuadros de artistas: en un museo
2. No se puede hablar alto: ....
3. Tienes que pagar antes de entrar: ....
4. Hay que pagar los libros: ....

Um im Spanischen auszudrücken, dass es möglich ist, eine Sache zu tun, verwendet man das Verb ...., siehe Satz .... Wird es verneint, so wird ein Verbot ausgedrückt (z.B. in Satz ......).
Um von einer Verpflichtung zu sprechen, werden die Ausdrücke .... und ....
verwendet, so wie in den Sätzen .... und ....

b ¿Qué puede y no puede hacer Carlota en su nuevo piso? ¿Y qué tiene que hacer?

- fumar solo en el balcón
- pagar puntualmente el día 2 de cada mes
- mantener zonas comunes limpias
- mascotas, ¡no!
- fiestas solo los fines de semana

Pues en mi piso puedo...

Pero no puedo...

Y tengo que...

15 Descripción de personas

Completa con el adjetivo adecuado. Presta atención al género y al número.

agradable organizado desordenado independiente ahorrador

1. A Juan le gusta vivir solo, es muy ....
2. Marta y Alicia son muy .... No salen mucho y tampoco gastan mucho dinero.
3. Julián es muy .... A él le gusta tenerlo todo muy planificado.
4. Pedro es un chico muy creativo, pero también muy .... ¡Mira, qué caos!
5. En este anuncio buscan a dos personas .... en el trato para compartir piso.

Zu manchen Adjektiven werden die Antonyme gebildet, indem das Präfix „des-" vorangestellt wird, wie z.B. bei **agradable/desagradable**, **organizado/desorganizado**, **ordenado/desordenado**.

16 ¿Gerundio o infinitivo?

a Completa las siguientes cajitas con el gerundio o infinitivo.

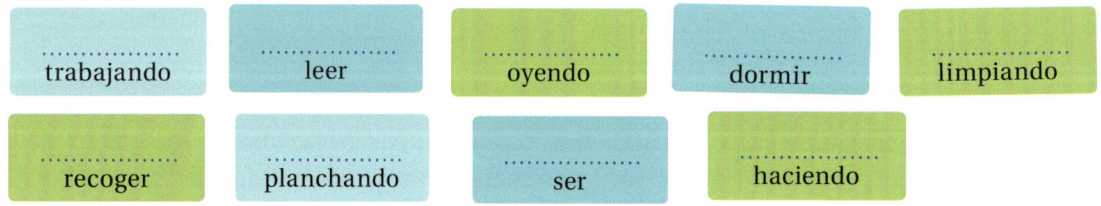

.... trabajando   .... leer   .... oyendo   .... dormir   .... limpiando

.... recoger   .... planchando   .... ser   .... haciendo

b ¿Qué están haciendo los chicos para poner en orden el piso?

17 **¿Qué opción es la más adecuada?**

Marca la forma verbal que te parece más adecuada en cada contexto.

- Y tú, ¿qué **haces / estás haciendo** normalmente los fines de semana?
- Pues normalmente **salgo / estoy saliendo** con amigos y **estudio / estoy estudiando** para la uni, pero últimamente **hago / estoy haciendo** más deporte...
- ¡Yo también! Y he empezado a comer más sano. **Como / estoy comiendo** más verduras y frutas, es que después de las vacaciones de Navidad...
- ¡Es verdad! **E intento / Y estoy intentando** fumar menos. Es uno de mis propósitos para el Año Nuevo...
- ¡A ver si lo cumples! Ja, ja, ja...

18 **Así como suena.**

36

a ¿Cuántas sílabas tienen estas palabras? Lee y escucha. Separa las palabras después en sílabas.

acogedor   contrato   baños   alquiler   mío   contenedor   comparten   mías
estantería   cocina   frigorífico   sillón   piscina   sofá   adiós   habitaciones

palabras con dos sílabas	palabras con tres sílabas	palabras con cuatro sílabas	palabras con cinco sílabas
		a-co-ge-dor	

b Escucha de nuevo. ¿En qué sílaba recae el acento fonético? Márcala.

c ¿Recuerdas las reglas de la tilde en español? Completa con ejemplos del ejercicio anterior.

Wörter, die auf **Vokal**, **-n** oder **-s** enden, werden auf der vorletzten Silbe (— — ▬ —) betont, wie z.B. ...., ... und .... Wörter, die auf **Konsonant** (außer **-n** und **-s**) enden, werden auf der letzten Silbe (— — — ▬) betont, wie z.B. ....
Bei allen Wörtern, die von diesen Regeln abweichen, wird die betonte Silbe mit einem Akzent markiert.

d Fíjate en esta nueva regla, léela y busca ejemplos en el ejercicio **a**.

Wenn zwei Vokale aufeinander folgen, aber zu verschiedenen Silben gehören, spricht man von einem „Hiat" (hiato). Wenn im Hiat **i** oder **u** mit **a**, **e** oder **o** zusammentrifft und die Betonung auf dem **i** oder **u** liegt, dann tragen diese Vokale einen graphischen Akzent (tilde), wie z.B. in **mías**, ... oder ....

1 **¿Qué puedo comprar?**

Escribe una lista de productos que se pueden comprar en las
secciones de estos grandes almacenes.

Planta 2
Electrónica • Tecnología •
Imagen y sonido

Planta 1
Hogar y muebles

Planta Baja
Supermercado

...un móvil,..
....
....
....
....
....
....
....

2 **¿Me puede enseñar aquellos zapatos?**

🎧 **a** Escucha unas conversaciones que han tenido lugar en unos grandes almacenes.
37 ¿A qué situación corresponden? Escribe el número del diálogo.

b Escribe las terminaciones de los siguientes demostrativos.

1. ● ¿Son est....... los paquetes que hay que llevar a correos?
  ■ Sí, y est....... cartas también.
  ● ¿Y es....... sobres de ahí?
  ■ Es....... todavía no. Falta buscar los códigos postales.

2. ● ¡Est....... ordenador siempre se cuelga! Estoy desesperado...
  ■ ¿Por qué no trabajas con es.......? Es más nuevo...
  ● Ya, pero es....... todavía no tiene la última actualización
    del antivirus...

3. ● ¿Te gustan aquell......
    botas?
  ■ No, prefiero es.......
    Parecen más
    cómodas.
  ● Pues a mí también
    me gustan est ....
    de aquí. Son muy
    originales.

c Completa ahora los siguientes diálogos con los demostrativos más lógicos según el contexto.

1. ● ¿Me puede enseñar .... gafas de allí?

   ▪ ¿Cuáles? ¿Las que están en esa vitrina?

   ● Sí, exacto.

2. ● ¿Qué vaqueros te gustan más? ¿ .... de aquí o .... de ahí?

   ▪ Pues yo prefiero .... de ahí no son muy modernos...

   ● Sí, es cierto...

3. ● ¿Me puede explicar cómo funciona .... lavavajillas de allí?

   ▪ ¿El que está ahí al lado de la lavadora?

   ● No, no. El que está allí al final del pasillo.

3 **Todo son celebraciones**

a ¿Para quién son los regalos? Relaciona los pronombres en negrita con las personas de la derecha. A veces hay varias posibilidades.

1. **Les** voy a comprar unos DVDs.
2. **Le** vamos a regalar algo muy original.
3. **Le** ha regalado un pastel de chocolate.
4. **Os** voy a regalar unas botellas de vino tinto.
5. **Nos** quiere comprar un televisor con pantalla plana.
6. Carmen **me** ha regalado un libro sobre Perú.

a. a nosotros
b. a mí
c. a vosotros
d. a Lola
e. a Luis y a Sofía
f. a Pancho

Die indirekten Objektpronomen **me**, **te**, **le**, **nos**, **os** und **les** werden verwendet, um anzuzeigen, wer etwas bekommt. Es sind die gleichen Pronomen, die auch mit den wertenden Verben (z.B. *gustar*, *encantar*) gebraucht werden.

b ¿Qué pronombres faltan?

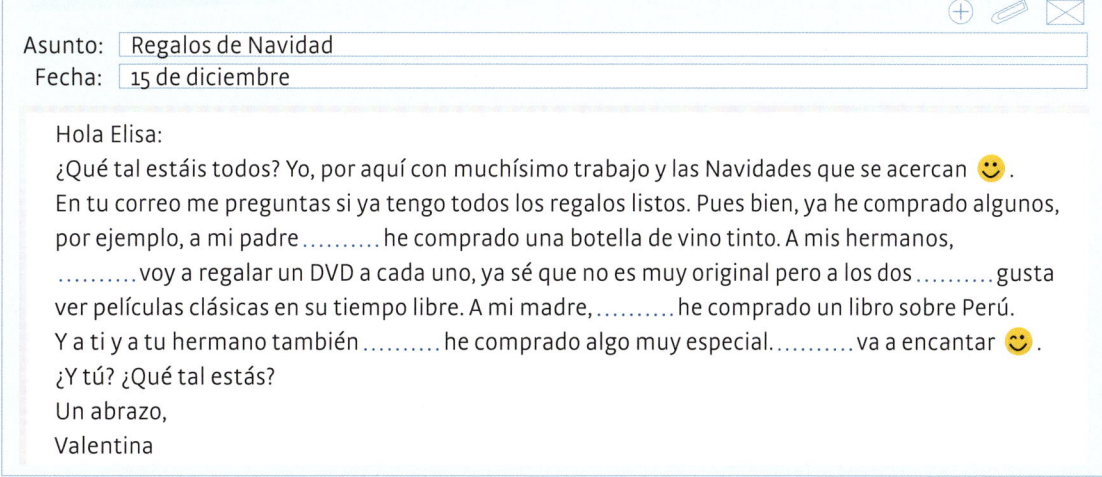

Asunto: Regalos de Navidad
Fecha: 15 de diciembre

Hola Elisa:
¿Qué tal estáis todos? Yo, por aquí con muchísimo trabajo y las Navidades que se acercan 🙂 .
En tu correo me preguntas si ya tengo todos los regalos listos. Pues bien, ya he comprado algunos,
por ejemplo, a mi padre .... he comprado una botella de vino tinto. A mis hermanos,
.... voy a regalar un DVD a cada uno, ya sé que no es muy original pero a los dos .... gusta
ver películas clásicas en su tiempo libre. A mi madre, ... he comprado un libro sobre Perú.
Y a ti y a tu hermano también .... he comprado algo muy especial. .... va a encantar 🙂 .
¿Y tú? ¿Qué tal estás?
Un abrazo,
Valentina

4 ¿Quién lo hace?

¿Qué significan estas frases? Fíjate en el pronombre en negrita y marca la opción correcta.

1. **Me** invita a una fiesta.
   - ☐ a. Er lädt mich zu einem Fest ein.
   - ☐ b. Ich lade zu einem Fest ein.

2. **Te** explica una historia.
   - ☐ a. Sie erzählt dir eine Geschichte.
   - ☐ b. Du erzählst eine Geschichte.

3. **Lo** llama todos los días.
   - ☐ a. Er ruft ihn jeden Tag an.
   - ☐ b. Er ruft sie jeden Tag an.

4. **Nos** ha regalado un libro.
   - ☐ a. Wir haben ihnen ein Buch geschenkt.
   - ☐ b. Er hat uns ein Buch geschenkt.

5. **Os** he comprado un libro.
   - ☐ a. Ihr habt ein Buch gekauft.
   - ☐ b. Ich habe euch ein Buch gekauft.

6. **Les** dice la verdad.
   - ☐ a. Er sagt ihnen die Wahrheit.
   - ☐ b. Sie sagen die Wahrheit.

> Die Pronomen des indirekten Objekts stehen immer vor dem konjugierten Verb und dürfen nicht mit dem Subjekt des Satzes verwechselt werden.

5 ¿Con o sin preposición?

Completa los siguientes diálogos con la preposición *a* en caso necesario.

a. ● ¿Has visto .... Juan esta mañana? Lo estoy buscando...
   - ■ ¿Es un compañero nuevo de clase?
   - ● Sí, es un estudiante de Colombia nuevo desde este semestre.

b. ● ¿Qué hago con este paquete? ¿Se lo envío .... Luisa?
   - ■ No, es mejor llamar .... su hermano. Él puede recogerlo.
   - ● Vale, pues lo llamo ahora mismo.

c. ● ¿Les has enviado las invitaciones .... tus amigos para la fiesta de cumpleaños?
   - ■ Todavía no, aunque .... algunos ya los he llamado para decírselo.
   - ● Vale, vale, lo importante es saberlo...

d. ● ¿Has visitado ya .... la catedral de Sevilla?
   - ■ Sí, es impresionante. Sevilla me encanta. ¡Ah! Y he conocido ....
     dos chicas sevillanas simpatiquísimas...
   - ● ¡Me alegro mucho!

6 ¿Quién hace qué?

a ¿Quién? ¿Qué cosa? ¿A quién? Lee y completa.

	quién	qué	a quién
1. ¿Le has dado a Carlos el libro?	tú	el libro	le / a Carlos
2. Esto me lo ha regalado Luis.	....	....	....
3. ¿Nos enseñas tu ordenador?	....	....	....
4. Le he escrito una postal a Javier.	....	....	....

b Y ahora completa los diálogos con los pronombres de objeto directo *lo, la, los, las* o de objeto indirecto *le* o *les*.

1. ● ¿Has visto mis gafas?
   ■ Sí, mira, ... he puesto encima de la mesa.

2. ● ¿Conoces a la hermana de Juan?
   ■ No, no .... conozco.

3. ● ¿Estos libros son para Marta?
   ■ Sí. ¿Se .... puedes llevar, por favor?

4. ● A Carlos y a Ana .... he comprado un vale regalo para ir al cine.
   ¿Se .... das tú?
   ■ Vale. Esta tarde .... veo.

5. ● Señor Jiménez, ... han traído este paquete.
   ■ Gracias.

7 ¿Para quién?

¿A quién le regalas estas cosas? ¿Por qué?

NOMBRE	Antonio	Cristina	Patricia e Ignacio	Ana y Carolina
GUSTOS	el chocolate	las novelas de terror	preparar zumos de fruta	las montañas

● *La caja de bombones se la regalo a Antonio porque...*

8 En unos grandes almacenes

Completa los diálogos con los pronombres de objeto directo e indirecto.

1. ● ¿Te quedas el reloj al final?
   ■ Pues no, no .... quedo, es que es demasiado caro...

2. ● ¿Me enseña esas gafas, por favor?
   ■ Sí, como no. Ahora mismo .... enseño.

3. ● ¿Qué vas a hacer al final con la tableta?
   ■ Creo que .... voy a regalar a mi hermana. No tiene ninguna...

9 El consumo juvenil: una encuesta

a Lee de nuevo el texto de la página 22 y decide después si los enunciados son verdaderos o falsos.

	v	f
1. La publicidad y la presión social influyen en las marcas que consumen los jóvenes españoles.	☐	☐
2. Los jóvenes prefieren comprar los productos electrónicos en las tiendas offline o físicas porque pueden ver y tocar los productos.	☐	☐
3. Todos los jóvenes valoran la calidad, el precio y la marca de los productos.	☐	☐
4. A los jóvenes les gusta comparar los precios de los diferentes portales de Internet.	☐	☐

b ¿Y cómo es en tu país? ¿Qué aspectos valoran más los jóvenes a la hora de comprar cosas? ¿Les influye la publicidad? Escribe un breve texto.

Yo vivo en … y la gente joven de aquí…

10 Imperativos

Lee las frases, subraya los imperativos y completa la tabla con las formas que faltan.

> Haz los ejercicios 1 y 2.
> Vuelve a leer el texto de la página 16.
> Leed los textos A y B y contestad las preguntas.
> Discutid en el grupo vuestras respuestas.
>
> ¡Venid con nosotros!
> Ve y pídele a Javier el libro.
> Dame el bolígrafo, por favor.
> Pon los libros encima de la mesa, por favor.

Infinitivo	contestar	leer	discutir	pensar	volver	pedir	hacer	poner	dar	ir	venir
tú	contesta	lee	discute	piensa							ven
vosotros/-as				pensad	volved	pedid	haced	poned	dad	id	

⚙ Die Imperativformen der zweiten Person Singular (*tú*) entsprechen den Präsensformen, aber **ohne** das **-s** am Ende. Somit hat der Imperativ die gleichen Unregelmäßigkeiten wie die Präsensform, z.B. bei **pensar**, **volver** und **pedir**. Die Imperativformen für die zweite Person Plural (*vosotros/-as*) erhält man, indem man das **-r** am Ende des Infinitivs durch **-d** ersetzt. Bei bejahten Imperativformen wird das Pronomen an die Verbform angehängt, wie z.B. bei **pídele** oder **dame**.

11 Venga, venga

a ¿Qué te dice tu profesor? Escribe los imperativos que faltan en la forma de tú. Atención que sobra un verbo.

hacer   subrayar   escuchar   abrir   cerrar   leer

1. Vamos a leer un texto. .... el libro por la página 23...

2. .... el texto y .... la información que es nueva para ti.

3. .... una lista de los objetos electrónicos de esta lección.

4. ¡.................... el libro, por favor!

 b Escucha ahora y comprueba.

38

12 Eslóganes célebres

Completa los eslóganes publicitarios con las formas de *tú* del imperativo.

(VOLVER) ....
A CASA
POR NAVIDAD.

(PAGAR) .... SOLO
UNA Y (LLEVARSE) ....
OTRA DE REGALO.

(HACER)
....
FELIZ A
ALGUIEN.

(VIVIR) .... EN
TU MUNDO, (JUGAR)
.... EN
EL NUESTRO.

13 Vamos a describir objetos

a Clasifica estas palabras en cada uno de los grupos. Añade otras.

plástico   negro   práctico   redondo   rojo   triangular   metal   útil
pequeño   rectangular   cerámica   bonito   papel

COLORES	FORMAS	CUALIDADES	MATERIALES

b Pon dos ejemplos de...

1. cosas blancas: ....
2. objetos de madera: ....
3. objetos de cristal: ....
4. objetos útiles: ....

14 Adivina, adivinanza

a Completa los textos con las preposiciones. ¿Qué objetos se describen?

1. Normalmente es blanco o negro, es .... plástico, aunque también tiene pequeñas partes .... metal. Es un objeto rectangular .... el que puedes hablar con tus amigos. También sirve .... hacer fotos o .... escuchar música. ¿Qué es?

....

2. Es .... madera y .... cristal, aunque a veces puede ser .... plástico. Lo puedes encontrar .... todos los colores. No es muy grande ni muy pequeño y normalmente tiene forma rectangular. Es un objeto .... el que puedes mostrar fotos y sirve también .... decorar. ¿Qué es?

....

b Y ahora continúa tú.

Es un objeto...

Es una cosa...

15 Anuncios

Completa los anuncios con los verbos. A veces tienes que conjugar los verbos.

cambiar   saber   dar   ofrecer   vender   mejorar

¿ .... cocinar?
¿Tienes un móvil estropeado y te gusta cocinar? .... reparaciones de dispositivos electrónicos a cambio de clases de cocina. Contacto a través de @

1.

Intercambio clases de inglés por clases de informática. .... clases de inglés a todos los niveles a cambio de clases de informática. Necesito .... mis conocimientos básicos de informática. Contacto telefónico 678883567

3.

.... bicicleta mountain bike nueva de la marca TH por 200 €. Precio original 350€. Contacto a través de 📞

2.

¿Necesitas libros de Biología?
Tengo libros de Biología que vendo por 40 €. También los .... por algo interesante. ¿Qué me ofreces? Contacto a través de @

4.

16 ¿Lo sabes hacer o lo puedes hacer?

Completa el diálogo con *poder* o *saber*.

- ● Así que, ¿...................... hablar muy bien francés?
- ■ Bueno, lo .... hablar bastante bien como para ofrecer conversación de francés.
- ● ¡Perfecto! Es que estoy buscando a alguien para hacer un intercambio de francés-inglés.
- ■ Tú .... hablar bien inglés, ¿no?
- ● Exacto. ¿Cómo quedamos? ¿Tú .... los martes por la tarde?
- ■ ¡Uy! No, imposible. No .... Es que tengo clase. ¿Y los jueves?
- ● Los jueves sí .... ¿A partir de las siete?
- ■ Genial. Te mando un Whatsapp y quedamos dónde. ¿De acuerdo?
- ● Perfecto.

Das Verb **poder** drückt aus, dass man etwas machen oder etwas nicht machen kann: **En los Alpes se puede esquiar** (=es ist möglich, dort Ski zu fahren). Die deutsche Übersetzung lautet *können*. Mit *können* übersetzt man aber auch das Spanische **saber**. **Saber** beschreibt die Fähigkeit, etwas zu tun, nachdem man es gelernt hat: **Sé cocinar** (= ich habe gelernt, zu kochen).

17 El sufijo *-ero/-era*

En "Mi léxico" has aprendido que el sufijo *-ería* expresa el lugar donde se venden las cosas.
Con el sufijo *-ero*, expresamos la persona que vende o fabrica el producto. Completa la tabla.

producto	lugar donde se vende	persona que lo vende o hace
pescado	*pescadería*	*pescadero, pescadera*
zapatos		
fruta		
carne		
helados		
pan		
jardín		
libros		

18 Así como suena.

39

a En español todas las sílabas tienen una vocal, y a veces, incluso dos o tres.
Escucha las palabras y sepáralas en sílabas.

trian-gu-lar restaurante aseos vídeo juego fotografía utensilio
muebles europeos pescadería cambiáis auriculares ciudad medio
respetuoso cuadrado trueque diferenciáis ruidoso

b Marca y observa ahora las sílabas en las que las vocales no se separan.
Completa después la regla con ejemplos de **a**.

Die Kombination zweier Vokale in einer Silbe nennt man „Diphthong". Dabei gibt es verschiedene Kombinationen:
a, e, o + i*, u, wie bei .... und ....
i, u + a, e, o, wie bei ...., ..., ... und ....
i + u, wie bei ....
u + i*, wie bei ....
Die Kombination von drei Vokalen nennt man „Triphthong". Beispiele dafür sind ....
und ....
Werden die Vokale in zwei Silben getrennt, so wie bei ...., ...und
..............................., spricht man von einem „Hiat". Oft wird der graphische Akzent verwendet, um einen
Diphthong zu trennen, wodurch ein Hiat entsteht, so wie bei pescader**í**a, zapater**í**a o estanter**í**a.
* Am Ende eines Wortes wird i zu y, wie z.B. bei **hoy** und **rey**.

c Escucha las siguientes palabras. ¿En cuáles pondrías una tilde?
40

rio	farmacia	libreria	fotografia
treinta	dia	ciudades	

1 Formas del indefinido

a Escribe las formas del indefinido partiendo de las formas del presente.
¿Qué formas coinciden en presente e indefinido?

presente	indefinido		presente	indefinido
conozco	*conocí*		es	....
estamos	....		vamos	....
viajan	....		nos alojamos	....
hacéis	....		vivimos	....

b Completa la tabla.

	viajar	conocer	vivir	ir/ser	estar	hacer
yo	....	....	....	....	estuve	....
tú	....	....	viviste	....	....	....
él/ella, usted	....	....	....	....	....	hizo
nosotros/-as	viajamos	....	....	fuimos	....	....
vosotros/-as	....	conocisteis	....	....	....	....
ellos/ellas, ustedes	....	....	vivieron	....	....	....

2 ¿Quién lo dice?

a Escucha los indefinidos. Marca de qué persona se trata en cada caso.

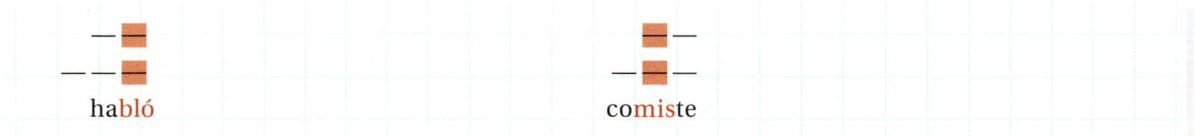

	1	2	3	4	5	6	7	8	9
yo	☐	☐	☐	☐	☐	☐	☐	☐	☐
tú	☐	☐	☐	☐	☐	☐	☐	☐	☐
él/ella, usted	☐	☐	☐	☐	☐	☐	☐	☐	☐

b Escucha de nuevo. ¿En qué sílaba escuchas el acento? Escribe las palabras en el lugar correspondiente.

habló   comiste

3 ¿Cuándo fue?

Ordena de forma cronológica y completa la "línea del tiempo".

anoche   ayer por la mañana   hace diez años   el verano pasado
el mes pasado   anteayer   en el 2013

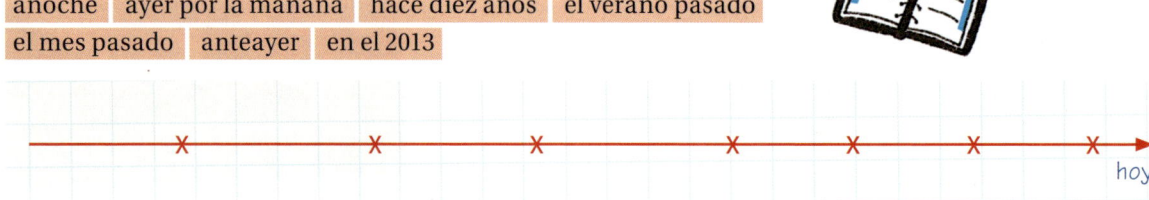

hoy

4 Una experiencia en el extranjero

Completa el correo electrónico de Marisa a su amiga Carolina con los verbos en indefinido.

| ser | hacer | sacar | alojarse | estar (2x) | conocer | encontrar | ir |

Hola Caro:

¿Qué tal estás? ¿Has empezado ya las clases?

En tu correo me preguntas por el verano pasado. Pues, mira, ... en Noruega, en concreto, en la capital, Oslo, donde .... unas prácticas en una empresa de telefonía móvil. Tengo que decir que la experiencia .... maravillosa porque .... a mucha gente. Al principio .... en una pensión que está en el centro histórico de la ciudad, pero después de cinco semanas .... una habitación en un piso compartido. Un día, los compañeros del piso y yo .... de excursión por los fiordos noruegos. ¡Qué maravilla! .... muchas fotos que tengo que enseñarte muy pronto. Y tú, ¿dónde .... el pasado verano?

Besos, Marisa

5 Un viaje especial

Alberto nos explica su viaje a México. Escríbelo.

  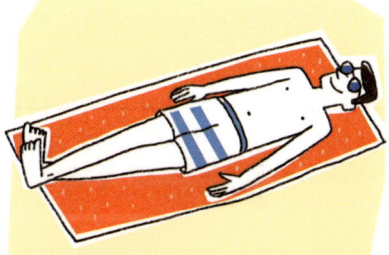

Pues el verano pasado fui de vacaciones con unos amigos a ....
....
....
....
....
....
....
....

6 **¿Aquí o allí?**

Clasifica las siguientes expresiones temporales según la perspectiva que expresan: aquí o allí.

hasta ahora   anoche   estas últimas vacaciones   este año   hace unos días   esta mañana
en 1999   la semana pasada   en el siglo XX   anteayer   hace tres años   ayer

AQUÍ	ALLÍ
hasta ahora, ...	....
....	....
....	....

7 **¿Cuándo?**

Lee las frases y elige el contexto temporal adecuado.

a. Estuve en París dos veces.
b. He estado en París dos veces.

1. hasta ahora
2. el año pasado

c. Escribió un blog.
d. Ha escrito en su blog.

3. cuando hizo un intercambio
4. esta mañana cuando se ha levantado

e. Fuimos a Cuzco.
f. Hemos estado en Cuzco.

5. este verano
6. el pasado verano

Recuerda: Mit den Ausdrücken **ya**, **todavía no** und **alguna vez** wird das *Pretérito perfecto* verwendet, wenn man von Handlungen spricht, die bis jetzt (hier/heute) durchgeführt worden sind bzw. noch nicht durchgeführt wurden, ohne dabei genauer auf den Zeitpunkt einzugehen.

8 **¿Pretérito perfecto o Indefinido?**

Completa ahora los diálogos con las formas correctas de los pasados que conoces.

1. ● ¿........................ (estar/tú) alguna vez en Australia?
■ Sí, dos veces. La primera vez .... (ir) de vacaciones con unos amigos y la segunda .... (hacer) unas prácticas.
● ¿Y qué tal?
■ Fenomenal, me .... (gustar) mucho. Es un país impresionante.

2. ● Algunos estudiantes todavía no .... (inscribirse) para los cursos optativos.
■ Pues yo ya .... (apuntarse) la semana pasada.
● Sí, yo también...

3. ● ¿Conoces a Silvia y Marian? Son dos chicas que .... (llegar) anteayer de Bolivia. Van a estudiar un semestre aquí...
■ Sí, las .... (conocer) esta mañana en la cafetería y .... (desayunar) juntas. Parecen muy simpáticas. Están en nuestro curso.
● Sí, sí, yo .... (hablar) con ellas ayer y están muy contentas de poder hacer el intercambio...

9 ¿Qué haces?

Relaciona los verbos con su complemento y clasifica las expresiones. Amplía la lista.

conocer   comprar   buscar   dinero   por el país   a gente nueva   con la gente local

sacar   probar   hacer   ir   la comida local   los billetes   la maleta   fotos

hacer   hablar   viajar   disfrutar   a clases   la documentación   nuevos paisajes

descubrir   cambiar   preparar   información   de la naturaleza   excursiones

¿Qué haces antes de ir a estudiar al extranjero?	¿Y durante tu estancia allí?
Antes de irme preparo la documentación,	Durante la estancia conozco a gente nueva,

10 Mis experiencias

Y tú, ¿qué experiencias has vivido? Completa las frases.

1. El año pasado ....
2. En mis últimas vacaciones ....
3. Después de terminar la selectividad ....
4. Este año ....
5. En 2011 ....

11 De viaje ¿qué me llevo?

Completa según tus experiencias.

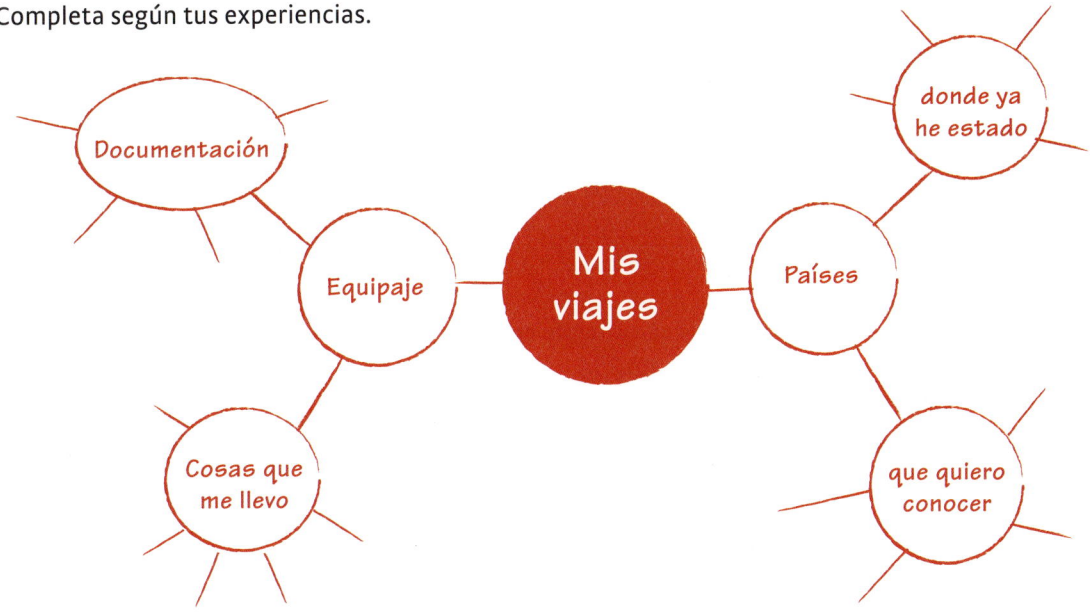

12 Describimos

a Decide si las siguientes expresiones indican algo positivo, negativo o sorprendente.

	positivo	negativo	sorpresa
1. Es maravilloso.	☐	☐	☐
2. ¡Qué raro!	☐	☐	☐
3. Es muy fácil.	☐	☐	☐
4. Me aburre bastante.	☐	☐	☐
5. ¡Qué bonito!	☐	☐	☐
6. Son todos muy amables y hospitalarios.	☐	☐	☐
7. Es estupendo.	☐	☐	☐
8. Es horrible.	☐	☐	☐

b ¿Qué expresiones anteriores utilizas para describir...? Añade otras.

PERSONAS	UN PAISAJE	UNA CLASE DE IDIOMAS

13 ¿Cómo fue?

a Lee lo que dicen estos estudiantes y valora sus experiencias.

ha sido un desastre   fue fenomenal   fue interesante   ha sido fantástico
me ha encantado   me gustó mucho   no fue tan bien

1. Fui a Bolivia el verano pasado. Disfruté mucho del paisaje, de la naturaleza y de su gente. Solo tuve problemas con el mal de altura, pero por suerte, ¡nos dieron mate de coca! El viaje ....

2. Andrés y yo estuvimos en Melbourne estudiando con una beca. Aunque el país es impresionante, la universidad no nos gustó mucho porque no aprendimos mucho. El intercambio ....

3. Este puente de fin de semana hemos estado en Italia, en Pisa. Ha hecho muy buen tiempo y hemos podido visitar la torre inclinada. Hemos sacado unas fotos preciosas. ¡Ah! Y hemos comido unas pizzas riquísimas.

b ¿Cuál es tu mejor viaje? ¿Adónde y cuándo fuiste? ¿Con quién? ¿Qué hiciste allí? ¿Cómo es la gente y la naturaleza allí? ¿Te gustó? Escribe un texto.

14 El verano pasado

Un amigo te cuenta lo que hizo el verano pasado. ¿Qué le has preguntado antes?

1. ● ¿ ....? ■ A Dublín.
2. ● ¿ ....? ■ Estuve tres semanas.
3. ● ¿ ....? ■ No, solo no. Con amigos.
4. ● ¿ ....? ■ Un curso de inglés.
5. ● ¿ ....? ■ En una casa en las afueras de la ciudad.
6. ● ¿ ....? ■ Fue genial.

15 ¿Te aburre o te gusta?

a ¿Qué forma es la más lógica?

1. A nosotros nos cuesta/costamos/cuestan los ejercicios de gramática.
2. Ver películas en español en clase me parece/parecen muy divertido/divertidas.
3. La última clase les parece/pareció/parecen excelente.
4. Me aburro/aburre/aburren las clases muy monótonas.
5. Al principio le cuesta/costó/cuestan entender a los argentinos.

b ¿Qué pronombres faltan?

1. ● A mí .... cuesta comprender las audiciones, ¿y a ....?
■ Pues a .... también, pero a Silvia .... cuesta más la gramática.

2. ● A ti, ¿no .... aburre hacer listas de vocabulario?
■ ¡Qué va! .... parece una forma excelente de aprender.

3. ● A muchos compañeros de clase .... parece útil hacer ejercicios de gramática, pero a mí .... aburren...
■ Lo comprendo, a nosotros, en clase .... gusta más hablar...
● ¡Y a .... también!

16 ¿Espacio de tiempo o un punto en el tiempo?

a ¿Qué expresan estas expresiones temporales? Relaciona.

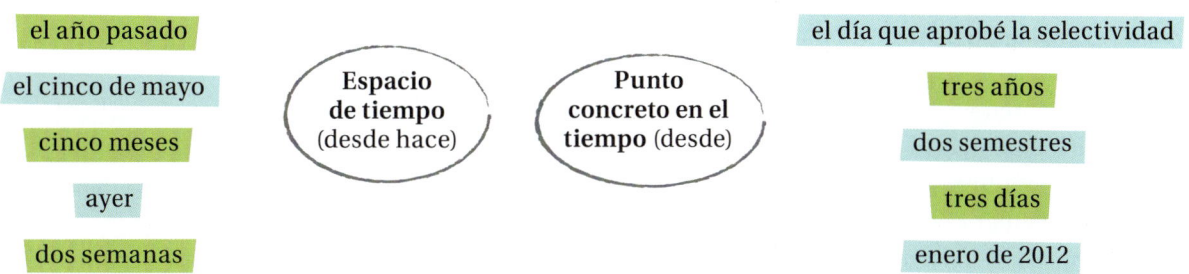

el año pasado   el día que aprobé la selectividad

el cinco de mayo   **Espacio de tiempo** (desde hace)   **Punto concreto en el tiempo** (desde)   tres años

cinco meses   dos semestres

ayer   tres días

dos semanas   enero de 2012

b Completa ahora las conversaciones con *desde* o *desde hace*.

● Oye Marisa, ¿y tú .... cuándo estás viviendo en Berlín?

■ Pues, ... poco tiempo. En concreto .... el 2013. Vine después de los estudios y aquí me quedé. ¡Me encanta!

● ¿Y cómo llevas el alemán?

■ Pues la verdad es que me cuesta muchísimo. Lo estudio .... cinco años, ... que empecé la carrera, pero mi pronunciación es todavía un desastre...

● ¿Y por qué no buscas a alguien para hacer un intercambio?

■ Sí, sí, lo estoy buscando .... dos semanas. A ver si tengo suerte...

17 ¿Desde cuándo?

a Termina las siguientes frases según tu experiencia.

1. Vivo aquí desde ....
2. Estudio en esta universidad desde hace ....
3. Hace .... que estoy en la red social ....
4. Empecé a estudiar español hace ....

b Anota la pregunta para cada respuesta.

1. ● ¿(estudiar Biología, usted) .... ?
2. ● ¿(Paula y Julián casarse, ellos) .... ?
3. ● ¿(vivir aquí, vosotros) .... ?
4. ● ¿(estudiar español, tú) .... ?

■ Desde hace dos años.

■ Hace un año.

■ Desde julio.

■ Hace dos meses.

18 ¿Qué opción?

Marca ahora qué opciones son correctas. Hay diferentes posibilidades.

1. Voy a un curso de sueco desde/desde hace/hace dos semestres.
2. Hace/Desde hace/Desde un año que no he tenido vacaciones.
3. Estuve en las Islas Galápagos hace/desde hace/desde dos años.
4. Desde hace/Desde/Hace que empezaron los exámenes no tengo tiempo para salir.

19 Para aprender mejor...

¿Qué consejos les das a estos estudiantes? Relaciona y escribe tus propuestas en la página siguiente.

1. Para aprender vocabulario
2. Para entender las audiciones
3. Para pronunciar mejor
4. Para hablar y comunicar con fluidez
5. Para escribir correctamente

lo más útil es

lo mejor es

tienes que

puedes

escuchar la radio o ver películas.
hablar con hispanohablantes.
leer y hacer muchos ejercicios.
leer mucho.
repetir muchas veces la misma frase.

Para aprender vocabulario lo mejor es...

20 ¿Por qué motivo?

Completa el siguiente mensaje con *por, para* o *porque*.

Para: Rosa
Asunto: Mi clase de español

... pues en mi clase de español somos muchos. Y cada uno estudia español .... motivos diferentes. Peter, un buen amigo mío, lo estudia .... poder estudiar un semestre en Costa Rica y .... quiere poder hablar con la gente de allí. Marietta, una chica muy habladora, lo estudia .... amor. ¡Se ha enamorado de un chileno! Y en verano quiere ir a Chile .... conocer a la familia de su novio. Franz, que es muy estudioso, está en clase .... quiere tener créditos adicionales. ¡Ah! Y luego está Isabelle que estudia español .... va a hacer un viaje .... América Latina el año próximo. ¡Seguro que va a ser una experiencia maravillosa!

21 Así como suena.

a Escucha las siguientes frases y presta atención a la sílaba acentuada.
🎧 42

1. ¡Qué verde!   2. ¡Qué bonito!   3. ¡Cuánta gente!

 Man nennt diese Sätze Ausrufesätze (*frases exclamativas*), denn durch sie werden Gefühlszustände wie Überraschung oder Freude ausgedrückt. Sie werden mit Ausrufezeichen (*signos de admiración: ¡!*) markiert und das Ausrufepronomen trägt einen graphischen Akzent. Es wird deutlich betont und kann so dargestellt werden:

b Escucha ahora las frases. ¿Cuáles son exclamativas?
🎧 43 Pon los signos de admiración.

1. .... Qué libro ....   7. .... Es muy amable ....
2. .... Qué libro ....   8. .... Es muy amable ....
3. .... Qué bonito ....   9. .... Te encanta ....
4. .... Es bonito ....   10. .... Me encanta ....
5. .... Cuánto cuesta ....   11. .... Fue increíble ....
6. .... Cuánto cuesta ....   12. .... Fue increíble ....

c Repite tú ahora las exclamativas.

11A

1 La biografía de Frida Kahlo

a Relaciona estos hechos de la vida de Frida Kahlo con un dibujo.

| enamorarse | nacer | trasladarse a Estados Unidos | divorciarse | casarse | morir | tener un accidente |

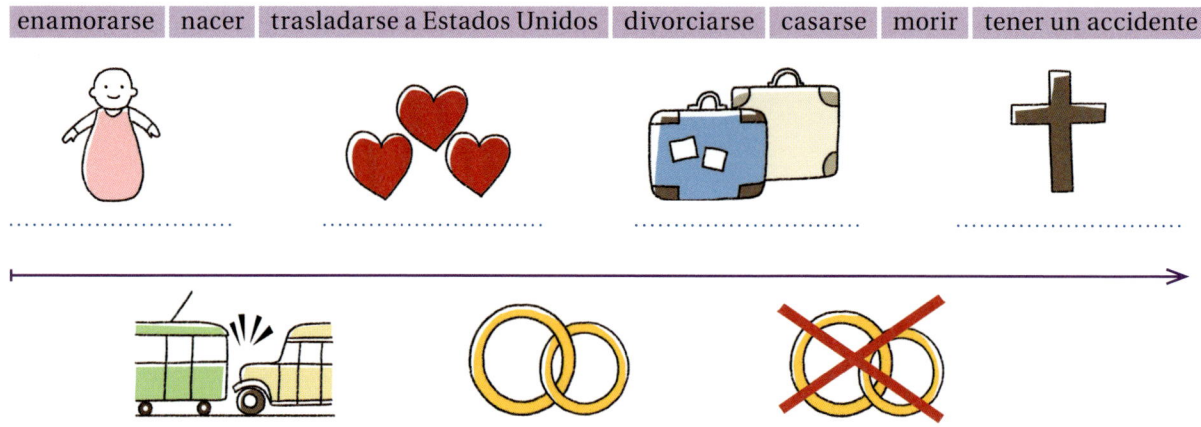

....

....

b ¿Qué preposición falta? Completa con *de*, *a*, *con* oder *en*.

1. nacer .... un hospital
2. aprender .... pintar
3. conocer .... su futuro marido
4. enamorarse .... un pintor
5. casarse .... Diego Rivera

6. empezar .... trabajar
7. trasladarse .... los EE.UU.
8. divorciarse .... su marido
9. volver .... casarse
10. morir .... Ciudad de México

c Completa esta información biográfica de Frida Kahlo con estos verbos.

| volvieron | fue | casaron | sufrió | murió | pudo | tuvo | empezó | hizo | conoció | nació |
| fueron | divorció | trasladaron | volvió |

1. Frida Kahlo .... el 6 de julio de 1907 en Coyoacán, al sur de Ciudad de México.
2. A los seis años .... una grave enfermedad, la polio, y .... que hacer ejercicios de rehabilitación durante nueve meses.
3. Después del terrible accidente que tuvo a los 18 años, ... a pintar de forma continuada.
4. En 1926 .... su primer autorretrato. Las imágenes religiosas del arte popular mexicano, así como el arte antiguo de México, ... muy importantes en su obra.

5. En 1928 .... a Diego Rivera, famoso pintor mexicano y se .... un año después. Por sus lesiones no .... tener hijos.
6. En 1932 se .... a los Estados Unidos, pero .... a México un año más tarde.
7. En 1939, diez años después de casarse, se .... de Diego Rivera, pero al año siguiente .... a casarse con el pintor.
8. Frida .... a los 47 años, en Ciudad de México. Su vida .... una vida de pasiones y sufrimientos.

2 Formas del indefinido

¿Son estas formas del indefinido regulares o irregulares?
Clasifícalas y anota la forma del infinitivo de los irregulares.

Regulares: ....

Irregulares: *pusiste (poner),*

....

Cambio ortográfico en la primera persona: ....

Cambio vocálico en las terceras personas: ....

pusiste	llegué	pudimos
hablaron	nací	tuvisteis
vino	hiciste	prefirió
murieron	durmió	
quisimos	se casó	fue
aprendieron	empecé	
estuviste	supo	
conocieron	escribisteis	

3 Personaje escondido

44

a ¿Quién nos explica su biografía? Escucha y marca la respuesta.

.... Almudena Grandes   .... Penélope Cruz   .... Michele Bachelet

b Escucha otra vez y escribe la información que te ha ayudado a descubrir al personaje.

4 Tres artistas contemporáneos

Completa la información biográfica con los verbos en indefinido.

empezar   obtener   casarse   recibir   nacer (2x)   ser   morir   trabajar
enamorarse   trasladarse   dejar

FERRÁN ADRIÁ

1. .... el 14 de mayo de 1962 cerca de Barcelona.
2. .... a estudiar Empresariales, pero en 1980 .... los estudios para trabajar en un restaurante.
3. Su restaurante, *El Bulli*, ... el premio al mejor restaurante del mundo en los años 2002, 2006, 2007, 2008 y 2009.

4. Es de Calzada de Calatrava (Ciudad Real) pero a los 18 años .... a Madrid donde .... para la empresa *Telefónica*.
5. En 1999 .... un Óscar por su película *Todo sobre mi madre*.

PEDRO ALMODÓVAR

6. .... un gran pintor surrealista.
7. En el verano de 1929 .... de Gala, su musa y compañera durante toda su vida.
8. Cuatro años más tarde, en octubre de 1934, ... con ella.
9. .... el 11 de mayo de 1904 en Figueres donde se encuentra su museo, *Teatre-Museu Dalí*. .... también en Figueres en enero de 1989.

SALVADOR DALÍ

Gibt man nur die Jahreszahl oder den Monat an, in dem ein Ereignis stattgefunden hat, verwendet man die Präposition .... wie in den Sätzen .... und .... Werden Tag, Monat und Jahr genannt, so verwendet man die Präposition ...., um den Monat und das Jahr zu nennen, wie z. B. in Satz .... Achtung: Vor der Angabe von Tagen steht nie eine Präposition: **nació Ø el catorce de mayo**, **Ø el sábado pasado fui al cine**.

5 Fechas importantes

a ¿Cuándo sucedieron estos hechos históricos? Completa las fechas
con *de*, *en* o el artículo *el* y relaciónalas con un hecho histórico.

1. ....julio 1914
2. ....21 ....julio 1969
3. .... 12 ....octubre 1492
4. ....22 ....abril 1616
5. 1945

a. Neil Armstrong llegó a la luna.
b. Cervantes murió en Madrid.
c. empezó la Primera Guerra Mundial.
d. terminó la Segunda Guerra Mundial.
e. los primeros españoles llegaron al continente americano.

b ¿Y tú? ¿cuándo hiciste estas cosas? Completa las frases con fechas concretas.

1. Nací ....
2. Empecé la escuela primaria ....
3. Hice la selectividad ....
4. Empecé a estudiar ....
5. Me trasladé a otra ciudad ....
6. Fui de vacaciones por última vez ....

6 ¿Cuándo fue?

Completa las experiencias de estos chicos con las expresiones siguientes.

al cabo de   al año siguiente   después de   después

3. Pues yo he tenido suerte. Encontré piso dos semanas .... empezar a buscar.

1. Rafa y yo nos conocimos en el 2001 en una fiesta y .... un año nos casamos en Toledo. Fue una boda maravillosa.

2. Pues Elisa y yo vivimos juntos. Nos conocimos en el 2009 y ...., en el 2010, empezamos a buscar piso...

4. Pues yo vivo en un piso compartido. Llamé por un anuncio, fui a ver el piso y una semana .... me dieron la habitación.

7 **¿Indefinido o Pretérito Perfecto?**

Completa estos diálogos con las formas correctas del pretérito indefinido o pretérito perfecto.

1. ● ¿Conoces a Michelle Bachelet?
■ Sí, claro, la presidenta de Chile. .... (ganar) las elecciones presidenciales en marzo del 2014. Habla alemán muy bien porque .... (estar) en el exilio en la RDA en los setenta donde .... (estudiar) Medicina en la Universidad Humboldt.

2. ● ¡Mira esta foto de Javier Bardem!
■ ¡Bardem! Un actor fascinante. .... (hacer) películas buenísimas como *Mar adentro* o *No Country for Old Men*. ¿Las .... (ver)?
● ¡Sí! Claro, creo que .... (obtener) un Óscar por esta película en el 2007...

3. ● ¡Me encanta la música de Mercedes Sosa!
■ ¿Quién es?
● Es una cantante argentina que .... (morir) hace unos años. .... (ser) una gran artista...
■ ¿Ah sí? ¡Qué interesante! Yo todavía no .... (escuchar) nada de ella...

8 **Una biografía de Picasso**

Escribe en tu cuaderno la biografía de Picasso en pasado a partir de la siguiente información. Utiliza las expresiones temporales necesarias.

un año/dos años... más tarde   al cabo de x año(s)
después de + *infinitivo*   antes de + *infinitivo*

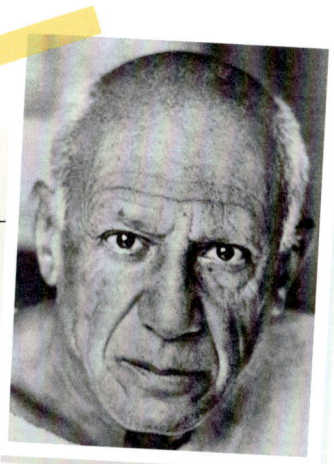

Pablo Picasso

25-10-1881	Nace en Málaga.
1895	Se traslada a Barcelona donde conoce a los artistas de la época.
1901	Comienza la etapa artística llamada "Periodo azul".
1904	Se traslada a París. Entra en contacto con el mundo bohemio de la capital francesa. Conoce a Braque.
1906	Empieza a trabajar en el cuadro *Las señoritas de Aviñón* que supone el inicio del cubismo y lo termina en 1907.
1916	Expone *Las señoritas de Aviñón* en una galería parisina, pero a los críticos no les gusta. En 1939 lo compra el Museo de Arte Moderno de Nueva York.
1919	Se casa con la bailarina rusa Olga Koklova y tienen un hijo, Paulo.
1937	Presenta el *Gernika*, su cuadro sobre la Guerra Civil española, en el pabellón español de la Exposición Universal de París.
1961	Se vuelve a casar. Con su esposa Jacqueline se va a vivir al castillo de Vouvenargues donde continúa pintando.
08-04-1973	Muere a los 91 años en Francia.

9 **¿Trabajas o estudias?**

Relaciona los elementos de las diferentes columnas. Hay varias posibilidades.

| irse a vivir | | la universidad / la carrera de Medicina |

irse a vivir
estudiar
hacer
licenciarse
trabajar
empezar
terminar
dejar
cambiar

en
ø
como
de
a

la universidad / la carrera de Medicina
estudiar
Ingeniería Aeroespacial
los estudios
camarera
una empresa de consultoría
el bachillerato / la selectividad
otra ciudad
carrera / estudios / trabajo
vivir solo/-a

10 **En una escuela de idiomas**

45

Isabel quiere hacer un curso de alemán. Escucha la conversación con la secretaría de la escuela de idiomas y marca la opción correcta.

1. Nació en Lima el 8 de enero / el 18 de enero de 1990.
2. Llegó a Berlín en abril / en mayo del 2012.
3. Empezó a estudiar alemán tres semanas / una semana después de llegar a Berlín.
4. Al cabo de dos meses / tres meses de llegar a Berlín se fue a Hamburgo.
5. Después de cinco / dos meses de prácticas volvió a Perú.

11 **¿Desde cuándo?**

Relaciona las frases con la expresión temporal adecuada.
A veces, hay varias posibilidades.

1. Trabajé en "Telematía"
2. Trabajo en "Telematía"

a. desde 1998.
b. desde hace 8 años.
c. hace cinco años.

3. Terminé la carrera de Derecho
4. Estoy estudiando el último año de Derecho

a. desde septiembre.
b. en 2013.
c. desde hace un mes.

5. Hice unas prácticas en Lisboa
6. Estoy haciendo unas prácticas en Lisboa

a. hasta finales de verano.
b. de enero a marzo del 2012.
c. desde hace tres semanas.

12 **El currículo vitae**

a ¿En qué partes del currículo encuentras estas palabras? Relaciona.

licenciatura   fecha de nacimiento   prácticas en un banco   instituto de secundaria
nivel avanzado de inglés   Máster de Diseño Gráfico   selectividad

Datos personales   Experiencia profesional   Formación

b Mira el currículo vitae de Nuria Bedregal de la página 46. Formula las preguntas.

1. ¿...?

   Nací el 12 de mayo de 1980.

2. ¿...?

   En el año 1998.

3. ¿...?

   En la Universidad de Santiago de Chile.

4. ¿...?

   Desde el 2009.

5. ¿...?

   Después de licenciarme en Derecho.

13 Un anuncio de trabajo

a Relaciona las definiciones con el concepto.

la cita · el título universitario · el sueldo · el contrato de trabajo · la jornada laboral · el liderazgo

1. el dinero que recibes a final de mes por tu trabajo: ....
2. capacidad de tomar la iniciativa dentro de un grupo: ....
3. documento en el que se describen las condiciones de trabajo: ....
4. día y hora concretos para hacer una entrevista: ....
5. el tiempo que trabaja una persona en un día: ....
6. documento que recibe un estudiante después de terminar la carrera: ....

b Completa el anuncio de trabajo con las expresiones.

organizar los contratos de los programas internacionales · jornada laboral completa · inglés y alemán fluidos · Director/a de Relaciones Internacionales · experiencia en puesto similar · sueldo a convenir · planificar las actividades de cooperación internacional · contrato indefinido · Licenciatura en Marketing, Derecho o Filología · incorporación inmediata

OFERTA DE TRABAJO

Necesita incorporar (1) ....

Funciones: (2) ....

(3) ....

Requisitos: (4) ....

(5) ....

(6) ....

Se ofrece: (7) ....

(8) .... (9) ....

(10) ....

Universidad de Granada

Interesados mandar CV a info@unigranada.es

14 Cualidades

a Completa con el sustantivo o el adjetivo.

adjetivo → sustantivo		sustantivo → adjetivo	
responsable →		organización →	
creativo →		comunicación →	
dinámico →		disponibilidad →	
serio →		exigencia →	
experto →		amabilidad →	

b Completa los verbos con sus complementos. A veces hay diferentes posibilidades.

un Máster en Derecho   creativo   inglés   conocimientos de informática   experto   organizado
un curso de chino   experiencia   un título universitario   dispuesto a viajar   buena presencia
coordinar grupos   en forma   hablar en público   tratar con la gente   responsable   flexible

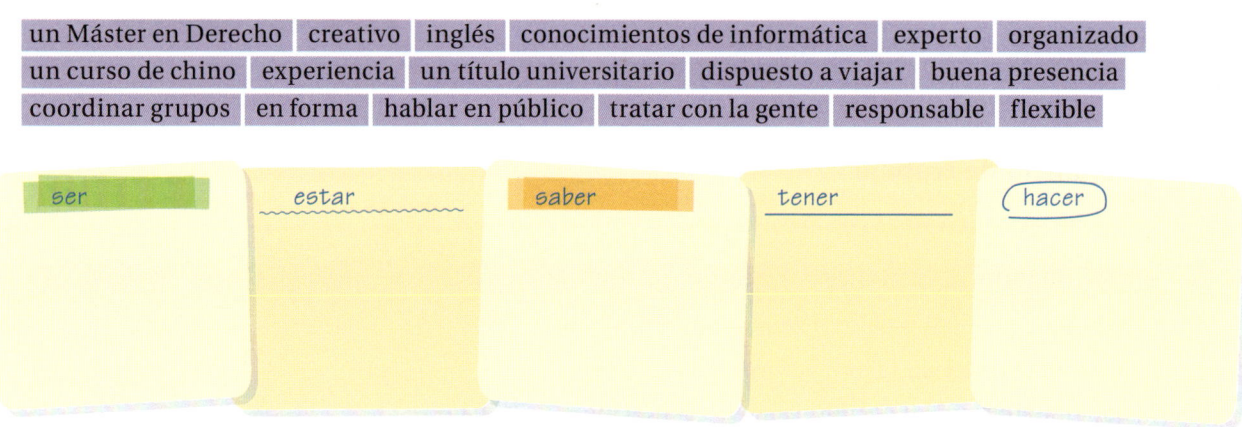

ser

estar

saber

tener

hacer

c El equipo del Departamento de Personal discute sobre las cualidades de una candidata.
Completa las opiniones con los verbos *ser, tener, estar* o *saber*.

1. Yo creo que esta candidata es ideal porque .... inglés y alemán. También .... muy comunicativa...

2. Sí, en la entrevista también me pareció muy comunicativa y abierta. También parece que .... acostumbrada a trabajar en equipo y además, ... muy dinámica...

3. Sí, y .... experiencia en coordinar grupos y ¡seguro que .... coordinar proyectos también!

15 En el mundo laboral

¿Qué aspectos son importantes en el trabajo? Completa la lista.

flexibles   agradable   justo   indefinido   comunicativos   en equipo
de promoción   ambiente de trabajo

Un contrato de trabajo	Un buen	
Un jefe	Un sueldo	
Unos horarios	Posibilidades	
Trabajar	Unos compañeros	

16 Preposiciones

Completa estos anuncios de trabajo con las preposiciones necesarias.

1.

Se necesita **VENDEDOR/A** dispuesto/-a .... viajar y .... conocimientos .... inglés. ¿Interesado/-a? Envía CV .... info@trabajo.com

2.

Buscamos **ENTRENADOR** .... clases de deporte. ¿Estás .... forma y acostumbrado .... tratar con gente? Llámanos al 972 56 789.

17 Una entrevista de trabajo

46

Estas son algunas preguntas de una entrevista de trabajo. Ordénalas. Después escucha la entrevista y toma notas de las respuestas.

1. vez/has/el/alguna/trabajado/extranjero/en

¿...? ....

2. sabes/qué/hablar/idiomas

¿...? ....

3. más/qué/valoras/es/el/que/lo/trabajo/en

¿...? ....

4. aficiones/son/cuáles/tus

¿...? ....

5. hecho/durante/prácticas/estudios/has/los

¿...? ....

18 Así como suena.

47

a Escucha estas frases y fíjate en cómo se pronuncian las letras marcadas.
Después lee la regla y completa.

1. Después de licenciarse en Medicina, se fue a Ecuador.
2. Nací el uno de agosto.

3. El libro de David está encima de la mesa.
4. Viví en Madrid hasta el año pasado.

In der gesprochenen Sprache ist es üblich, dass Wörter zusammengezogen werden, wenn
• zwei gleiche oder verschiedene Vokale zusammentreffen, wie in den Sätzen Nr. .... und ....
• ein Konsonant am Ende eines Wortes und ein Vokal am Anfang eines Wortes zusammentreffen, wie in Satz Nr. ....
• zwei gleiche Konsonanten zusammentreffen, wie in Satz Nr. ....

48

b Marca las letras que pueden unirse. Después escucha y comprueba.

1. Frida volvió a casarse en 1940.
2. Luis hizo el bachillerato en el Instituto Abel Martín.
3. Conoció a su futuro marido en la universidad.

4. Entró en la empresa hace un año.
5. He estudiado un semestre en el extranjero.

c Lee las frases en voz alta intentando unir las vocales como en **b**.

1 ¿Cómo eran?

a Marca los verbos que están en imperfecto.

comió ⟨tenían⟩ era tiene fue iba tocaba gustaban bebe tuvo
llevaba bebía eran encantaba gustan veía prefiere jugaban prefería
estaba estudia tenía escribía comía

b ¿Cómo eran estos chicos? Completa las descripciones con algunos de los verbos marcados. Después relaciona cada descripción con un dibujo.

..... a. *tenían* .... el pelo corto y rizado

..... b. .... el pelo largo y liso

..... c. los fines de semana ....
de excursión

..... d. ....la guitarra en su tiempo libre

..... e. .... gordito

..... f. le ....los jugos de naranja

..... g. .... muy simpático

..... h. ....muy deportistas

..... i. ....gafas

..... j. ....siempre bocadillos
para merendar

..... k. les ....correr

..... l. ....al fútbol

..... m. ....canciones

1.

2.

3.

c Escucha ahora y comprueba.

49-51

2 Cuando tenía quince años...

Completa los recuerdos de Carla y Pablo con las formas del imperfecto de los siguientes verbos.

llevar gustar tener (2x) ser
discutir entender

En la época de los 80 (1) .... quince años. Yo (2) .... muy rebelde y mis padres y yo siempre (3) .... porque no (4) .... las mismas opiniones. ¡Éramos muy diferentes! A mí me (5) .... escuchar a Bon Jovi, e incluso (6) .... el mismo peinado que ellos. Yo creo que mis padres no me (7) .... Ahora estoy estudiando en la universidad y aunque somos muy diferentes, me llevo muy bien con ellos.

ser encantar jugar preparar venir

Pues yo me acuerdo de las comidas que (8) .... mi madre. (9) Me .... su paella de pescado. Y su tortilla de patatas (10) .... la mejor. ¡Recuerdo que mis amigos del colegio (11) .... siempre a casa para merendar bocadillos de tortilla de patatas! Y después (12) .... todos juntos en mi habitación. ¡Qué tardes tan maravillosas!

3 ¡Cómo cambiamos!

a Ricardo habla con su padre sobre su infancia. ¿De qué temas hablan?

| la comida | la política | el tiempo libre | la escuela | los amigos |

b Escucha otra vez y marca las opciones correctas.

1. Cuando era niño, Ricardo
   ☐ era muy tímido. ☐ era muy sociable. ☐ tenía muchos amigos.

2. Carlos
   ☐ era su mejor amigo. ☐ era su hermano. ☐ jugaba con él.

3. Jugar con Lego
   ☐ le aburría. ☐ le encantaba. ☐ le molestaba.

4. Con su hermano
   ☐ jugaba muchas veces. ☐ no jugaba casi nunca. ☐ jugaba al Lego.

5. El pescado
   ☐ lo comía siempre. ☐ le encantaba. ☐ lo odiaba.

6. Las matemáticas
   ☐ le costaban. ☐ le aburrían. ☐ le gustaban.

c ¿Y tú cómo eras cuando tenías quince años? Escríbelo.

Cuando tenía quince años yo...

4 Recordando el pasado

¿Qué expresiones temporales introducen recuerdos? Márcalas y escribe frases.

ahora   en aquella época   en mi infancia   hoy en día   en los 80
en la actualidad   a finales de los noventa   en el siglo pasado   actualmente
hace diez años   cuando era más joven   cuando tenía quince años

En aquella época mis padres vivían en...

5 ¿Le aburre o le aburría?

Isabel explica cómo ha cambiado. Completa los verbos.

Pues, sí. He cambiado mucho. Cuando iba a la escuela, a mí no me gust………. (1) nada estudiar, en cambio, ahora me encant………. (2) las clases en la uni. Me parec………. (3) muy interesantes, mientras que antes las clases me parec………. (4) un horror, sobre todo en el instituto de secundaria. Recuerdo que a mis amigos y a mí nos aburr………. (5) especialmente la clase de literatura. Pero, ¡claro!, teníamos que leer a Cervantes y con dieciséis años no nos interes………. (6) mucho. Ahora me encant………. (7) las obras de los clásicos de la literatura española. Pero en algo no he cambiado: las matemáticas me cost………. (8) mucho y ¡ahora también me parec………. (9) muy difíciles!

6 **En mi infancia**

a ¿Recuerdas cómo eras hace diez años? Forma frases y escribe un pequeño texto después.

aburrir	jugar al tenis / al fútbol / en la calle
encantar	las fiestas de cumpleaños de mis amigos
molestar	las clases de lengua / de deporte / de matemáticas
gustar	los libros de Harry Potter / los cómics
odiar	escuchar música de...
	ir en bicicleta / esquiar / montar a caballo
	las verduras / el pescado / la carne

Recuerdo que hace diez años a mí me encantaba/n...

b ¿Y cómo eran estas personas? Descríbelas.

Mi mejor amigo/-a en la escuela...   *Mi profesor/a preferido/-a en la escuela...*   *Mi primer novio/-a...*

7 **Prendas de vestir**

a Completa el siguiente mapa conceptual.

b Intenta escribir el máximo de combinaciones lógicas posibles.

una falda   unos pantalones   de flores   negra   azul   una blusa   de piel
un cinturón   blanca   de rayas   amarilla   de algodón   unos zapatos
de seda   negros   un traje   amarillos   de tacón   estrecha   planos
de rayas   verdes   corta   cortos   de lana   naranjas   largos   chaqueta

Una falda amarilla de flores, unos pantalones...

c ¿Qué te pones para...

1. ... ir a la uni? ....
2. ... salir por la noche? ....
3. ... hacer deporte? ....
4. ... ir a la playa? ....
5. ... ir a una fiesta? ....

8 De compras

a María ha recibido un paquete de "Zapando". Escucha la conversación que tiene con su amiga. ¿Qué ha comprado?

53

☐ un bolso ☐ unos zapatos ☐ una falda ☐ un vestido
☐ un jersey ☐ unas botas ☐ una blusa ☐ un cinturón

b ¿Qué prendas va a devolver?

.... / .... / ....

c ¿Cómo son las cosas que se ha comprado María? Escucha otra vez y toma nota.

53

El vestido es ....

La blusa es ....

Los zapatos son ....

La falda es ....

9 En una tienda de moda

Marisa está en una tienda de moda y no le gusta nada. Completa los diálogos con los adjetivos y los pronombres necesarios. Presta atención a las concordancias.

corto estrecho grande pequeño ancho alto largo bajo

1. ● ¿Y cómo te queda esta blusa?
    ■ Pues un poco ....
    ¿.......... tienen en una talla
    más .... ?

2. ● ¿Te quedan bien estos pantalones?
    ■ Pues no. Son demasiado
    .... ¿Los tienen más
    estrechos?

3. ● ¿Y este cinturón de piel?
    ■ Es demasiado ....
    .... quiero un poco más
    ....

4. ● ¿Te quedan bien las botas?
    ■ Pues son muy ....
    ¿....... tienen un poco más
    ...., con menos tacón?

Um darüber zu sprechen, ob jemandem Kleidungsstücke oder Schuhe passen, wird das Verb **quedar** verwendet: **quedar bien / grande / estrecho**. Beispiel: *Estos pantalones me quedan* ...., *necesito una talla más.*

10 ¡Qué tiempos aquellos!

Completa la descripción con las palabras del recuadro (cuidado con la concordancia de los adjetivos).

chaleco   ~~rojo~~   alto   de campana   bajito   negro   de flores   verde
estampado (2x)   vaqueros   de piel   largo

Mira, este es papá con sus amigos de la uni. Eran los setenta y mira cómo iban vestidos. Papá llevaba unos pantalones (1) ......rojos...... ¡Qué feos! Y mira esa camisa (2) .... También llevaba un (3) .... tejano. Creo que era su prenda de ropa favorita y lo llevaba siempre. A la izquierda está Carlos, su mejor amigo. Llevaba una camisa (4) .... y unos (5) .... Y entre Carlos y Loli está David, un chico divertidísimo. En la foto llevaba unos vaqueros (6) ...., que eran la moda de entonces, y un cinturón (7) .... Loli fue la primera novia de papá. Era guapísima, tenía el pelo (8) .... y rojizo. A la derecha de papá está Isabel, un poco (9) ...., por eso, siempre llevaba zapatos (10) .... Le encantaba ponerse vestidos (11) ...., como el de la foto. Y a su lado, Jorge, el más inteligente de la clase. Siempre llevaba camisas (12) .... como la de la foto que combinaba con los pantalones (13) .... ¡Qué tiempos aquellos! y ¡vaya estilo!

11 ¡Vaya estilo!

¿Cómo defines los estilos de estas personas? Describe cómo iban vestidas.

En los ochenta, los jóvenes ....
Las chicas llevaban ....
Y los chicos ....
....

En los 90, el estilo era ....
....
....
....

12 ¿Cuándo lo hacías?

¿Cómo ha cambiado Luis con los años? Fíjate en el tiempo verbal y marca cuándo ha ocurrido.

	ahora	antes			ahora	antes
1. Comía poca verdura y fruta.	☐	☐	6. Le gustan las obras de teatro.		☐	☐
2. Le encanta comer fruta, sobre todo las peras.	☐	☐	7. Es muy sociable.		☐	☐
3. Lleva solo bigote.	☐	☐	8. Era muy tímido y bastante introvertido.		☐	☐
4. Llevaba barba y bigote.	☐	☐	9. Quería ser policía.		☐	☐
5. Le gustaba ir al cine.	☐	☐				

13 Salobreña, antes y ahora

a Vuelve a leer el texto de la página 61. ¿Con qué palabras recuerda María el pasado? ¿Con cuáles describe el presente? Completa la tabla.

discotecas zonas residenciales caña de azúcar bares en primera línea de playa vega
pueblecito maravilloso heladerías restaurantes barcas de pescadores
piscinas privadas edificios altos olor a jazmín música alta conciertos nocturnos

Antes

Ahora

b Decide ahora si los enunciados son verdaderos o falsos.

	V	F
1. María tiene muy buenos recuerdos de las vacaciones de su infancia.	☐	☐
2. Actualmente todavía va a menudo a Salobreña de vacaciones.	☐	☐
3. A María le gusta más cómo era antes Salobreña.	☐	☐
4. Hay algunas cosas que no han cambiado, como por ejemplo, las casas blancas.	☐	☐

14 Una postal

Completa la postal con las preposiciones necesarias.

Querida Alicia:
Estoy pasando unos días (1) …….. Salobreña con unas amigas. ¡Y cómo ha cambiado! ¿Te acuerdas (2) …….. la vega por donde paseábamos (3) …….. las tardes? ¡Pues ya no está! Y casi no quedan barcas (4) …….. pescadores. ¡Qué pena!
Esta noche mis amigas y yo queremos ir (5) …….. pasear (6) …….. las calles estrechas del pueblo. Y mañana queremos subir (7) …l castillo árabe. Es precioso y por suerte todavía está ahí.
Besos, María

Alicia Montes
c/Muntaner, 62

08021 Barcelona

15 ¡Cómo pasa el tiempo!

a ¿Cómo ha cambiado Elena en los últimos cinco años? Descríbelo.

antes

ahora

> Antes Elena..., en cambio, ahora...

b Marca ahora las opciones correctas.

☐ Todavía va en bicicleta. ☐ Todavía prefiere el color rosa. ☐ Todavía es desordenada.
☐ Ya no come tantas pizzas. ☐ Ya no toca la guitarra.

c ¿Y tú? ¿Qué haces todavía? ¿Y qué no haces ya? Escribe frases.

> Yo, todavía..., pero ya no...

16 Antes y ahora

a Piensa en objetos, personas y aspectos de la vida que han cambiado. ¿Cómo
eran antes? ¿Y cómo son ahora? Descríbelos. Puedes elegir un adjetivo de la lista
o añadir otros. Presta atención a la concordancia de los adjetivos.

estricto rápido moderno extravagante lento caro rebelde flexible grande personal
inconformista soñador pequeño barato confortable ruidoso incómodo silencioso

	ANTES	AHORA
los ordenadores	muy grandes, ruidosos, lentos	

b Escribe ahora frases.

> Antes los ordenadores eran muy grandes, ruidosos
> y bastante lentos, en cambio, ahora son...

17 **¿Rápidamente o lentamente?**

a Forma el adverbio terminado en -*mente* a partir de los siguientes adjetivos.

1. lento → ....
2. abierto → ....
3. rápido → ....

4. fácil → ....
5. difícil → ....
6. actual → ....

b ¿Adjetivo o adverbio? Marca la opción correcta.

1. Recuerdo el coche de mi padre. Era tan lentamente/lento que llegábamos siempre tarde a las fiestas familiares.
2. Andrés es una persona muy abiertamente/abierta y siempre dice su opinión abierta/abiertamente.
3. Los ejercicios fáciles/fácilmente me gustan, pero los difíciles/difícilmente me gustan todavía más.
4. Difícil/Difícilmente me acuerdo del primer día que fui a la escuela.
5. Actual/Actualmente en España hay algunos problemas económicos. El desempleo juvenil es, quizá, el problema actual/actualmente más grave.

18 **Así como suena.**

 a Escucha estas frases y fíjate en qué letras se unen.

54

1. Antes era muy tímido, pero ahora, es una persona más abierta.
2. Los ordenadores eran antes más lentos.
3. No me gusta el estilo de los ochenta.
4. ¿Tocabas algún instrumento de niño?

 b Escucha y marca ahora las letras que se unen.

55

1. ¿Tenías el pelo largo?
2. Me encantan estos abrigos azules.
3. Mi hermano y yo somos gemelos. Nacimos en abril.
4. ¿Todavía juegas al ajedrez?
5. A Luis y a mí nos encanta hacer excursiones por los Alpes.

c Escribe lo que dicen estas personas.

1. ¿Lle-va-ba-se-sas-ga-fa-sen-cla-se?

....

2. Con-mi-me-jor-a-mi-go-ju-ga-bal-fút-bo-len-nel-par-que.

....

3. E-nin-vier-noi-bal-par-quea-ju-gar-co-na-mi-go-sen-la-nie-ve.

....

1 Palabras

a ¿Qué palabras asocias con cada titular?

calles barrio colores alquiler manifestación pintor casas enseñanza arte muerte
autorretrato descontentos comprar precio cuadro rechazo Santiago de Chile
sistema educativo crisis nacer reforma privatización mercado universitario gobierno

1. **Sube la venta de viviendas en un 9,8%**   2. **Protestas estudiantiles en Chile**

....

....

3. **Muere un gran representante del neoexpresionismo**

....

b Escucha ahora una noticia. ¿De qué noticia de la actividad **1a** se trata?
Escribe las palabras que te han ayudado.
[56]

2 Palabras en su contexto

a Forma el sustantivo a partir del verbo. Escribe también el artículo del sustantivo.

participar →	producir →	celebrar → ....
protestar →	crear →	construir → ....
eliminar →	inaugurar →	llegar → ....
lanzar →	entrar →	salir → ....

b ¿Con qué preposición utilizamos estos verbos?

1. participar ....un seminario   3. llegar ....un país   5. entrar ....la zona euro
2. salir ....casa   4. protestar ....el gobierno

c ¿Con qué palabras puedes asociar los verbos de la tabla? Escribe dos o tres más.

una casa una tienda un edificio un nuevo diseño un congreso la política económica
un cumpleaños un programa puestos de trabajo una reunión el fin de carrera
una conferencia las reformas del gobierno un eslogan atractivo productos más baratos
móviles inteligentes los Juegos Olímpicos una fiesta

1. participar en ....
2. protestar contra ....
3. inaugurar ....
4. crear ....
5. celebrar ....
6. construir ....
7. lanzar ....

d Completa con los sustantivos de **2a** y relaciona con las palabras de la derecha.

1. la _celebración_ de los Juegos Olímpicos
2. .... de unos nuevos grandes almacenes
3. .... de las desigualdades sociales
4. .... de los estudiantes
5. .... de los profesores

a. en época de crisis
b. en las calles de México
c. en el centro histórico
d. en el congreso anual de Pedagogía
e. en Brasil

3 Y de repente...

a Dos personas cuentan dos acontecimientos. Ordénalos cronológicamente.

En un banco han entrado ladrones. Unas horas más tarde, una persona explica lo que ha ocurrido:

.... Un hombre con una pistola se ha puesto detrás de mí.

.... He entrado en el banco.

.... Después de comprobarlos me ha dado el dinero, 800 dólares en total para el viaje a los Estados Unidos.

.... No he podido verle la cara.

.... Eran las 10 de la mañana.

.... El empleado me ha pedido el carné de identidad para comprobar mis datos personales.

.... Me ha pedido el dinero.

.... Llevaba una máscara.

.... Tenía un tatuaje en el brazo.

.... Ha salido del banco con mi dinero.

.... He ido al mostrador para cambiar dinero.

.... Yo estaba muy nerviosa y se lo he dado.

Un español que estaba en Berlín el día de la caída del muro cuenta:

.... Nos subimos todos al muro y celebramos su caída toda la noche.

.... Estábamos a unos pocos metros del muro de Berlín.

.... Escuché las noticias en la radio y salí de casa rápidamente.

.... Fui en bicicleta hasta la Puerta de Brandeburgo.

.... Empezaron a llegar cientos de personas.

.... Era un día de noviembre y hacía bastante frío.

.... Me encontré con unos amigos míos de la universidad.

.... Eran las nueve de la noche.

.... Fue muy emocionante.

b Escribe una de las historias en tu libreta. Pero esta vez para darles más emoción a las historias, añade algunos de estos conectores.

(cuando) de repente   enseguida   entonces   de pronto
pero   al final   y   después

4 ¡Qué historias!

¿Describimos o narramos? Lee lo que cuentan estas personas
y marca el tiempo verbal adecuado.

1. (Era)/Fue un sábado de octubre
sobre las once de la noche. Yo
estaba/estuve en un bar del barrio
Malasaña con unos amigos charlando
y tomando unas copas. Estaba/estuvo
lleno de gente y había/hubo un grupo
musical que tocaba/tocó música en
directo cuando, de repente, entraba/entró
Pedro Almodóvar con Penélope Cruz.
¡Todos nos quedábamos/quedamos
en silencio!

2. ● ¿Y qué tal el fin de semana?
■ Pues no muy bien, la verdad.
¡Tenía/Tuve un accidente de esquí
en Sierra Nevada!
● ¿Qué pasó?
■ Pues había/hubo bastante niebla,
pero la nieve estaba/estuvo muy bien.
Yo bajaba/bajé por la pista bastante
rápido cuando, de repente, un niño
se cruzaba/cruzó en mi camino y yo
me caía/me caí. Por suerte no
tenía/tuve que ir al hospital...

5 Un acontecimiento inolvidable

a Marcos recuerda un acontecimiento inolvidable.
Complétalo con las formas del pasado adecuadas.

Recuerdo mi primer viaje en avión. (1) .... (ser) un día
de julio y (2) .... (hacer) mucho calor. Yo (3) ....
(tener) unos diez años y (4) .... (estar) muy nervioso. ¡Mi
primer viaje en avión! Ese día, mis padres y yo (5) ....
(llegar) al aeropuerto tres horas antes de la salida de nuestro vuelo.
¡Imagínate, tres horas antes! Primero (6) .... (ir) a facturar*
las maletas y después (7) .... (pasar) por los controles de
pasaporte. En aquella época todavía no (8) .... (existir) el
acuerdo de Schengen, y por eso, los controles de pasaporte eran bastante
lentos. Después, (9) .... (entrar) en la sala de embarque
donde (10) .... (haber) muchos niños, como yo, que iban a
París de vacaciones con sus padres. ¡Qué emocionante! De repente,
la azafata (11) .... (hacer) la primera llamada a los pasajeros
para subir al avión. (12) .... (empezar/yo) a andar muy
lentamente. (13) .... (tener) miedo, pero entonces, papá
(14) .... (decir): "¡Venga muchacho, vamos al avión. París
nos espera!" Y ese día (15) .... (decidir) ser piloto.

* die Koffer aufgeben

b Completa ahora la siguiente tabla.

¿Qué hizo Marcos y su familia? ¿Qué pasó ese día?	Descripción del contexto, de las personas, del lugar y del tiempo meteorológico
llegaron al aeropuerto,	hacía calor, era un día de julio

6 ¿Descripción o valoración?

a Fíjate en lo que dice Marcos sobre su viaje a París. ¿Describe o valora?

1. El hotel estaba cerca de la torre Eiffel.
2. Para mí, ese viaje fue maravilloso.
3. Me encantó subir a la torre Eiffel.
4. Yo siempre llevaba pantalones cortos porque hacía calor.
5. Había mucha gente en todas las atracciones de la ciudad.
6. Me gustó mucho el barrio de Montmartre.
7. Ha sido el viaje que más me ha impresionado hasta ahora.

Descripción de las personas, de un lugar o del tiempo meteorológico.

Valoración de un acontecimiento ya terminado.

Um ein abgeschlossenes Ereignis zu bewerten, wird das *Pretérito* .... verwendet, wie in den Sätzen .... und .... oder das *Pretérito* ...., wie in Satz .... Um die daran beteiligten Personen oder den Kontext, in dem die Ereignisse stattfinden, zu beschreiben, wird das *Pretérito* .... verwendet, wie in den Sätzen ....,.......... und ....

b ¿Descripción o valoración? Completa las impresiones de Marcos.

1. De París recuerdo el crucero que hicimos por el río Sena. Me (1) .... (gustar) mucho, el barco no (2) .... (ser) muy grande, pero (3) .... (tener) un comedor que (4) .... (ser) muy acogedor y nos sirvieron un almuerzo delicioso. (5) .... (ser) una experiencia muy bonita. Para mí, (6) .... (ser) el viaje más importante que he hecho en mi vida.

2. El viaje a París (7) .... (ser), para mí, muy especial. A partir de ese día supe que quería ser piloto. Además, de la ciudad me (8) .... (impresionar) la arquitectura y también me (9) .... (encantar) el barrio de Montmartre, aunque (10) .... (haber) muchos turistas.

7 **¿Y qué estaban haciendo el domingo a las 22.30...?**

a Raquel tuvo anoche un problema con el ordenador pero ninguno de sus compañeros de la residencia pudo ayudarla. ¿Por qué? ¿Qué estaban haciendo el domingo a las 22.30? Escucha y escribe el nombre en la lista.

57

1. Estaba escuchando música. ....

2. Estaba lavando los platos. ....

3. Hacía deporte. ....

4. Estaba escribiendo unos correos. ....

5. Descansaba. ....

6. Estaba durmiendo. ....

7. Se estaba preparando para un examen. ....

Mit dem *Imperfecto* beschreibt man etwas, was in einem konkreten Moment der Vergangenheit geschah. Die Handlung ist in diesem Moment nicht abgeschlossen: A las 22.30 Ernesto **descansaba**. (Beschreibung seiner Tätigkeit in diesem Moment der Vergangenheit). Will man den Verlauf der Handlung betonen, verwendet man das *Gerundio*: A las 22.30 Ernesto **estaba descansando**.

b ¿Y tú? ¿Dónde estabas? y ¿qué estabas haciendo...

... el pasado domingo a las 22.30?

....

... esta mañana a las ocho de la mañana?

....

... cuando Alemania ganó el Mundial de fútbol?

....

... el pasado 31 de diciembre a las doce de la noche?

....

8 Estaba bailando cuando, de repente, ...

Mira los dibujos y explica qué le pasó a Roberto.

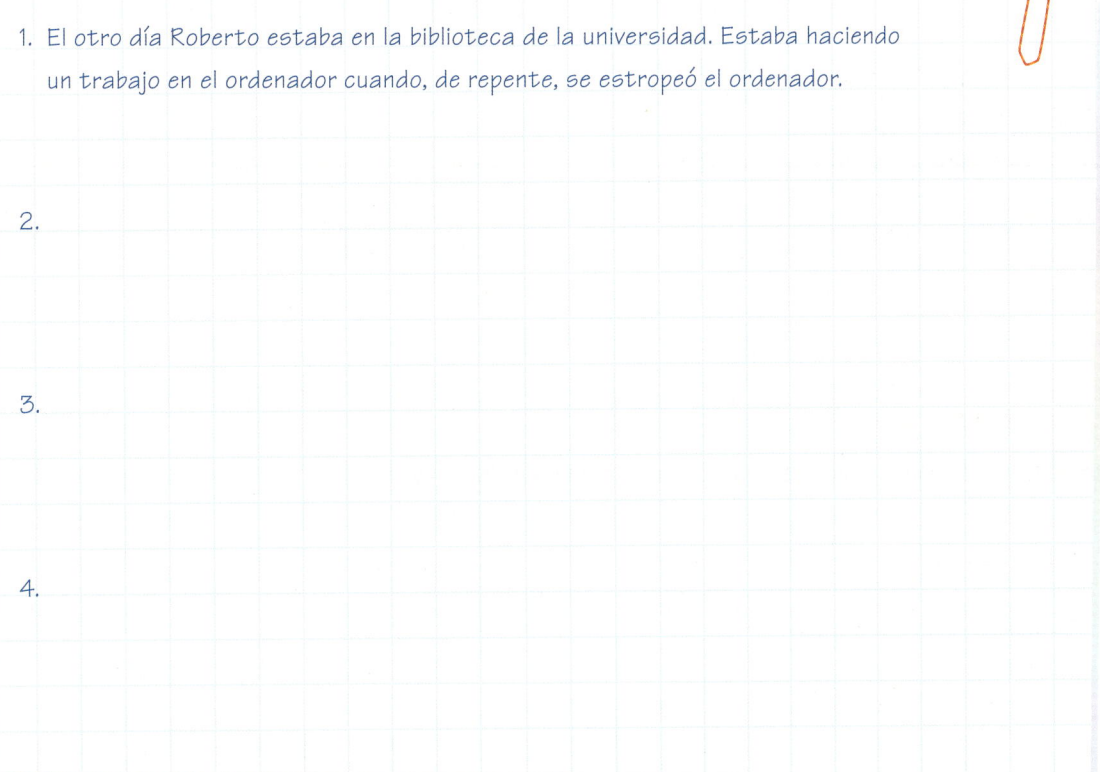

1. El otro día Roberto estaba en la biblioteca de la universidad. Estaba haciendo un trabajo en el ordenador cuando, de repente, se estropeó el ordenador.

2.

3.

4.

9 La cultura de los mayas

Completa la narración de la cultura maya con las palabras del recuadro.

matemáticos   clasista   construcciones   escritura   lenguas   dioses
agricultura   civilización   campesinos   calendarios

Los mayas eran una (1)........................ muy desarrollada que estaba organizada en diferentes ciudades-estado independientes, pero que tenían una cultura común: la cultura mesoamericana. A veces, las ciudades luchaban entre ellas, pero a veces formaban alianzas estratégicas.

Los mayas construyeron grandes ciudades en los territorios actuales de Honduras, Guatemala, El Salvador y sur de México. Algunas de las ciudades más importantes fueron Tikal, Uxmal y Chichen Itzá. Importantes son las (2)........................ arquitectónicas, especialmente las pirámides. Tenían un sistema de (3)........................ común basado en gráficos, llamados "glifos", que se combinaban para transmitir significados. Además, los mayas eran grandes (4)........................ que desarrollaron sistemas numéricos complejos. Incluso conocían el concepto del número cero que se representaba con un caracol.

La base económica de las ciudades era la (5)........................, sobre todo, el cultivo de maíz. Socialmente era una civilización (6)........................ con una clase gobernante que

tenía el poder. Después estaban los sacerdotes y, por último, los (7)........................ y los esclavos. Los mayas eran muy religiosos y celebraban numerosas ceremonias en honor a sus (8)......................... Practicaban el juego de pelota en equipos que también tenía un carácter ritual. Uno de los aspectos más importantes fue el desarrollo de un sistema de registro del tiempo a partir de dos (9)........................, uno, lunar, de 260 días, y otro, solar, de 365 días, que se combinaban, y que eran importantes para la agricultura y para las luchas.

De las más de 40 (10)........................ mayas que existieron, actualmente se hablan algunas en zonas de la Península del Yucatán, Belice y Guatemala.

10 Una carta de solicitud

Ordena las partes de la carta de solicitud que envía Julián Álvarez.

De: Julián Álvarez

.... Atentamente,

.... Me llamo Julián Álvarez y soy estudiante de Ingeniería Civil en la Universidad de Cantabria.

.... Le adjunto mi currículum para más detalles sobre mi persona.

.... Actualmente estoy en el quinto semestre de la carrera y voy a terminar el verano próximo.

.... Estimado Sr. Arévalo:

.... Julián Álvarez

.... Además, he visto algunos de los proyectos que inauguraron en el pasado y me impresionaron mucho.

.... Me dirijo a usted para solicitar un puesto de prácticas en su empresa.

.... Estoy interesado en hacer las prácticas en su empresa porque es líder en el diseño y la construcción de puentes y yo he elegido esta especialidad en mi carrera.

11 Una experiencia en el extranjero

 a Daniela ha vuelto de sus prácticas en Ecuador. Escucha y marca la información correcta.
58

1. Daniela ha estado cuatro/catorce meses en Ecuador.

2. Hizo unas prácticas en un hospital de niños/hotel en la capital, Quito.

3. El trabajo en el hotel era bastante interesante/muy monótono.

4. El país le aburrió/le gustó.

5. La gente que conoció en Ecuador era organizada/hospitalaria.

6. Daniela se alojó en una casita/el hotel donde hacía las prácticas.

7. Trabajaba en el hotel todo el día/solo por las mañanas.

8. En el hotel trabajaba en el restaurante/en recepción.

9. También trabajó con niños/familias pobres.

10. La experiencia fue interesante/aburrida.

11. Hizo un viaje por el país después de llegar a Quito/antes de volver a casa.

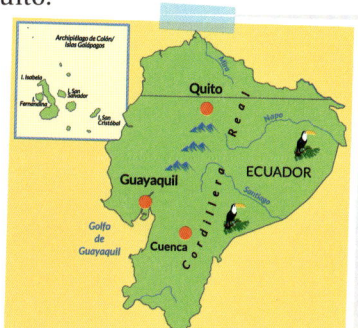

b ¿Y tú? ¿Has hecho algunas prácticas interesantes? Escribe un correo electrónico a un amigo para explicarle cuándo y cómo fueron y las tareas que hacías. ¿Por qué fueron interesantes?

12 Así como suena.

 a Escucha estas frases. ¿Dónde se hacen las pausas? Márcalas con //.
59

1. Estaba en el banco cambiando dinero cuando, de repente, entraron dos hombres con una pistola.

2. Después de la manifestación estudiantil, el presidente dimitió.

3. Estábamos haciendo un picnic y, de pronto, empezó a llover.

4. Primero, la invitó a tomar un café. Y después, fueron a cenar a un restaurante japonés.

> Wenn man auf Spanisch von einem Ereignis erzählt und dabei Konnektoren verwendet, um die Erzählung lebendiger zu machen, wird vor und nach diesen eine Pause gemacht. Beim Schreiben setzt man Kommas, um die Pausen zu verdeutlichen.

b Lee estas frases y marca las pausas con //.

1. Estábamos escuchando la conferencia y de repente sonó mi móvil.

2. Hemos estado por el barrio histórico de la ciudad y también hemos visitado la catedral.

3. Después de llegar a Quito busqué un taxi que me llevó a la residencia de estudiantes.

4. No fui a la fiesta porque tenía que estudiar y además no me apetecía mucho.

 c Escucha y comprueba. Lee las frases otra vez. ¿Dónde pondrías las comas?
60

1 Deportes

Completa con diferentes tipos de deportes.

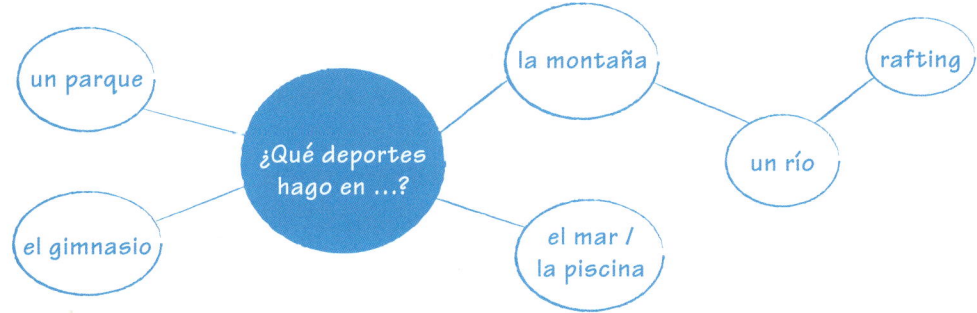

2 Figuras de yoga

a Relaciona tres de las figuras con su descripción.

1.   **3.**   **5.**

2.   **4.**

..... **A**

Estás en el suelo. Levanta los pies, las piernas y la cadera hacia arriba. Pon las manos en la espalda para no perder el equilibrio.

..... **B**

Da un paso hacia delante con la pierna derecha y flexiónala. Estira la izquierda hacia atrás y levanta los brazos simultáneamente.

..... **C**

Estírate en el suelo y levanta las piernas. Estira simultáneamente los brazos hacia delante y levanta la cabeza.

b Describe ahora las dos figuras que faltan.

Figura n° ...

Figura n° ...

3 ¡Siga el ritmo!

a Escucha estas instrucciones para bailar el merengue y complétalas.
Marca después la persona a la que se refieren.

1. ¡Muev.......las caderas!
☐ tú ☐ usted ☐ ustedes

2. ¡Bail.......conmigo!
☐ tú ☐ usted ☐ ustedes

3. ¡Sacud.......los hombros!
☐ tú ☐ usted ☐ ustedes

4. ¡Péin.......se el cabello de un lado al otro!
☐ tú ☐ usted ☐ ustedes

b Ahora elige la forma adecuada del imperativo.

1. Si está estresado, hagan / haz / haga deporte.

2. Si no pueden dormir bien, abre / abran / abra la ventana.

3. Si estáis tristes, llamen / llamad / llame a los amigos.

4. Si necesitas relajarte, vaya / vayan / ve al cine.

5. Si está un poco nervioso, vean / vea / ved una película.

4 Imperativos y pronombres

a Fíjate en estos diálogos y subraya los pronombres que acompañan a los imperativos.
Decide después a qué personas (tú o vosotros) se refieren las peticiones o sugerencias.

	tú	vosotros
1. ● ¡Inscríbete en una escuela de baile!	☐	☐
■ ¡Buena idea!		
2. ● ¿Un curso de tango? ¡Qué difícil!	☐	☐
■ ¡Probadlo, os va a gustar!		
3. ● ¡Moveos al ritmo de la música!	☐	☐
■ ¡Qué divertido!		
4. ● ¡Ponte las zapatillas de deporte, por favor!	☐	☐
■ Sí, ahora.		
5. ● ¡Mira qué vestido!		
■ Pruébatelo! Es muy bonito.	☐	☐

Sowohl die Reflexivpronomen als auch die Personalpronomen werden immer an den bejahten Imperativ angehängt, sodass sich ein einziges Wort ergibt, z. B. **inscríbete**. Bei Verben mit Reflexivpronomen entfällt das **-d** der Form *vosotros* in der Endung des Imperativs, so z. B. bei *moverse*: **moved́os**.

b Estas personas están aprendiendo a bailar merengue. Escribe los consejos en la forma de *ustedes*.

vosotros   **ustedes**

1. Las caderas movedlas de un lado al otro.   ....

2. Las rodillas flexionadlas.   ....

3. Moveos al ritmo de la música.   ....

4. El pie levantadlo para llevar mejor el ritmo. ....

5. Miraos en el espejo.   ....

5 Consejos para desestresarse

a Lee estos consejos para llevar una vida menos estresada.
Completa con los verbos en imperativo.

`tomar` `ir` `apagar` `practicar` `jugar` `dedicar`

Si usted quiere mejorar su calidad de vida y reducir el estrés, siga estos consejos:

1. .... con niños o con adultos. Los juegos son buenos contra el estrés.
2. .... tiempo a un hobby.
3. .... actividades ligeras como el yoga.
4. .... una bebida caliente antes de acostarse, así va a poder descansar mejor.
5. .... en bicicleta una media hora al día.
6. .... el móvil después del horario laboral.

b Escribe en el blog *Mejoratusresultados* cinco consejos para estudiantes que tienen
problemas de concentración.

Mejora tus resultados

Queridos estudiantes:
Ahí os mando unos consejos para poder mejorar la concentración en los estudios:

6 Adjetivos

¿Cómo están estas personas? Escribe un adjetivo para describirlas sin olvidarte de la concordancia.

`contento` `preocupado` `nervioso` `estresado` `cansado`

1. Los estudiantes del primer semestre tienen un montón de trabajo: tienen
   que preparar varias presentaciones, también tienen que hacer muchos
   trabajos de grupo. ¡Vaya estrés que tienen! Están ....

2. Camilo ha hecho tres horas de footing. Ahora solo quiere ducharse y echarse
   en el sofá porque está bastante ....

3. Antes de hacer un examen Carmen hace yoga para tranquilizarse porque
   se pone siempre muy ....

4. Alberto está muy .... porque ha aprobado todos los exámenes.

5. Luis y Agustín están .... porque todavía no han conseguido
   un puesto de prácticas.

7 ¿Y qué tal estás?

a Clasifica estas palabras.

cabeza   hambre   cansado   una infusión caliente   resfriado   tos   garganta
fiebre   cadera   sed   triste   dolor de cabeza   aspirina   estresado   sueño
brazos   analgésico   oídos   enfermo   muelas   calor   un jarabe

Sensaciones físicas	Estados	Partes del cuerpo	Síntomas	Remedios
Tener...	Estar...			

b ¿Qué les pasa a estas personas? Escucha los diálogos y relaciónalos con una persona.

a.

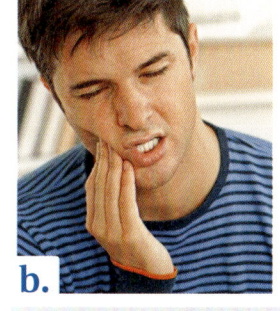
b.

c.

d.

1. .... 2. .... 3. .... 4. ....

c ¿Qué otras recomendaciones le puedes dar a cada uno de ellos?

1. Lo mejor es ....
2. Tienes que ....
3. Puedes ....
4. ¿Por qué no .... ?

8 ¿Petición, sugerencia o pregunta?

¿Qué intención tienen las personas en cada caso? Márcalo.

La persona...	...pide permiso	...sugiere	...pregunta por información
1. ¿Por qué no te pones el termómetro para saber cuánta fiebre tienes?	☐	☐	☐
2. ¿Y si vamos al dentista?	☐	☐	☐
3. ¿Puedo pasar?	☐	☐	☐
4. ¿Puedo tomarme este jarabe tres veces al día?	☐	☐	☐
5. ¿Puedes abrir la ventana? ¡Tengo un calor...!	☐	☐	☐
6. ¿Puedo irme a casa? Me encuentro fatal...	☐	☐	☐

9 ¿Ponerse o tomarse?

a ¿Nos ponemos estas cosas o nos las tomamos? Clasifica estas palabras.

una pomada   un jarabe   una infusión caliente   una bufanda

el termómetro   un bocadillo   una aspirina   una bebida

un abrigo   un analgésico

PONERSE	TOMARSE

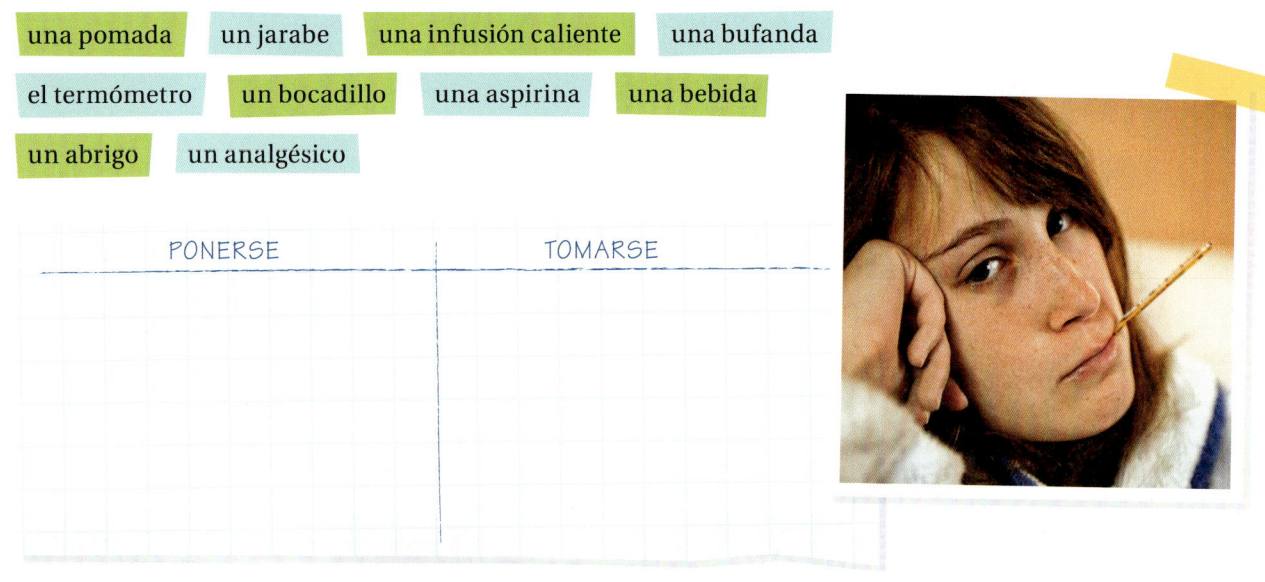

⚙ Die Verben **tomar** und **poner** werden mit Reflexivpronomen verwendet, um anzuzeigen, dass die Handlung an der Person selbst ausgeführt wird.

b Completa según tus experiencias.

1. Cuando estoy enfermo/-a,
   me pongo ...., ... y ....
   me tomo ...., ... y ....

2. Cuando tengo mucho frío,
   me pongo ...., ... y ....
   me tomo .... o ....

10 ¿Y qué hago?

Completa estas recomendaciones con las formas del imperativo de los verbos.

ponerse (2x)   ir (2x)   quedarse   hacer   practicar   tomarse

1. Si tienes tos, ...*tómate*.......... un jarabe.
2. Si usted cree que tiene fiebre, ... el termómetro para saber cuánta tiene.
3. Si no te encuentras bien, ... en casa y no .... a la uni.
4. Si necesita una receta, ... al médico.
5. Si se siente estresado, ... deporte y .... alguna actividad de ocio.
6. Si te duele la garganta, ... una bufanda.

11 ¿Qué palabra?

Marca las palabras correctas en cada caso.

1. ● ¿Cómo se/le encuentra hoy, Sr. García?
■ Mejor, los ojos ya no me duele/duelen.

2. ● A mis hijos le/les duele/duelen la garganta.
¿Tiene un jarabe contra el dolor?
■ Sí, claro.

3. ● Si os/se sentís muy estresados,
muévete/moveos fuera, en el parque.

4. ● ¡Tengo/Estoy mucho frío!
■ Pues tómate/te toma una infusión
bien calentita. Siempre ayuda...

12 Una dieta equilibrada

a Combina de manera lógica.

hidratos
aceite
bebidas
cereales
carne
comida
proteína

saludable
integrales
rápida
roja
de oliva
azucaradas
de carbono

b Completa ahora con las expresiones anteriores.

Para llevar una dieta equilibrada
hay que evitar ....,
...............................y
demasiada ....y
hay que tomar ....,
...............................y
....

13 La dieta de Merche

Así come normalmente Merche. ¿Qué debe hacer para llevar una dieta
más equilibrada? Escribe frases.

Para llevar una dieta más
equilibrada, Merche debe.../
no debe...

14 Una receta

a Relaciona los dibujos con las palabras.

1 2 3 4 5

cortar echar decorar batir

cocer freír lavar aliñar pelar hacer a la plancha

6 7 8 9 10

b Completa la receta con los verbos adecuados de 14a. Después escucha y comprueba tus respuestas.
63

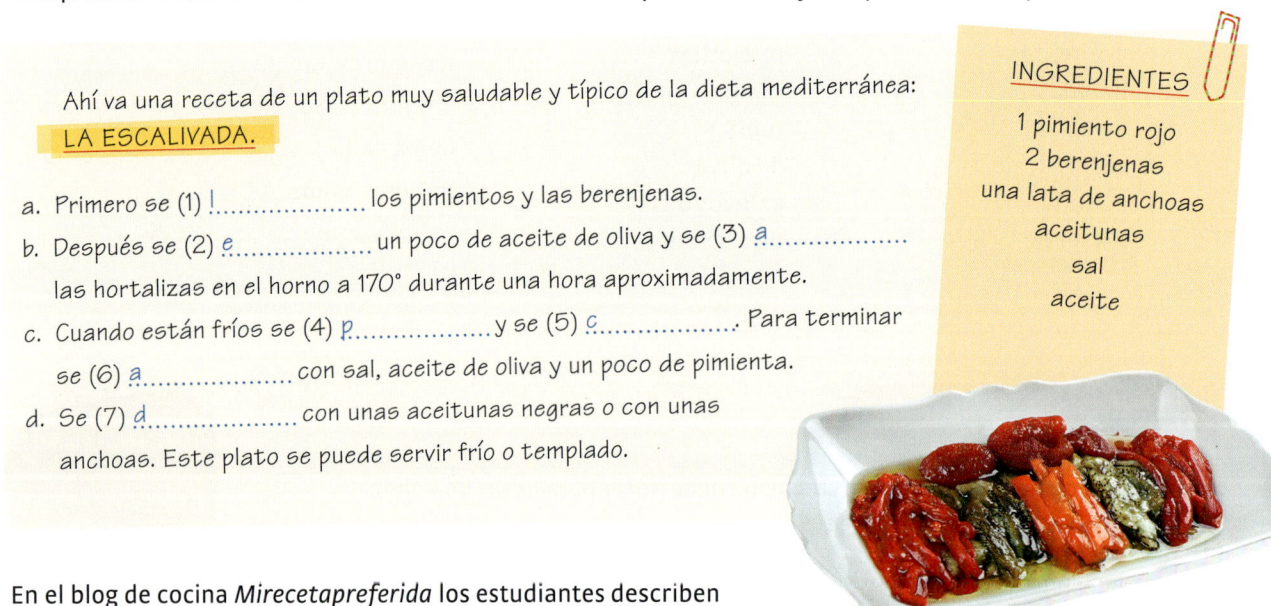

Ahí va una receta de un plato muy saludable y típico de la dieta mediterránea:
LA ESCALIVADA.

a. Primero se (1) l................... los pimientos y las berenjenas.

b. Después se (2) e................... un poco de aceite de oliva y se (3) a...................
las hortalizas en el horno a 170° durante una hora aproximadamente.

c. Cuando están fríos se (4) p...................y se (5) c.................... Para terminar
se (6) a................... con sal, aceite de oliva y un poco de pimienta.

d. Se (7) d................... con unas aceitunas negras o con unas
anchoas. Este plato se puede servir frío o templado.

INGREDIENTES

1 pimiento rojo
2 berenjenas
una lata de anchoas
aceitunas
sal
aceite

c En el blog de cocina *Mirecetapreferida* los estudiantes describen
su plato favorito. Describe el tuyo.

15 Así como suena. (I)

a Escucha estas frases. Fíjate en la entonación.
64

Preguntas	Peticiones	Sugerencias
¿Puedo tomarme este jarabe?	¿Puedo pasar?	¿Y si te tomas este jarabe?
¿Por qué estás tan enfadado?	¿Me envías la receta?	¿Por qué no vas al dentista?
¿Se puede abrir esta ventana?	¿Puedo abrir la ventana?	¿Y si abrimos la ventana?

Bei Bitten und Vorschlägen ist die Betonung gleich.

b Escucha estas frases y marca qué tipo de entonación tienen.

	Pregunta	Petición o sugerencia
1.	☐	☐
2.	☐	☐
3.	☐	☐
4.	☐	☐
5.	☐	☐
6.	☐	☐

c Escucha otra vez y repite. Presta especial atención a la entonación.

16 Así como suena. (II)

a Fíjate en estos imperativos. A veces son una petición o sugerencia, a veces una orden. Escucha cómo cambia la entonación en cada caso y marca.

	Petición o sugerencia	Orden
¡Péinate!	☐	☐
¡Péinate!	☐	☐
¡Tómate este jarabe!	☐	☐
¡Tómate este jarabe!	☐	☐
¡Piénsatelo bien!	☐	☐
¡Piénsatelo bien!	☐	☐

Um die Funktion eines Imperativs zu erkennen, sind sowohl der Kontext als auch die Betonung wichtig.

b Observa estos imperativos en su contexto. ¿Crees que expresan una orden o una sugerencia? Márcalo.

1. Un padre le dice de manera cariñosa a su hijo:
   ¡Cómete estas verduras que son muy saludables!
   ☐ orden   ☐ petición

2. Un padre le dice muy enfadado a su hijo: ¡Cómete estas verduras!
   ☐ orden   ☐ petición

3. El doctor le recomienda a un paciente:
   ¡Vuelva dentro de una semana si no se encuentra mejor!
   ☐ orden   ☐ petición

4. Un padre le dice en tono serio a su hijo de quince años:
   ¡Vuelve a casa antes de las doce!
   ☐ orden   ☐ petición

c Escucha y comprueba.

Inhaltsverzeichnis

In diesem Grammatikteil findest du alle Grammatikthemen,
die im Kursbuchteil und Arbeitsbuchteil behandelt werden.

Unidad 8

Die direkten Objektpronomen der dritten Person (Wiederholung)

Die direkten Objekte sind Ergänzungen zum Prädikat. Das direkte Objekt steht ohne Präposition: *¿Has visto mis gafas?*
Wenn es sich aber bei dem direkten Objekt um ein Lebewesen (Person oder Tier) handelt, steht die Präposition **a** davor: *¿Has visto a Carmen?*

Die direkten Objektpronomen **lo**, **la**, **los** und **las** ersetzen die Objekte der Verben. Sie stehen vor dem konjugierten Verb.

- ■ *¿Has visto mis gafas?*
- ● *Sí, las he visto encima de la mesa.*

- ■ *¿Has visto a Carmen?*
- ● *Sí, la he visto esta mañana.*

Bei Konstruktionen mit Infinitiv können die Objektpronomen an den Infinitiv angehängt werden: *¿Las puedes comprar tú?*
= ¿Puedes comprarlas tú?
In der Regel ersetzen die Objektpronomen das Objekt der Verben. Steht jedoch dieses Objekt vor dem Verb, verwendet man Substantiv und Pronomen gemeinsam.
El libro lo he puesto encima de la mesa.

! Im Spanischen gibt es keine Substantive im Neutrum. Das neutrale Pronomen **lo** bezieht sich nie auf etwas Konkretes, sondern auf die Gesamtaussage.

- ■ *¿Sabes dónde están mis gafas?* ● *No lo sé.*

Mengenangaben: *muy, mucho, poco, demasiado, bastante, nada* (Wiederholung)

Wenn sich diese Mengenangaben (Indefinita) auf Adjektive oder Verben beziehen, sind sie unveränderlich.

» bezogen auf Adjektive
Mi compañera de piso es muy simpática.
Vivo en un piso un poco ruidoso.
Mi barrio es demasiado caro.
La universidad es bastante moderna.
Tu habitación no es nada barata.

» bezogen auf Verben
Ahora tengo exámenes, por eso estudio mucho.
Mi compañero Javier tiene exámenes, por eso duerme poco.
Esta habitación cuesta demasiado.
Este piso me gusta bastante.
Este barrio no me gusta nada.

» *Muy* steht nur vor Adjektiven oder Adverbien, *mucho* hingegen nur nach Verben.

» Die Indefinita, die sich auf Substantive beziehen, sind variabel und werden den Substantiven in Genus und Numerus angepasst.
En mi barrio hay muchas zonas verdes, pero pocas tiendas.

Ortsangaben

enfrente (de)		gegenüber (von)	al lado de		neben
encima (de)		über, auf	a la izquierda de		links von
debajo (de)		unter	a la derecha de		rechts von
en la esquina		an der Ecke	delante de		vor
entre		zwischen	detrás de		hinter

Weitere Mengenangaben: *la mayoría (de), unos (pocos), otros*

» Die Mengenangabe **la mayoría** wird oft durch die Präposition **de** + Artikel + Substantiv ergänzt.
La mayoría de los estudiantes vive cerca de la Universidad.

» In allgemeinen Aussagen über Personen wird die Ergänzung **de** + Artikel + Substantiv oft weggelassen. Das Verb steht dabei im Singular.
La mayoría vive en un piso.

» Nach **la mayoría (de)**, **la mayor parte (de)** und **(una) gran parte (de)** kann das Verb im Singular und Plural folgen.
La mayoría de los estudiantes vive/viven cerca de la Universidad.
La mayor parte de los estudiantes vive/viven en un piso compartido.
Una gran parte de los jóvenes vive/viven en casa de sus padres.

» Die Mengenangaben **uno /-a /-os /-as** und **otro /-a /-os /-as** richten sich in Numerus und Genus nach dem Substantiv, auf das sie sich beziehen. Wenn klar ist, um welches Substantiv es sich handelt, muss dieses nicht wiederholt werden.
Unos (estudiantes) viven en una residencia, otros (estudiantes) en pisos compartidos.
Unas (habitaciones) tienen balcón, otras (habitaciones) no.

» **Otro /-a /-os /-as** kann mit weiteren Begleitern (bestimmten Artikeln, Demonstrativpronomen) kombiniert werden, aber nie mit dem unbestimmten Artikel.
Este piso es bonito, pero prefiero el otro.
Esta silla me gusta, pero esa otra es más cómoda.
Esta lámpara me gusta, pero prefiero una otra más barata.

! Nach *la gente* folgt der Singular:
La mayoría de la gente prefiere vivir en la ciudad.

Vergleich von Adjektiven und Adverbien

Zum Vergleichen der Intensität von Eigenschaften (Adjektiven oder Adverbien) benutzt man **más... que**, **menos... que**, **tan... como** oder **igual de... que**.

	Vergleich von Eigenschaften
Komparativ bei Ungleichheit	**más** + Adjektiv/Adverb (+ **que**) *Esta habitación es más grande (que la otra).* *Este piso está más lejos del centro (que el otro).* **menos** + Adjektiv/Adverb (+ **que**) *Este piso es menos luminoso (que el otro).* *Este piso está menos cerca del centro (que el otro).*
Komparativ bei Gleichheit	**tan** + Adjektiv/Adverb + **como** *Estas habitaciones son tan grandes como las otras.* *Este piso está tan lejos como el otro.* **igual de** + Adjektiv/Adverb (+ **que**) *Estas habitaciones son igual de grandes (que las otras).* *Este piso está igual de cerca del centro (que los otros).*

» Wenn aus dem Kontext klar ist, mit wem oder was etwas verglichen wird, dann kann der zweite Teil des Vergleichs weggelassen werden.
Esta habitación es más grande (que la otra).

» Besondere Komparativformen gibt es bei *bueno/bien → mejor, malo/mal → peor, grande → mayor* (alt - älter), *pequeño → menor* (klein - kleiner).

» *Mejor* und *peor* werden vor allem für den Vergleich einer Qualität gebraucht. Um über den Charakter zu sprechen, wird *más bueno* und *más malo* verwendet.
Esta silla es mejor que la otra.
Marta es más buena que otras niñas.

» Mit *mayor* und *menor* werden Mengen und das Alter von Personen verglichen. Beim Vergleich von Maßen wird *más grande* und *más pequeño* verwendet.

Vergleich von Substantiven

Um Substantive (Personen, Dinge) zu vergleichen, verwendet man *más… que, menos… que, tanto/-a/-os/-as… como* oder *el mismo / la misma / los mismos / las mismas… que.*

	Vergleich von Personen oder Dingen
Komparativ bei Ungleichheit	**más** + Substantiv (+ **que**) *Tu piso tiene más metros (que el mío).* **menos** + Substantiv (+ **que**) *Mi piso tiene menos luz (que el tuyo).*
Komparativ bei Gleichheit	**tanto/-a/-os/-as** + Substantiv + **como** *Tu piso tiene tanta luz como el mío y tantos metros cuadrados como el suyo.* **el mismo/la misma/los mismos/las mismas** + Substantiv (+ **que**) *Su piso tiene el mismo número de habitaciones (que el mío).*

» *Tanto/-a/-os/-as* und *el mismo/la misma/los mismos/las mismas* stimmen in Numerus und Genus mit dem begleitenden Substantiv überein.

» Ungleichheit wird häufig durch eine verneinte Gleichheit ausgedrückt.
Tu piso no tiene tanta luz como el mío.

Die betonten Possessiva

Possessiva können ein Substantiv begleiten oder allein stehen. Sie stimmen immer in Genus und Numerus mit dem Substantiv, auf das sie sich beziehen, überein. Wenn sie ein Substantiv begleiten, stehen sie entweder davor (unbetonte Possessivbegleiter) oder dahinter (betonte Possessivbegleiter).

» Wenn sie davor stehen (*mi, tu, su…*) drückt man aus, dass ein Objekt oder eine Person einzig in seiner/ihrer Kategorie ist.
Mi amiga Marta vive en una residencia de estudiantes.

» Wenn sie dahinter stehen (*un amigo mío, una amiga tuya, un tío suyo*) drückt man aus, dass ein Objekt oder eine Person Teil einer Gruppe ist.
Marta, una amiga mía, vive en una residencia de estudiantes.

Wenn die betonten Possessiva allein stehen, dienen sie als Antwort auf Fragen nach dem Eigentum. In diesem Fall können sie auch vom bestimmten Artikel (nicht aber vom unbestimmten) begleitet werden, um innerhalb einer Gruppe Eigenes von Fremdem zu unterscheiden. Sowohl das Pronomen als auch der Artikel stimmen in Genus und Numerus mit dem Bezugstext überein.

- *¿Esta silla es <u>tuya</u>?*
- *No, <u>la mía</u> es esta.*

- *¿De quién es esta silla?*
- *Es <u>mía</u>.*

Betonte Possessiva nach dem Substantiv

	Singular		Plural	
	maskulin	feminin	maskulin	feminin
yo	un amigo mío	una amiga mía	unos amigos míos	unas amigas mías
tú	un amigo tuyo	una amiga tuya	unos amigos tuyos	unas amigas tuyas
él/ella	un amigo suyo	una amiga suya	unos amigos suyos	unas amigas suyas
usted	un amigo suyo	una amiga suya	unos amigos suyos	unas amigas suyas
nosotros/-as	un amigo nuestro	una amiga nuestra	unos amigos nuestros	unas amigas nuestras
vosotros/-as	un amigo vuestro	una amiga vuestra	unos amigos vuestros	unas amigas vuestras
ellos/ella	un amigo suyo	una amiga suya	unos amigos suyos	unas amigas suyas
ustedes	un amigo suyo	una amiga suya	unos amigos suyos	unas amigas suyas

Die betonten Possessiva hinter dem Substantiv werden durch weitere Elemente
(unbestimmte Artikel, Demonstrativbegleiter oder Mengenangaben) näher bestimmt:

Esos amigos míos viven en Sevilla.   *Dos amigos suyos viajan a Londres.*

Betonte Possessiva ohne Substantiv

	Singular		Plural	
yo	(el) mío	(la) mía	(los) míos	(las) mías
tú	(el) tuyo	(la) tuya	(los) tuyos	(las) tuyas
él/ella, usted	(el) suyo	(la) suya	(los) suyos	(las) suyas
nosotros/-as	(el) nuestro	(la) nuestra	(los) nuestros	(las) nuestras
vosotros/-as	(el) vuestro	(la) vuestra	(los) vuestros	(las) vuestras
ellos/ellas, ustedes	(el) suyo	(la) suya	(los) suyos	(las) suyas

Das *Gerundio* und sein Gebrauch

Das *Gerundio* ist eine unpersönliche Verbform
die es ermöglicht, eine Handlung in ihrem Verlauf
darzustellen: *Estoy aprendiendo español.*

>> Das *Gerundio* ist unveränderlich. Es wird
gebildet, indem man die Endung **-ando** an
den Verbstamm der Verben auf **-ar** anfügt
und **-iendo** an den Verbstamm der Verben
auf **-er** und **-ir**.
escuchar → escuchando
aprender → aprendiendo
vivir → viviendo

>> Bei einigen Verben finden Vokaländerungen
statt: Bei Verben auf -*ir*, deren letzter Vokal *e* ist:
decir → diciendo.

Bei einer kleinen Gruppe wird das *o* im Stamm
zu *u*: *dormir → durmiendo.*

! Bei Verben, bei denen mit der Endung -*iendo*
ein unbetontes *i* zwischen zwei Vokalen stünde,
steht statt *i* der Konsonant *y*:
leer → leyendo, oír → oyendo, ir → yendo

>> Mit *estar* + *Gerundio* wird eine Handlung in
ihrem Verlauf dargestellt.
Die Handlung läuft entweder genau zum
Zeitpunkt des Sprechens ab, d.h. jetzt / gerade:
■ *¿Qué haces?*
● *Pues estoy cocinando.*
oder ist auf einen bestimmten Zeitraum
beschränkt:
■ *¿Qué estás haciendo este semestre?*
● *Pues estoy haciendo unas prácticas en
una empresa.*

Einige Modalverben und ihre Entsprechungen

Die Modalverben werden gemeinsam mit einem weiteren Verb (im Infinitiv) verwendet.

tener que / hay que

Um eine Verpflichtung („müssen") oder eine Notwendigkeit („sollen") zu nennen,
verwendet man im Spanischen die Konstruktion **tener que** + Infinitiv oder **hay que** + Infinitiv:

Tienes que ordenar tu habitación. (= Du musst dein Zimmer aufräumen.)
Hay que ordenar la habitación. (= Man muss/soll sein Zimmer aufräumen.)

poder

Das Verb **poder** verwendet man, um eine Möglichkeit zu nennen:
Tú puedes regar las plantas y yo bajo la basura.

Unidad 9

Demonstrative

Die Demonstrative richten sich in Genus und Numerus nach
dem Substantiv, auf das sie sich beziehen.

Singular			
maskulin	este libro	ese móvil	aquel reloj
feminin	esta tienda	esa impresora	aquella lavadora
Plural			
maskulin	estos libros	esos móviles	aquellos relojes
feminin	estas tiendas	esas impresoras	aquellas lavadoras
lokale Adverbien	**aquí**	**ahí**	**allí**

 este móvil
(de aquí)

 ese móvil
(de ahí)

 aquel móvil
(de allí)

Mit den Demonstrativen bezieht man sich
auf Personen oder Gegenstände und zeigt ihre
Entfernung im Bezug auf den/die Sprecher/in.
So lassen sie sich die Demonstrative in drei
verschiedene Räume einordnen:

Mit **este, esta, estos** und **estas** kann sich der
Sprecher auf Dinge oder Personen innerhalb
seines Raumes beziehen. Mit **ese, esa, esos**
und **esas** bezieht sich der Sprecher auf Dinge
oder Personen, die sich außerhalb seines
Raumes befinden, aber innerhalb des Raumes
des Gesprächspartners. Mit **aquel, aquella,
aquellos** und **aquellas** bezieht sich der Sprecher
auf Dinge oder Personen, die sich sowohl
außerhalb seines Raumes als auch außerhalb
des Raumes seines Gesprächspartners befinden.

Neutrale Demonstrative

Die neutralen Demonstrative **esto**, **eso** und **aquello** stehen immer im
Singular. Man verwendet sie, wenn man eine Sache nicht kennt, ihr
Name unwichtig ist oder man sich auf etwas vorher Gesagtes bezieht.
¿Qué es eso?
Esto es para ti y eso para tu hermano.
¿Por qué dices eso?

Die Objektpronomen

Objekte sind Ergänzungen zum Verb oder Prädikat. Abhängig vom Verb unterscheidet man im Spanischen zwischen direktem (OD) und indirektem Objekt (OI).

Hoy he enviado un regalo a Elisa.

OD   OI

>> Das direkte Objekt (OD) bezieht sich darauf, was oder wer die vom Verb repräsentierte Handlung direkt erfährt.
Te he comprado <u>un regalo</u>.
¿Has visto <u>a Juan</u>?

>> Das indirekte Objekt (OI) bezieht sich in der Regel auf den Empfänger oder Adressaten der verbalen Handlung.
He comprado un regalo <u>a Juan</u>.

Die direkten Objektpronomen

Die direkten Objektpronomen werden verwendet,

>> wenn das Objekt bereits erwähnt wurde: ■ *¿Y <u>el regalo</u>? ¿Quién <u>lo</u> compra?* ● *<u>Lo</u> compro yo.*
>> wenn das direkte Objekt vor dem Verb steht: *<u>El regalo</u> <u>lo</u> compro yo.*

	Singular	Plural	
1. Person	me (mich)	nos (uns)	María **me/nos** ha saludado.
2. Person	te (dich)	os (euch)	**¿Te/Os** ayudo?
3. Person	lo/*le (ihn, es) la (sie)	los (sie) las (sie)	**Lo** he comprado yo.
Höflichkeitsform	lo/*le, la (Sie, Sg.)	los, las (Sie, Pl.)	**Lo** saluda atentamente, Javier González.

* In Spanien wird oft **le** statt **lo** verwendet, wenn man sich auf eine männliche Person bezieht. Dieser Gebrauch gilt auch als korrekt.

■ *¿Has visto a Juan?*
● *No, no <u>lo/le</u> he visto.*

>> Das direkte Objekt steht normalerweise ohne Präposition: *Yo compro <u>las entradas</u>.*
Wird aber mit dem direkten Objekt ein Lebewesen (Person/Tier) genannt, steht die Präposition **a** davor: *Yo llamo <u>a Teresa y a Pedro</u>.*

>> Es gibt auch ein neutrales **lo**. Es wird verwendet, um sich auf eine Information zu beziehen, die schon erwähnt wurde oder die allgemein bekannt ist.
■ *Juan estudia Medicina en Salamanca.*
● *Ya <u>lo</u> sé.*

>> Die direkten Objektpronomen stehen vor dem konjugierten Verb. Bei Konstruktionen mit Infinitiv oder *Gerundio* können die Pronomen vor dem konjugierten Verb stehen oder an den Infinitiv oder das *Gerundio* angehängt werden.
■ *¿<u>La</u> puedes ver? / ¿Puedes ver<u>la</u>?*
● *Sí, está encima de la mesa.*

■ *¿Has terminado ya el libro?*
● *No, <u>lo</u> estoy leyendo todavía. /*
No, estoy leyéndo<u>lo</u> todavía.

Die indirekten Objektpronomen

Die indirekten Objektpronomen werden verwendet,

>> wenn das Objekt bereits erwähnt wurde:
■ *Mañana es el cumpleaños de Javier.* ● *¿Y qué <u>le</u> regalamos?*

>> wenn das indirekte Objekt vor dem Verb steht: *<u>A Carmen</u> <u>le</u> he comprado un libro.*

Das indirekte Objektpronomen wird oft auch in Sätzen verwendet, in denen das indirekte Objekt nach dem Verb steht: *Le han regalado un libro a Carmen.*

	Singular	Plural	
1. Person	me (mir)	nos (uns)	¿**Me** enseñas tu móvil? ¿**Nos** lo das?
2. Person	te (dir)	os (euch)	¿**Te** gusta? **Os** traigo un café.
3. Person und Höflichkeitsformen	le (ihm/ihr) (Ihnen, Sg.) se* (ihm, ihr) (Ihnen, Sg.)	les (ihnen) (Ihnen, Pl.) se* (ihm/ihr) (Ihnen, Pl.)	¿**Le/Les** enseño la cámara?

* Die Pronomen des OI **le** und **les** werden zu **se**, wenn sie vor den Pronomen des OD **lo**, **la**, **los**, **las** stehen.

- *Juan necesita unas zapatillas nuevas.*
- *Se las voy a comprar.*

- *¿Se la enseño?*
- *Sí, por favor.*

» Die indirekten Objektpronomen stehen vor dem konjugierten Verb. Bei Konstruktionen mit Infinitiv oder *Gerundio* können die Pronomen vor dem konjugierten Verb stehen oder an den Infinitiv oder das *Gerundio* angehängt werden.
- *¿Qué le regalamos a Javier?*
- *Le podemos comprar un álbum de fotos. / Podemos comprarle un álbum de fotos.*

- *¿Qué haces?*
- *Le estoy escribiendo a Carmen una postal. / Estoy escribiéndole a Carmen una postal.*

Die Kombination von Objektpronomen
In einem Satz können sowohl ein direktes als auch ein indirektes Objektpronomen vorkommen.

» In diesem Fall steht, anders als im Deutschen, das indirekte Objektpronomen vor dem direkten.

¿Me enseñas tu diccionario? → *¿Me lo enseñas?*

Zeigst du mir dein Wörterbuch? → Zeigst du es mir?

» Vor den direkten Objektpronomen *lo*, *la*, *los*, *las* werden die indirekten Objektpronomen *le* und *les* zu *se*. Dies führt zu einer einfacheren Unterscheidung beider Pronomen.
- *¿Le enseñas tu diccionario?* ● *Sí, se lo enseño.*

!

» Dieses *se* ist nicht mit dem Reflexivpronomen zu verwechseln!

Juan se las lava (las manos).
Juan wäscht sie sich (die Hände).

Juan se las lava (a su hija).
Juan wäscht sie (die Hände) ihr (seiner Tochter).

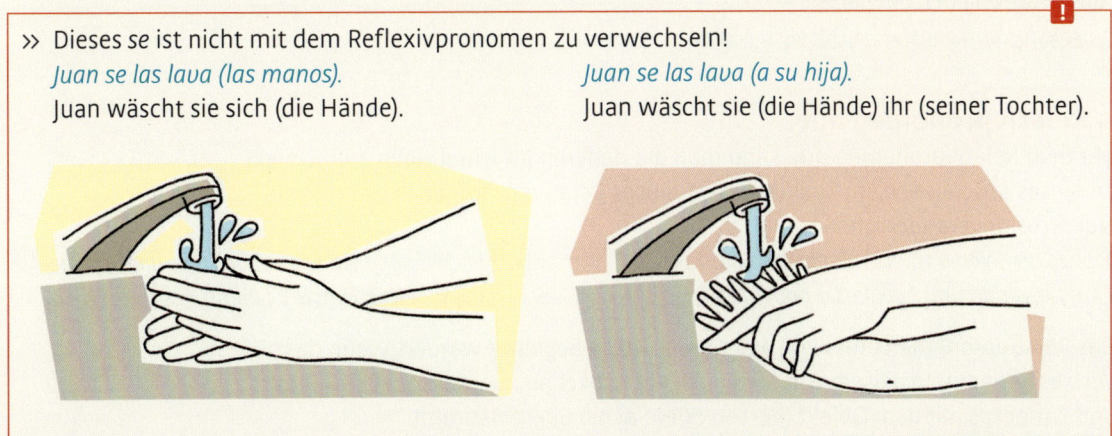

Pronominalverben

Pronominalverben sind Verben, die mit einem Pronomen konjugiert werden. Einige dieser Verben haben eine reflexive Bedeutung (z.B. *lavarse, vestirse*), andere nicht (z.B. *quedarse* – bleiben, behalten): ■ *¿Te gustan las zapatillas?* ● *Sí, me las quedo.*

Der bejahte Imperativ in den Formen *tú* und *vosotros*

	comprar	leer	vivir
tú	compra	lee	vive
vosotros/-as	comprad	leed	vivid

Verben mit Vokaländerungen

	pensar	dormir	pedir
tú	piensa	duerme	pide
vosotros/-as	pensad	dormid	pedid

Die Imperativformen in der 2. Person Singular der regelmäßigen Verben und der Verben mit Vokaländerung im Stamm entsprechen den Präsensformen, aber ohne das -s am Ende. Die Imperativformen für die zweite Person Plural (*vosotros/-as*) erhält man, indem man das -r am Ende des Infinitivs durch -d ersetzt.

Unregelmäßige Imperative

	ser	ir	hacer	tener	poner	venir	oír	salir	decir
tú	sé	ve	haz	ten	pon	ven	oye	sal	di
vosotros/-as	sed	id	haced	tened	poned	venid	oíd	salid	decid

Stellung der Pronomen

Die Personalpronomen des direkten und indirekten Objekts und die Reflexivpronomen stehen hinter dem bejahten Imperativ und verschmelzen mit diesem zu einem Wort. Meist wird ein graphischer Akzent benötigt, um die Betonung beizubehalten.

¡Cómprale las entradas!   *¡Dáselo a Marta!*

Gebrauch des Imperativs

Mit dem Imperativ kann man Anweisungen geben oder Ratschläge erteilen.

Abrid el libro por la página 52.
Visítanos en la primera planta.
Pásalo bien.

Das Relativpronomen *que*

›› Mit dem Relativpronomen **que** kann man die näheren Informationen zum Objekt an dieses anschließen. Im Spanischen ist dieses Relativpronomen in Genus und Numerus unveränderlich.

Tienes un chico a tu lado. El chico se llama Javier.   →   *El chico que tienes a tu lado se llama Javier.*
Estoy leyendo una novela. La novela es fantástica.   →   *La novela que estoy leyendo es fantástica.*

›› Das Relativpronomen muss von einer Präposition begleitet werden, wenn das Verb es verlangt. In diesem Fall wird auch ein Artikel hinzugefügt, der in Genus und Numerus mit dem Objekt (Person oder Sache) übereinstimmt.

Has hablado con una chica. La chica es mi hermana.   →   *La chica con la que has hablado es mi hermana.*

Die Verben *saber* und *poder*

Das Verb **saber** beschreibt im Spanischen die Fähigkeit, etwas zu tun, nachdem man es gelernt hat: *Sé cocinar* (ich habe gelernt, zu kochen). Das Verb **poder** drückt aus, dass etwas in dem Moment (nicht) möglich ist, auch wenn man dazu fähig ist: *Hoy no puedo cocinar, pero mañana sí.*

	saber	poder
yo	sé	puedo
tú	sabes	puedes
él/ella, usted	sabe	puede
nosotros/-as	sabemos	podemos
vosotros/-as	sabéis	podéis
ellos/ellas, ustedes	saben	pueden

Unidad 10

Das *Pretérito perfecto* und sein Gebrauch

Das *Pretérito perfecto* besteht aus einer Form von *haber* im Präsens und dem Partizip Perfekt des Hauptverbs, das unmittelbar nach der Form von *haber* steht.

		haber	Partizip Perfekt
Das Partizip wird gebildet mit der Endung **-ado**, die an den Stamm der Verben auf *-ar* angehängt wird, bzw. mit der Endung **-ido** für Verben, die auf *-er* und *-ir* enden.	yo	he	lleg**ado** com**ido** dorm**ido**
	tú	has	
	él/ella, usted	ha	
	nosotros/-as	hemos	
	vosotros/-as	habéis	
	ellos/ellas, ustedes	han	

Unregelmäßige Partizipien:

Infinitiv	Partizip	Infinitiv	Partizip
abrir	abierto	poner	puesto
decir	dicho	romper	roto
escribir	escrito	ser	sido
hacer	hecho	ver	visto
ir	ido	volver	vuelto
morir	muerto	cubrir	cubierto

Verwendung

Das Perfekt wird verwendet,

» wenn man über vergangene Handlungen sprechen will, die bis heute (schon oder nicht) stattgefunden haben. In diesem Fall wird das Perfekt durch die Ausdrücke *ya, todavía no, nunca, alguna vez, varias veces, muchas veces* ergänzt. Der Zeitpunkt ist nicht relevant.
Ya he visto la última película de Scorsese. Es estupenda.

» wenn man sich auf eine vergangene Handlung bezieht, die in einem Zeitraum stattgefunden hat, der den gegenwärtigen Moment einschließt (jetzt/hier). Daher steht das Perfekt häufig mit Zeitangaben wie *hoy, últimamente, hace un rato, esta mañana, este fin de semana, este verano, este año.*
Esta mañana he desayunado con una amiga.

> **!**
>
> Das *Pretérito perfecto* wird in einigen Teilen Spaniens (Galizien, Baskenland, Kanarische Inseln) und in Lateinamerika kaum verwendet. Stattdessen wird das *Pretérito indefinido* gebraucht.

Das *Pretérito indefinido* und sein Gebrauch

Bildung des *Pretérito indefinido*

Das *Pretérito indefinido* wird gebildet, indem man an den Verbstamm die unten stehenden Endungen anhängt. Die Endungen der 2. (*-er*) und der 3. Konjugation (*-ir*) sind gleich.

	-ar trabajar	-er aprender	-ir vivir
yo	trabaj**é**	aprend**í**	viv**í**
tú	trabaj**aste**	aprend**iste**	viv**iste**
é/ella, usted	trabaj**ó**	aprend**ió**	viv**ió**
nosotros/-as	trabaj**amos**	aprend**imos**	viv**imos**
vosotros/-as	trabaj**asteis**	aprend**isteis**	viv**isteis**
ellos/ellas, ustedes	trabaj**aron**	aprend**ieron**	viv**ieron**

» Bei den regelmäßigen Formen liegt die Betonung immer auf einer Silbe der Endung. In einigen Fällen unterscheidet allein die Betonung zwischen zwei Verbformen: *(yo) trabajo, (él/ella, usted) trabajó*. Die Verbform *nosotros* der Verben auf *-ar* und *-ir* sind im Präsens und *Pretérito indefinido* identisch. Der Kontext hilft uns, Missverständnisse zu vermeiden.

Einige unregelmäßige Verben

Die Verben *ser* und *ir* haben im *Indefinido* die gleichen Formen. Der Kontext hilft uns, Missverständnisse zu vermeiden. *Ayer fui al cine.* *Fui yo quien llamó a Juan.*		estar	ser/ir	hacer
	yo	est**uve**	fui	h**ice**
	tú	est**uviste**	fu**iste**	h**iciste**
	él/ella, usted	est**uvo**	fu**e**	h**izo**
	nosotros/-as	est**uvimos**	fu**imos**	h**icimos**
	vosotros/-as	est**uvisteis**	fu**isteis**	h**icisteis**
	ellos/ellas, ustedes	est**uvieron**	fu**eron**	h**icieron**

❗ Manche Verbformen im *Indefinido* verändern ihre Schreibweise, damit die Aussprache gleich bleibt: empezar → (yo) empe**c**é; comenzar → (yo) comen**c**é; llegar → (yo) lle**gu**é, destacar → (yo) desta**qu**é. Diese Verben werden nicht als unregelmäßig angesehen.

Weiteres über die Bildung der Formen des *Indefinido* auf S. 160.

Verwendung

Das *Indefinido* wird verwendet,

» wenn man sich auf vergangene Handlungen bezieht, die in einem vergangenen zeitlichen Kontext außerhalb des gegenwärtigen Moments (damals/dort) stattgefunden haben. Daher steht es häufig mit Zeitangaben wie *ayer, anteayer, anoche, la semana pasada, el lunes/el mes/el año/el verano pasado, en 2012, el 3 de enero.*
El verano pasado estuve en Valencia.

» um schon abgeschlossene Ereignisse zu bewerten: *Fueron unas vacaciones estupendas.* Dafür könnte auch das *Pretérito perfecto* verwendet werden. In diesem Fall findet das Ereignis in einem aktuellen Kontext statt: *Han sido unas vacaciones estupendas.*

Der Kontrast *Indefinido – Pretérito perfecto*

Sowohl mit dem *Pretérito perfecto* als auch mit dem *Indefinido* wird über abgeschlossene Ereignisse in der Vergangenheit gesprochen, jedoch gibt es Unterschiede bei der Wahl beider Zeiten. Der Kontrast kann man so darstellen:

Verwendung: aktuelle Zeiträume und Kontexte	Pretérito perfecto
Heute	**Hoy** he visto a María. He hablado con Maite **hace un rato**. El tren ha llegado **hace una hora.**
In meinem (zeitlichen) Raum: *este…, esta…*	He empezado a estudiar español **este año**. **Este verano** he estado en Berlín. No he visto a Martina **últimamente**.
Beim Sprechen über Ereignisse, die bis heute stattgefunden haben oder nicht stattgefunden haben. Der Zeitpunkt ist irrelevant.	**Nunca** he estado en Barcelona. **Todavía** no he estado en España. **Ya** he comprado el libro. He estado **dos veces** en Tenerife.

Verwendung: nicht aktuelle Zeiträume und Kontexte	Pretérito indefinido
Gestern	**Ayer** vi a María. **Anoche** hablé con Maite.
In jenem (zeitlichen) Raum: *ese…, aquel…*	**El año pasado** empecé a estudiar español. **La semana pasada** estuve en Berlín. **Ese verano** visité a Martina en Madrid. **Aquel verano** fue muy caluroso.
Ich spreche über Ereignisse, die stattgefunden haben und erwähne den Zeitpunkt.	**En junio** estuve en Barcelona. **El sábado** estuve en la fiesta de Alicia. Llegué a Múnich **en 2012**. **Hace dos años** estuve en Tenerife.

He llegado esta mañana.

Llegué ayer.

Wertende Konstruktionen: *me gusta, me aburre, me parece bien, …*

Bei diesen Konstruktionen gibt es ein Element (das Subjekt des Satzes), das bei jemandem ein Gefühl oder eine Empfindung (diese wird vom Verb ausgedrückt) auslöst. Die Person, die dieses Gefühl oder diese Empfindung erfährt, ist syntaktisch das indirekte Objekt. *A Celia le aburren las clases.*

Bei einigen Konstruktionen wird das Gefühl oder die Empfindung mit Hilfe eines Verbs + Adjektiv/Adverb ausgedrückt. *A Celia le parecen muy interesantes las clases de chino, pero le cuesta mucho aprender la lengua.*

Zeitangaben mit *hace, desde* und *desde hace*

Im Spanischen gibt es verschiedene Möglichkeiten, eine Handlung in einen
zeitlichen Kontext zu setzen.

Hace + Zeitpunkt

Hace wird verwendet, um einen Zeitpunkt
in der Vergangenheit zu nennen. Das Verb
steht dabei immer in der Vergangenheit.
Hace entspricht in dem Fall der deutschen
temporalen Präposition „vor".
Estuve en Madrid <u>hace un año.</u>
Empecé a estudiar español <u>hace unos meses.</u>

Hace ist eine Form des Verbs *hacer*. Wenn *hace*
den Satz einleitet, muss der Nebensatz
mit der Konjunktion *que* (dass) angefügt werden.
<u>Hace un año que</u> empecé a estudiar español.
(= Es ist ein Jahr her, dass ich angefangen habe,
Spanisch zu lernen.)

Desde hace + Zeitraum

Desde hace entspricht dem deutschen
„seit", wird jedoch ausschließlich zur
Angabe von Zeiträumen verwendet.
Vivo en Múnich <u>desde hace cuatro años.</u>

Desde + Zeitpunkt

Desde entspricht ebenfalls dem deutschen
„seit", wird jedoch ausschließlich zur Angabe
eines Zeitpunktes verwendet.
Vivo en Múnich <u>desde el año 2013.</u>

También, tampoco

Im Spanischen gibt es zwei verschiedene
Adverbien für „auch" und „auch nicht".

- *Yo estudio Medicina.*
- *Yo <u>también</u>.*

- *No me parece útil aprender listas de palabras.*
- *A mí <u>tampoco</u>.*

También und *tampoco* können vor oder
hinter dem Verb stehen. Wenn *tampoco*
hinter dem Verb steht, muss vor dem Verb
zusätzlich *no* stehen.

- *Yo no he visto la última película de Iñárritu, ¿y tú?*
- *Yo <u>no</u> la he visto <u>tampoco</u>.*

Unidad 11

Unregelmäßige Verben beim *Pretérito indefinido*

Es gibt eine Gruppe von Verben, deren Stamm sich im *Indefinido* durchgehend ändert
und besondere Endungen aufweist. Diese Endungen sind bei allen Verben gleich.

Bei diesen Verben fällt in der 1. und 3. Person Singular die Betonung auf den Stamm
und nicht auf die Endung. Diese beiden Formen erhalten keinen graphischen Akzent.

	tener	venir	estar	poder	poner	querer
yo	tuv**e**	vin**e**	estuv**e**	pud**e**	pus**e**	quis**e**
tú	tuv**iste**	vin**iste**	estuv**iste**	pud**iste**	pus**iste**	quis**iste**
él/ella, usted	tuv**o**	vin**o**	estuv**o**	pud**o**	pus**o**	quis**o**
nosotros/-as	tuv**imos**	vin**imos**	estuv**imos**	pud**imos**	pus**imos**	quis**imos**
vosotros/-as	tuv**isteis**	vin**isteis**	estuv**isteis**	pud**isteis**	pus**isteis**	quis**isteis**
ellos/ellas, ustedes	tuv**ieron**	vin**ieron**	estuv**ieron**	pud**ieron**	pus**ieron**	quis**ieron**

» Weitere Verben, die Unregelmäßigkeiten aufweisen, sind:

andar → anduv-	haber → hub-	*producir → produj-	*decir → dij-
saber → sup-	caber → cup-	*traducir → traduj-	*traer → traj-

* Wenn der unregelmäßige Stamm auf **-j** endet, entfällt das **i** der Endung der dritten Person Plural, so z.B. *decir* → ~~dijieron~~ *dijeron*.

❗ Alle Verben, die von einem unregelmäßigen Verb abgeleitet werden, übernehmen im *Indefinido* dessen Unregelmäßigkeit: man**tener** → man**tuve**, con**tener** → con**tuve**, com**poner** → com**puse**, re**producir** → re**produje**, usw.

» Die Verben *ser, ir* und *dar* sind ebenfalls unregelmäßig und lassen sich in keine Gruppe einteilen.

	ser/ir	**dar**
yo	fu**i**	d**i**
tú	fu**iste**	d**iste**
él/ella, usted	fu**e**	d**ió**
nosotros/-as	fu**imos**	d**imos**
vosotros/-as	fu**isteis**	d**isteis**
ellos/ellas, ustedes	fu**eron**	d**ieron**

» Einige wenige Verben auf *-ir*, die ein *e* oder ein *o* in der letzten Silbe des Stammes aufweisen, ändern diesen Stammvokal in der 3. Person Singular und Plural. Ansonsten werden sie regelmäßig konjugiert.

	dormir	**pedir**	**conseguir**
yo	dorm**í**	ped**í**	consegu**í**
tú	dorm**iste**	ped**iste**	consegu**iste**
él/ella, usted	d**u**rm**ió**	p**i**d**ió**	cons**i**gu**ió**
nosotros/-as	dorm**imos**	ped**imos**	consegu**imos**
vosotros/-as	dorm**isteis**	ped**isteis**	consegu**isteis**
ellos/ellas, ustedes	d**u**rm**ieron**	p**i**d**ieron**	cons**i**gu**ieron**

genauso:

preferir: pref**i**rió, pref**i**rieron · repetir: rep**i**tió, rep**i**tieron

morir: m**u**rió, m**u**rieron · sentir: s**i**ntió, s**i**ntieron

servir: s**i**rvió, s**i**rvieron · seguir: s**i**guió, s**i**guieron

Weitere Besonderheiten bei der Bildung des *Pretérito indefinido*

» Bei Verben, bei denen der Stamm eines Verbs auf **-er/-ir** auf Vokal endet, wird das intervokalische **i** der 3. Person Singular und Plural zu **y**: *leer* → *leyó, leyeron*; *oír* → *oyó, oyeron*; *construir* → *construyó, construyeron*.

» Manche Verbformen im *Indefinido* verändern ihre Schreibweise, um die Aussprache zu behalten: *empezar* → (yo) *empe**c**é*; *comenzar* → (yo) *comen**c**é*; *llegar* → (yo) *lle**gu**é*, *destacar* → (yo) *desta**qu**é*. Diese Verben werden nicht als unregelmäßig angesehen.

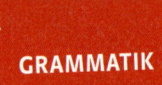
Ereignisse zeitlich einordnen

» nach dem Alter: *A los 21 años* conoció a su futuro marido. *Con 22 años* se casó.

» nach Datum, Monat oder Jahreszahl:

El **21** de agosto de 1929 El **uno** / el **primero** de agosto. Hoy es **21 de agosto**. **El 21 de agosto** se casó.	Das Datum wird im Spanischen mit den Grundzahlen angegeben. Nur für den ersten eines Monats kann man die Ordnungszahlen verwenden. Im Spanischen wird zwischen „der 21. August" und „am 21. August" mit Hilfe des bestimmten Artikels unterschieden.
1925 fue un año difícil. **En 1925** tuvo un accidente. **En agosto** de 1929 se casó.	Die Jahreszahlen werden in der Regel ohne bestimmten Artikel verwendet, in der Bedeutung „im Jahr" wird die Präposition *en* (+ Jahr) verwendet. Das gleiche gilt für die Monate.

» durch Zeitangaben:

después de (+ *Substantiv*) después de (+ *Infinitiv*)	nach	**Después del accidente** empezó a pintar. Empezó a pintar **después de tener** el accidente.
antes de (+ *Substantiv*) antes de (+ *Infinitiv*)	vor/bevor	**Antes del divorcio** volvieron a México. **Antes de vivir** en Estados Unidos vivió en México.
durante	während	**Durante** ese tiempo empezó a pintar.
hasta	bis	Viví en Paris **hasta** 2012.
al cabo de	nach	**Al cabo de** 5 años / meses / semanas / días se divorciaron.
al... siguiente	im / in der / am folgenden...	**Al año** / **al mes** / **a la semana** / **al día siguiente** volvieron.
... más tarde	... später	**Un año / un mes / una semana / unas horas más tarde** se volvieron a ver.

→ Siehe auch Zeitangaben mit *hace*, *desde* und *desde hace* auf Seite 160.

Unidad 12

Das *Pretérito imperfecto* und sein Gebrauch

Die regelmäßigen Verben

Die Verben auf -*er* und auf -*ir* haben die gleichen Endungen. Die Betonung liegt im *Pretérito imperfecto* auf den Endungen, auf der vorletzten Silbe, außer bei der 1. Person Plural, die auf der drittletzten Silbe betont wird.		-ar **trabajar**	-er **aprender**	-ir **vivir**
	yo	trabaj**aba**	aprend**ía**	viv**ía**
	tú	trabaj**abas**	aprend**ías**	viv**ías**
	él/ella, usted	trabaj**aba**	aprend**ía**	viv**ía**
	nosotros/-as	trabaj**ábamos**	aprend**íamos**	viv**íamos**
	vosotros/-as	trabaj**abais**	aprend**íais**	viv**íais**
	ellos/ellas, ustedes	trabaj**aban**	aprend**ían**	viv**ían**

Die unregelmäßigen Verben

Im *Imperfecto* gibt es nur drei unregelmäßige Verben:

		ser	ir	ver
Die Form des *Imperfecto* von *hay* ist **había**. *Cuando yo era pequeño, no había teléfonos móviles.*	yo	**era**	**iba**	**veía**
	tú	**eras**	**ibas**	**veías**
	él/ella, usted	**era**	**iba**	**veía**
	nosotros/-as	**éramos**	**íbamos**	**veíamos**
	vosotros/-as	**erais**	**ibais**	**veíais**
	ellos/ellas, ustedes	**eran**	**iban**	**veían**

Der Gebrauch des *Imperfecto*

Das *Imperfecto* ist eine Zeitform der Vergangenheit, die der Sprecher einsetzt, wenn er eine beschreibende Sicht über die Vergangenheit einnehmen will. Etwas konkreter: Der Sprecher wählt das *Imperfecto*,

» um Umstände oder Situationen in der Vergangenheit zu beschreiben, wie z.B. das Aussehen von Dingen und Personen.
En aquella época las casas eran más oscuras.
De niña llevaba el pelo corto.

» um über Erinnerungen an Gewohnheiten in der Vergangenheit zu sprechen (im Grunde ist dies auch eine beschreibende Sicht der Vergangenheit).
De aquella época recuerdo que discutía mucho con mis padres.

Oft wird die Beschreibung durch einen präzisen Zeitrahmen eingegrenzt, wie z.B. *entonces* (in der Bedeutung von "damals"), *en aquella época, en los 80, antes* usw.
En los setenta no existían aún los televisores en color.
En aquella época no era fácil divorciarse.
En Salobreña antes no había tantas discotecas.

Der Konnektor *en cambio*

En cambio wird verwendet, um einer Aussage eine andere Aussage gegenüberzustellen.
Antes llevaba el pelo corto, en cambio, ahora lo lleva largo.

Auch *pero* und *sin embargo* können zur Kontrastierung einer Aussage verwendet werden.

Adverbien mit der Endung *-mente*

» Adverbien, die auf **-mente** enden, werden gebildet, indem diese Endung an die feminine Form eines Adjektivs angefügt wird. Haben die Adjektive dieselbe Endung für Maskulinum und Femininum, wird das Suffix **-mente** an das Adjektiv angehängt: *rápida → rápidamente, tradicional → tradicionalmente.*

Diese Adverbien sind in der Regel Adverbien der Art und Weise, des Standpunktes oder Wissensgrades wie z.B. *rápidamente, lentamente, actualmente, seguramente.*

» Manchmal haben diese Adverbien eine andere Bedeutung als das Adjektiv, aus dem sie gebildet werden: So z.B. *seguro/-a* (sicher) → *seguramente* (= warscheinlich); *último/-a* (letzte/r) → *últimamente* (= in der letzten Zeit).

» Die Adverbien *solo, rápido* und *lento* haben dieselbe Bedeutung wie *solamente, rápidamente* und *lentamente.*

Unidad 13

Wortbildung bei Substantiven: Suffixe

Zur Bildung von Substantiven aus Verben werden unterschiedliche Suffixe
verwendet. Das sind die häufigsten:

-a/-o	protesta, rechazo	-da	llegada, salida
-aje	aterrizaje	-anza	enseñanza
-ción	inauguración, construcción	-dor/-dora	encendedor, lavadora
-miento	nacimiento	-torio	interrogatorio

Der Kontrast *Pretérito perfecto/Indefinido – Imperfecto*

Wenn eine Person über die Vergangenheit spricht, wechselt sie ständig
die Erzählabsichten, und wählt dazu entsprechend die passende Zeit.

Der Sprecher wählt *Indefinido* oder *Perfecto*,	Der Sprecher wählt *Imperfecto*,
wenn er das Geschehen als eine Folge von Ereignissen darstellen will und so die Handlung vorantreibt.	wenn er die Umstände, die dieses Ereignis begleiten, betrachtet. Dafür hält er die Handlung an und beschreibt die Situation in diesem Moment (wie es war als etwas geschah).

En el minuto 16 del partido Juanito ha pasado / pasó el balón a Pepe. Después Pepe ha corrido / corrió hacia la portería. Entonces, en el minuto 17, ha metido / metió un gol. Ha sido / Fue un partido muy emocionante.

… Después Pepe ha corrido / corrió hacia la portería, <u>los espectadores gritaban, todo el mundo estaba nervioso</u>. Entonces, en el minuto 17, ha metido / metió un gol. <u>El estadio era un clamor, la gente se abrazaba y gritaba de alegría.</u>

Konnektoren bei Erzählungen von Ereignissen

In einer Erzählung werden im Spanischen Konnektoren verwendet. Diese
zeigen an, dass sich der Inhalt der Erzählung gleich ändern wird und verleihen
der Folge von Ereignissen gleichzeitig mehr Spannung und Lebendigkeit.

Häufig werden verwendet:
>> zum Beschleunigen der Erzählung:

de repente / de pronto	plötzlich	Íbamos por la calle cuando **de repente** / **de pronto**, llegó un coche de policía.
entonces, enseguida, en ese momento	dann, sofort, in diesem Moment	Miles de manifestantes salieron a la calle. **Entonces** / **enseguida** / **en ese momento** vino la policía y aquello se convirtió en una batalla.

» zum zeitlichen Strukturieren der Erzählung:

primero, luego, después	zuerst, dann, danach	**Primero** salió el presentador, **luego** actuó Shakira y **después** salió el cantante Juanes.
tambien, además	auch, außerdem	**También** / **además** lanzaron papelitos de colores.
finalmente, al final	zum Schluss	**Finalmente** salieron los diferentes equipos con su bandera.

Die Verbalperiphrase *estar + Gerundio* im *Imperfecto*

» Mit der Verbalperiphrase **estar + Gerundio** wird im Präsens eine Handlung in ihrem Verlauf dargestellt. Die Handlung läuft entweder genau zum Zeitpunkt des Sprechens ab, d.h. gerade, oder ist auf einen bestimmten Zeitraum beschränkt.

- ¿Qué *estás haciendo*?
- Pues *estoy cocinando*.

- ¿Qué *estás haciendo este semestre*?
- Pues *estoy haciendo* unas prácticas en una empresa.

» Im *Imperfecto* kann man ebenfalls eine Handlung in ihrem Verlauf beschreiben. Diese ist jedoch zum Zeitpunkt des Sprechens abgeschlossen, denn sie fand in einem konkreten Moment der Vergangenheit statt.

- ¿Qué *estabas haciendo* cuando te llamé?
- Pues *estaba cocinando*.

- ¿Qué *estabas haciendo ese semestre*?
- Pues *estaba haciendo* unas prácticas en una empresa.

Unidad 14

Der bejahte Imperativ

Der bejahte Imperativ hat vier Formen (für die Personen *tú, vosotros/-as, usted* und *ustedes*):		**levantar**	**beber**	**vivir**
» Die regelmäßige Form der zweiten Person (*tú*) entspricht der des Präsens für *tú*, aber ohne die Endung -s.	tú	levant**a**	beb**e**	viv**e**
	usted	levant**e**	beb**a**	viv**a**
» Die Imperativformen für die Personen *usted* und *ustedes* erhält man, indem man an den Stamm der ersten Person die Endungen -e, -en oder -a, -an anfügt.	vosotros/-as	levant**ad**	beb**ed**	viv**id**
	ustedes	levant**en**	beb**an**	viv**an**

» Die Verben mit Veränderung des Stammvokals im Präsens übernehmen in der Regel diese Veränderung für die Formen *tú, usted* und *ustedes*, z.B.:

cerrar:	c**ie**rras (Präsens, *tú*)	→	c**ie**rra (Imperativ, *tú*)
	c**e**rráis (Präsens, *vosotros/-as*)	→	c**e**rrad (Imperativ, *vosotros/-as*)
dormir:	d**ue**rme (Präsens, *usted*)	→	d**ue**rma (Imperativ, *usted*)
	d**o**rmís (Präsens, *vosotros/-as*)	→	d**o**rmid (Imperativ, *vosotros/-as*)
pedir:	p**i**den (Präsens, *ellos/-as, ustedes*)	→	p**i**dan (Imperativ, *ustedes*)
	p**e**dís (Präsens, *vosotros/-as*)	→	p**e**did (Imperativ, *vosotros/-as*)

	ser	ir	venir	hacer	oír	salir	decir	tener	poner
tú	**sé**	**ve**	**ven**	**haz**	**oye**	**sal**	**di**	**ten**	**pon**
usted	**sea**	**vaya**	ven**g**a	ha**g**a	oi**g**a	sal**g**a	di**g**a	ten**g**a	pon**g**a
vosotros/-as	**sed**	**id**	venid	haced	oíd	salid	decid	tened	poned
ustedes	**sean**	**vayan**	ven**g**an	ha**g**an	oi**g**an	sal**g**an	di**g**an	ten**g**an	pon**g**an

Die Verben, die in der *yo*-Form des Präsens ein „g" annehmen, übernehmen den Konsonanten „g" auch in der *usted-* und in der *ustedes*-Form des Imperativs (siehe: *venir, hacer, oir, salir, poner, …*) und haben eine verkürzte *tú*-Form (*venir → ven, hacer → haz, tener → ten, poner → pon, …*).

! Zur Position der Objektpronomen beim bejahten Imperativ siehe Seite 156.

Über Zustände sprechen
Es gibt mehrere Möglichkeiten, über seelische oder physische und vorübergehende Zustände zu sprechen:

»» Man kann dafür Ausdrücke mit den Verben **estar** oder **tener** verwenden.

Ausdrücke mit *estar*	María **está** muy cansada.	¡Qué cansada (que) **estoy**!
Ausdrücke mit *tener*	María **tiene** sed.	¡Qué sed (que) **tengo**!

»» Auch besondere verbale Konstruktionen wie *doler, encontrarse* und *sentirse* werden dafür häufig verwendet.

doler*	encontrarse	sentirse	
Me duele la garganta.	Me encuentro bien.	Me siento triste.	*Das Verb *doler* wird wie die wertenden Verben verwendet, vgl. dazu Seite 159.

Empfehlungen oder Ratschläge geben
Im Spanischen gibt es mehrere Möglichkeiten, einen Ratschlag oder eine Empfehlung zu geben. Die wichtigsten sind:

»» Auf eine unpersönliche oder allgemeine Art

»» Auf eine persönliche Art

Hay que + Infinitiv
(„sollen" oder „müssen")
Para estar sano hay que comer suficiente fruta y verdura.

Tener que + Infinitiv
(müssen)
Juan, tienes que hacer más deporte.

Mit den Imperativformen
Haz más deporte, si quieres adelgazar.

Mit unpersönlichen Ausdrücken:
es importante, es necesario + Infinitiv
Es importante / Es necesario comer fruta y verdura.

Deber + Infinitiv
(sollen/müssen)
Si haces deporte, debes beber más agua.

Mit einer Frage
¿Por qué no te tomas una infusión?

Unpersönlichkeit mit *se*
Die Unpersönlichkeit wird unter anderem mit **se** + Verb in der dritten Person ausgedrückt.
Das Verb wird in der Regel in der Zahl dem Objekt angeglichen.
Se corta el pimiento en trocitos pequeños.   Se cortan las patatas en trocitos pequeños.

! Wird ein Objekt der Person mit der Präposition *a* eingeführt, steht das Verb immer im Singular.
En las fiestas siempre se conoce a muchas personas.

KURSBUCHTEIL

Unidad 8

Unidad 8, 2B

- ¿Diga?
- Hola, buenas. Llamo por lo de la habitación…
- Ah, sí, espera un momentito, la que se encarga de eso es Sofía. Ahora mismo se pone. Perdona… ¿de parte de quién?
- Esther, me llamo Esther.
- Un momento, Esther.
- Sí, ¿con quién hablo?
- Hola, soy Esther y llamo por lo de la habitación. Quería saber, cómo es de grande y también si está amueblada.
- Bueno, pues es bastante grande y muy luminosa, además tiene vistas al río. En cuanto a los muebles, tiene una cama, un armario y un pequeño escritorio.
- Uy, ¡suena muy bien! ¿Y… a partir de cuándo podría empezar a vivir allí?
- Pues a partir de abril.
- ¡Ah, perfecto! ¿Y podría ir a ver la habitación?
- Sí, claro. ¿Qué te parece a partir de las 8 de la tarde?
- Muy bien, ¿me das la dirección?
- Sí, está cerca del Paseo del Violón, en la Calle Ribera del Genil, número 11, 2ª derecha.
- Muy bien Sofía, entonces hasta mañana.
- ¡Hasta luego!

Unidad 8, 4a

- ¡Hola, pasen, pasen!
- Uy, ¡qué piso más bonito!
- Sí, ¡cuánta luz! ¡Qué maravilla!
- Sí, pero es muy pequeño. En realidad es solo un estudio: con salón-dormitorio, una cocina y un cuarto de baño.
- Bueno, pero muy acogedor… A ver… aquí traemos la lavadora, ¿dónde la ponemos?
- Pues en la cocina. Mira aquí, entre el fregadero y la cocina eléctrica.
- Bien, entre el fregadero y la cocina eléctrica… Perfecto.
- Hola, Carlos, pasa, pasa. Mira, la alfombra la dejas en el salón, que es la habitación al final del pasillo.
- ¿Y dónde la pongo?
- Pues… la dejas en el suelo, al lado del sofá.
- ¡Uf!… Aquí traemos el armario. ¿Dónde lo ponemos?
- Sí, el armario, mira, lo pones también en la habitación que está al final del pasillo, a la derecha, al lado del balcón.
- Muy bien.
- A ver… aquí traigo dos plantas. ¿Dónde las pongo?
- En el balcón, en la esquina.
- ¿Y esta lámpara?
- Mmm… Sí, mira, la pones encima de mi escritorio… en la mesa que está al lado de la cama.
- Vale, ya la veo.
- A ver… Por aquí traigo otra cosita. El espejo, ¿dónde lo pongo?

- ¡Uy! No sé todavía, lo tengo que pensar. Ponlo debajo de mi cama.
- Bueno, te lo dejo entonces debajo de la cama.
- ¡Cuidado, Carlos que es un cristal!
- ¡Ay, vaya, vaya…!

Unidad 8, 5a

- Mira, Ana que te enseño los pisos que he encontrado. A ver qué te parecen… Mira este está cerca de la Plaza Mayor, y este cerca de la Universidad.
- Mejor, cerca de la Universidad, ¿no?
- Sí… Pero mira, este piso es más espacioso y acogedor, tiene más metros cuadrados que el otro.
- A ver… No sé… Bueno, sí, es verdad, pero mira, es más caro, y además, los dos tienen el mismo número de habitaciones, ¿no?
- No, mira, este tiene una habitación más: pequeña, pero perfecta para los amigos. Mira el plano.
- Ah, sí es verdad, pero el balcón es más pequeño, y yo quiero un balcón más grande.
- No sé, a mí me gusta más el otro piso. Fíjate, la cocina tiene menos luz y ¡qué pequeña! Además no está amueblada.
- Vale, de acuerdo. Pero el cuarto de baño del otro piso no tiene ventana… ¿no? Mira el plano.
- Bueno… Mejor, así en invierno es menos frío… Mmm… ¿A ver cómo son los dormitorios?
- Bueno, igual de grandes, ¿no?
- No, no. Mira, yo creo que estos son más grandes. Además ya están amueblados.
- Bueno, yo creo que lo mejor es ir a verlos, ¿verdad?
- Pues sí, creo que sí.

Unidad 8, 9c

1. (música)
2. (ruido en la cocina)
3. (ruidos de ordenador)
4. ● ¿Diga?
   ■ Hola, soy Juan.
5. (un despertador suena)

Unidad 9

Unidad 9, 1a

- Hola, muy buenas, ¿puedo ayudarte?
- Pues sí, gracias. Busco el móvil que tenéis en la publicidad.
- ¿Este de aquí?
- Sí, sí, ese. ¿Qué tal es? ¿Qué prestaciones tiene?
- Pues tiene una batería de larga duración, y hace unas fotos estupendas.
- A ver… ¡Uy! ¡Cuánto pesa! ¿Tenéis también otros modelos en oferta?
- Sí, mira, ese de ahí es el último modelo de "Tantun" y cuesta 219 €. Y aquel de allí es el último modelo de "Sonsi".

- ¿Y cuánto cuesta el modelo "Sonsi"?
- Pues 179 euros.
- ¿Me lo puedes enseñar?
- A ver, un momentito, ahora te lo traigo. Mira, aquí lo tienes.
- ¡Muy bonito! ¡Y qué ligero! Pues…, vale, me lo quedo.
- Muy bien. ¿Me acompañas a caja, por favor?
- Sí… ¿Puedo pagar con tarjeta?
- Sí, claro.

Unidad 9, 5b

6-9
1. ● ¿Y esto? ¿Lo has hecho tú?
   ■ Sí, mira, con un frasco de cristal. Para ello he utilizado un frasco de mermelada y cintas de tela. ¿Te gusta?
   ● Sí, mucho. ¿Y para qué lo utilizas?
   ■ Bueno, sirve para poner bolis o lápices.
2. ● ¿Y esto? ¿Qué es?
   ■ Un vaso termo de metal. Sirve para conservar caliente el té o el café. ¿Te gusta?
   ● Sí, es una buena idea.
3. ● Mira, ¿qué te parece esta del catálogo?
   ■ ¿Cuál esta de plástico?
   ● No, la de madera.
   ■ A ver… ¡Uy, sí! Me gusta mucho.
4. ● A ver, ¿qué te parece esta?
   ■ ¡Uy! Pero si es de papel, ¿no?
   ● Sí, una lámpara de papel.

Unidad 10

Unidad 10, 2a

10
● ¡Dime, Elsa! ¿Has estado alguna vez en Latinoamérica?
■ Sí, una vez, en Costa Rica.
● ¿Y cuándo?
■ Pues hace dos años, en el mes de febrero. Fue un viaje maravilloso: visitamos sus parques naturales, conocimos a mucha gente y además, como me encanta el mar, también hice un curso de bucco. ¡Costa Rica es un paraíso!
● ¿Y tú, Hugo?
● Sí, yo también he estado ya en Latinoamérica, y en concreto, este año, durante el mes de marzo. He pasado cinco semanas con unos amigos en el Altiplano andino. Ha sido realmente impresionante: hemos estado en el lago Titicaca, el salar de Uyuni y también en el Desierto de Atacama. ¡Una auténtica aventura!
● ¿Y tú, Raquel?
■ Pues yo estuve en el año 2009 en México, y en concreto en la península de Yucatán. Allí visité las ruinas arqueológicas de Chichén Itzá, Uxmal, Campeche y Tulum, y claro, también pasé una semana en la playa, muy cerca de Playa del Carmen. ¡Realmente un viaje precioso!

Unidad 10, 4a

11-13
1. ● ¡A ver, quién empieza….! Tú, Cecilia, te toca a ti. Tú ya has estado en la India, ¿verdad?
   ■ Sí, estuve hace tres años.
   ● Y ¿qué recuerdas de ese viaje?
   ■ Pues todo, los colores… los olores, la arquitectura, la gente y bueno, sobre todo el día en que me comí insectos fritos.
   ● ¡Puah!, ¿insectos fritos? ¡Qué asco! ¿Y te gustó?
   ■ ¡Pues sí! Me encantaron. Muy ricos. Realmente deliciosos. Es como comer pescado frito.
2. ● Oye, Carlos, tú estuviste la semana pasada en el cine, ¿no?
   ■ Sí, fui con Marta a ver la última película de Cuarón.
   ● Y… ¿qué tal, te gustó?
   ■ En absoluto, no me gustó nada. Me pareció muy aburrida, la verdad. Marta y yo nos salimos del cine a mitad de la película.
3. ● Y tú, ¿dónde estuviste ayer que mira qué cansado estás?
   ■ Es que ayer fue el cumpleaños de Juan y organizó una fiesta para celebrarlo.
   ● ¿Y qué tal la fiesta?
   ■ Uy, ¡fantástica! ¡Divertidísima! Bailamos mucho, nos reímos mucho… ¡Y volví a casa tardísimo!
   ● Sí, sí, ya veo…

Unidad 10, 7a

14-16
1. ● Eduardo, esta noche nos vamos a bailar tango, ¿les gustaría a Carmen y a ti venir con nosotros?
   ■ ¿Tango? ¡Uy, qué difícil! ¿No? Bueno, yo al menos no sé. ¿Vosotros, sí?
   ● Bueno, un poco, el año pasado Jaime y yo aprendimos a bailarlo.
   ■ ¿Y dónde?
   ● Pues en Buenos Aires. A los dos nos encanta bailar y cuando llegamos allí, nos apuntamos en una academia de baile.
   ■ Y… ¿es difícil?
   ● Bueno para mí fue fácil, pero a Jaime, sí que le costó un poco de esfuerzo. Pero nos divertimos muchísimo.
2. ● ¿Dónde cenamos, en un italiano, en un tailandés, en un peruano…?
   ■ Pues… no sé, a ver, Chema, ¿por qué no decides tú?
   ● Bueno, tú ya sabes, yo prefiero el tailandés, así puedo descubrir nuevas recetas.
   ■ Es que… Chema y yo estamos haciendo un curso de cocina tailandesa.
   ● Pero, bueno, ¡no lo sabía! ¿Desde cuándo?
   ● Pues desde hace tres semanas.
   ● ¿Y dónde lo hacéis?
   ● Pues en una escuela de cocina, en el barrio de Gràcia.
   ● Y, ¿qué tal, sabes ya cocinar muchos platos?
   ● Bueno, algunos. La verdad, es que el curso me parece muy útil. Claro que algunos platos son difíciles y me cuestan más esfuerzo.
   ● ¡Pues a ver cuándo nos invitas!

3. ■ ¿Y qué estás haciendo ahora?
● Pues estoy aprendiendo chino porque quiero irme a Pekín.
■ ¡Qué gracioso! Yo hace tres años que empecé a estudiar chino.
● ¡Uy, no lo sabía!
■ Sí, es así, en casa, con un profesor particular de Hong Kong. Pero lo dejé porque las clases no me gustaron nada. ¡Un profesor muy caótico!
● ¡Mmm… qué pena! Yo creo que hoy en día aprender chino es muy útil para la vida laboral.

Unidad 11

Unidad 11, 1b

17
● Y, ¿qué tal? ¿Cómo fue tu viaje por México?
■ ¡Fantástico! Demasiado corto.
● ¿Y qué viste?
■ Chico, muchísimo… Pero lo que más me impresionó de todo fue el museo de Frida Kahlo, y su obra. ¡Qué mujer!
● Sí, ¡a mí su vida también me parece fascinante!
■ ¿Sabes? Nació en Coyoacán en 1907…
● Sí, bueno, lo más importante es su accidente de autobús, ¿no?
■ Sí, a los 18 años. Eso le marcó toda su vida. Debido al accidente tuvo que estar mucho tiempo en cama y en esa época empezó a pintar. Primeramente temas relacionados con México y sus tradiciones.
● ¿Y cuándo conoció a Rivera?
■ Pues tres años después, en 1928, y se casaron en 1929, un año más tarde.
● ¿Y vivieron siempre en México?
■ No, en 1932 se trasladaron a Estados Unidos, y allí vivieron un año. En esa etapa es cuando Frida empieza a pintar su dolor y sus sentimientos. Y claro, también aumentan los problemas con su marido hasta que se divorcia en 1939.
● ¡Ah! Entonces es cuando pinta este autorretrato tan famoso con los animales…
■ ¡Sí, eso es! Pero, ¿sabes? Frida Kahlo y Diego Rivera se volvieron a casar. Eso sí, los años siguientes fueron bastante difíciles para Kahlo, tuvo muchas operaciones… y a los 47 años murió.
● Mira, ¡qué vida tan complicada, pero interesante que tuvo!, ¿no?
■ Sí, Frida fue una persona fascinante.

Unidad 11, 6b

18
● Hola, buenos días, soy Minerva Rojas, venía por lo de la entrevista.
■ ¡Ah, sí! ¡Pase, pase, siéntese! Espere un momento, voy a avisar a la señora Pozo.
● Hola, buenos días.
● Hola, muy buenas.
● Pase a mi despacho. Siéntese, por favor. Bueno, paso a hacerle algunas preguntas sobre sus estudios y sobre su trayectoria personal. Aquí veo que ha estudiado…

Comercio Internacional. ¿Me podría decir cuál es la razón de escoger estos estudios?
● Bueno, pues he estudiado Comercio Internacional porque me gusta trabajar en empresas que se mueven en un ámbito más internacional, como por ejemplo aduaneras o comercializadoras. Es muy importante en nuestro mundo globalizado. Además me gustan los idiomas: hablo inglés, francés y un poquito de alemán.
● ¡Mmm! Muy bien. Y dígame, ¿cuáles son sus objetivos futuros?
● Bien, mis objetivos a corto plazo son integrarme en un buen equipo, rodeado de profesionales, aprender y aportar conocimientos.
● Bien, bien. Ahora le voy a hacer algunas preguntas relacionadas con su persona. Por ejemplo, ¿qué es lo que más le gusta de un trabajo? Y ¿qué es lo que menos le gusta?
● Sí, bien, para mí, lo mejor es la relación con los compañeros, tener un buen ambiente de trabajo, y lo peor es no tener tiempo para la vida privada.
● Sí, claro, lo entiendo. Y, dígame, ¿sabe hablar en público? ¿Ha tenido que hacerlo alguna vez?
● Sí, muchas veces. Estoy acostumbrada a hablar en público desde los estudios universitarios…
● Muy bien. Por cierto, ¿cuál es el último libro que ha leído?
● El Capital, de Piketty.
● ¡Uy!, ¿y qué le ha parecido?
● Muy interesante.
● … Ahora, Señora Rojas, le voy a hacer alguna pregunta sobre nuestra empresa. Por ejemplo, ¿qué piensa usted que puede aportar al trabajo de nuestra empresa?
● Pues, yo soy una persona muy exigente, sociable, organizada, sé escuchar y me gusta trabajar en equipo.
● Bien, pues eso es todo. Muchas gracias, Señora Rojas.
● Muchas gracias a usted.

Unidad 12

Unidad 12, portada b

19-25
1. ■ Oye, ¿y quiénes son estos?
● Pues somos mi hermano y yo con algunos amigos. Eran los años 80. Aquí yo tenía unos 14 o 15 años y era el cumpleaños de mi hermano. Yo soy la chica que está a su lado. En esa época estaba un poco gordita.
■ Y ya llevabas el pelo más largo, casi no te reconozco.
2. ● Mira, esta foto es de principios de los años 70, creo que exactamente del año 1974, por eso la foto todavía es en blanco y negro. Yo tenía tres o cuatro años.
■ ¿Y ese vestido?
● Ah, sí, voy vestida de flamenca.
■ ¡Qué guapa!
3. ■ ¿Y esta otra?
● ¿Cuál, esta?
■ Sí.

- Pues esta soy yo de pequeñita, con mi madre.
- ¡Uy, qué pelo tan rizado!

4. ● Mira esta foto, aquí ya iba al colegio. Tenía 8 años y estoy en casa de mi abuela.
Esta era la habitación en la que yo dormía.

5. ■ ¿Y esta foto?
- Bueno, esta es una excursión con mis amigos de la universidad… En los 90.
- ¡Qué simpáticos!, ¿no?
- Sí, sí, ¡nos llevábamos muy bien! Pasábamos mucho tiempo juntos.
Mira, y esta chica rubia…
- ¿Quién, la segunda de la izquierda?
- Sí, es Karen, una chica alemana que también estudiaba en mi universidad y con la que todavía tengo contacto.
- Mira, ¡qué bien!

6. ■ ¿Y esta niña de aquí tan pequeñita? ¿Quién es?
- ¿No la reconoces? Pues mi hija Elvira. Claro, aquí tenía dos añitos y el pelo más rubio y corto.
- ¡Qué rica!

7. ■ A ver, ¿y esta foto de aquí? ¿Quién es este?
- Pues Simon y yo en Amsterdam a mediados de los 90. ¡Qué tiempos!
- Perdona, pero casi no lo reconozco.
- Bueno, entonces era más delgado y tenía más pelo, claro.

Unidad 12, 2a

26 ● ¿Te acuerdas de cuándo éramos unas niñas?
- ¡Sí, claro! ¿Cómo no me voy a acordar? Recuerdo el colegio, cómo éramos, qué hacíamos después de clase…
- Sí, yo también. Por ejemplo del colegio… recuerdo que las clases de deporte eran las que más me gustaban.
- ¿Así?
- Y las que menos me gustaban, eran las de matemáticas. ¡Me aburrían muchísimo!
- Bueno, a mí también. Prefería hacer deporte, claro. Oye, yo lo de que no me acuerdo muy bien era de cómo era yo entonces.
- Pues yo sí que me acuerdo de cómo era yo. Tenía el pelo muy largo, llevaba gafas, y era delgadísima. No me gustaba nada mi físico.
- ¿De verdad? Pero si eras guapísima…
- ¡Ay… no sé, no sé!
- Pues, yo de lo que más me acuerdo es de las comidas en tu casa. Tú, ¿no?
- Pues claro, me encantaban los domingos, toda la familia comiendo paella…
- Sí, a mí también me gustaban los domingos, cuando íbamos al campo, pero no me gustaba nada la tortilla de patata que siempre comíamos.

Unidad 12, 3c

27 ● Oye, muchas gracias por recomendarme esa tienda. Tiene unas cosas preciosas y están muy bien de precio.
- Pues me alegro. ¿Y te has comprado algo?

- Pues sí, varias cosas. Primero busqué algo para la fiesta de fin de carrera y me gustó el vestido rojo.
- ¡Así me gusta, bien atrevida!
- Si, pero en rojo no lo había de la talla mediana, así que lo tuve que pedir en azul.
- Bueno, ¡también es un color bonito! ¿Y cómo es?
- Es sencillo, pero muy elegante. Es largo, de tirantes y sin estampados.
- Seguro que te queda fantástico. ¿Y cuánto te ha costado?
- Pues estaba muy bien de precio, 95 euros.
- Bueno, no está mal. ¿Y qué más te has comprado?
- Pues también unos zapatos de tacón para la fiesta.
- ¡Uy, qué bonitos! ¡Seguro que han sido muy caros!
- No, nada caros. Estaban rebajados y he pagado 59 euros.
Mira, son grises y parecen muy pequeños aunque son del número 39. ¡Me encantan! ¡Estoy deseando ponérmelos en la fiesta! Bueno, y tú, ¿qué te has comprado?
- Pues yo me he comprado unos zapatos rojos…

Unidad 13

Unidad 13, 3a

28-30 1. ● ¿Qué acontecimiento recuerdas que te impactó bastante?
- Mira, sin lugar a dudas el once de septiembre de 2001, el día del atentado a las torres gemelas, cuando los aviones chocaron contra ellas.
- Y, ¿dónde estabas? ¿Cómo te enteraste?
- Te cuento… Mi mujer y yo estábamos en el aeropuerto de Buenos Aires y nos enteramos de la noticia cuando salíamos del mismo. Estábamos esperando el bus cuando, por casualidad, vimos en una pantalla de televisión unas imágenes de aviones chocando contra las torres gemelas. No lo podía creer… En ese momento comprendimos el retraso de nuestro avión, el miedo de las azafatas, …
- ¿Y qué hiciste entonces?
- … Cuando llegamos a casa lo primero que hicimos fue encender la tele y llamar a nuestras familias para decirles que estábamos bien.
- ¡Qué miedo!, ¿verdad?

2. ● ¿Qué acontecimiento te ha impactado recientemente?
- A ver… bueno, hay varios, pero así… el que más, pues el Mundial de Fútbol de Brasil.
- ¿Dónde estabas durante el Mundial?
- Pues en Brasil. Estaba haciendo una pasantía en Río de Janeiro, así que he podido vivir todo: el ambiente, las manifestaciones, el final de algunas obras, …
- ¿Y qué tal?
- Pues me ha parecido una experiencia inolvidable. He conocido a gente fantástica, super hospitalaria y amable…

3. ● Y tú, ¿qué acontecimiento recuerdas?
 ■ Pues, sin duda alguna, los mineros atrapados en la mina de San José.
 ● ¿Dónde estabas ese día?
 ■ Pues estaba con mi familia en casa, estábamos cenando y escuchando las noticias en la tele, cuando de pronto, dieron la noticia del derrumbe del yacimiento.
 ● ¿Y qué hiciste?
 ■ Pues enseguida llamamos por teléfono a mi padre que era una de las personas encargadas de la mina. Pero no pudimos hablar por teléfono con él.
 ● ¿Y entonces?
 ■ Pues nos fuimos inmediatamente a la zona para enterarnos de algo. Todo fue horrible, pero por suerte, mi padre se encontraba bien.
 ● ¡Vaya! Menudo susto.

Unidad 13, 4a
31 ● Bueno, pues ya está. Por hoy hemos terminado nuestro recorrido. Hoy pasamos la noche aquí, en Aguas Calientes, y mañana nos tenemos que levantar temprano para estar al mediodía en las ruinas de Machu Picchu.
 ■ Carlos, yo tengo una pregunta, mi libro dice que Machu Picchu significa en quechua "montaña vieja". ¿Es verdad?
 ● Sí, es cierto. Pero claro, Machu Picchu es mucho más que una montaña vieja, aunque se piensa que su nombre original era *Picchu* o *Picho*.
 ● Sí, y aquí en mi guía dice que la ciudad era palacio, pero también un santuario.
 ● Sí, también es verdad. Al menos eso es lo que piensan los historiadores: que en él estaba la residencia de descanso de Pachacútec, un jefe inca del siglo XV, pero que la ciudad era también un santuario religioso, al menos algunos de los edificios así lo demuestran.
 ● ¿Y se sabe cuándo se construyó exactamente?
 ● Se piensa que en la segunda mitad del siglo quince, aunque algunos historiadores piensan que en la primera mitad.
 ● Entonces, casi la construyeron al mismo tiempo que la llegada de los españoles a América.
 ● Sí, pero los españoles nunca supieron de su existencia. ¿Alguna pregunta más? ¿No? ¡Pues descansen que mañana nos espera un día duro!

Unidad 14

Unidad 14, 4a
32-34 1. ● Buenos días, ¿en qué puedo ayudarle?
 ■ Sí, buenas. Mire me duelen las muelas. ¿Tiene usted algo contra el dolor?
 ● Espere un momento, por favor... Aquí tiene. Tome este analgésico cada 8 horas. Y si mañana todavía le duelen, vaya al dentista sin falta.

 ■ Sí, gracias. ¿Cuánto es?
 ● Son 5 euros con 40.
2. ● Carmen, ¿puedo pasar?
 ■ Sí, pasa, pasa.
 ● ¿Qué tal te encuentras hoy?
 ■ Regular. Estoy resfriada y creo que tengo un poco de fiebre.
 ● ¿Por qué no te vas a casa?
 ■ Sí, ahora mismo lo hago.
 ● ¡Qué te mejores!
 ■ Gracias.
3. ■ Buenas tardes. Dígame.
 ● Buenas tardes, doctora. Soy Carlos Quintana.
 ■ Hola buenas, dígame, ¿qué le pasa?
 ● Pues, verá... Es que no me encuentro bien. Últimamente no duermo y estoy muy cansado.
 ■ ¿Tiene algún problema?
 ● Bueno, sí, es que tengo los exámenes... Y claro, estoy nervioso porque tengo miedo de no aprobar.

Unidad 14, 6b
35 ● A continuación, les ofrecemos la entrevista realizada a la doctora en Nutrición Carmen Losada. Muy buenas tardes, Sra. Losada, y muchas gracias por aceptar hacer la entrevista.
 ■ Muy buenas tardes. De nada, es un placer estar en su programa.
 ● Pues empezamos con la primera pregunta: ¿cuál es la importancia de la alimentación y del deporte en la salud de las personas en general?
 ■ La nutrición, en general, tiene un gran potencial sobre la salud. Está más que demostrado que dos pilares muy básicos son el deporte y la nutrición. Una nutrición saludable nos protege de muchísimas enfermedades, como diabetes, artrosis-artritis, osteoporosis,... y en especial, el deporte nos puede proteger de dolores y lesiones.
 ● Muchas personas dicen "yo como sano", pero ¿usted piensa que hoy en día se come sano?
 ■ Pues yo pienso que actualmente la alimentación se basa mucho en la producción industrial. Pero, eso no es lo que necesita nuestro cuerpo.
 ● ¿Cuáles son para usted los pilares de una alimentación saludable?
 ■ Esta respuesta es muy sencilla. ¿Qué hemos comido durante millones de años? Fruta, verdura, carne, pescado, frutos secos, huevo y nada más. ¿Qué hemos ingerido desde el desarrollo industrial de la agricultura y de la ganadería? Lácteos y cereales.
 ● Quiere decir que los lácteos y cereales no son beneficiosos para la salud.
 ■ Bueno, al ser alimentos modernos, nuestro cuerpo no está adaptado totalmente a ellos. Por eso algunas personas desarrollan una intolerancia hacia alguno de ellos.

- Sra. Losada, ¿qué contesta usted a las siguientes afirmaciones?
  Primera frase: "La fruta hay que tomarla sola, no de postre porque engorda".
- Sí y no. Hay que comer fruta y mejor entre las comidas. Pero la fruta, no engorda.
- Otra frase: "Los deportistas tienen que comer mucha pasta".
- Eso tampoco es verdad. El deportista debe consumir mucho hidrato de carbono, pero mejor que la pasta son, por ejemplo, las papas o el arroz, porque no son productos industriales y tienen más nutrientes.
- ¿Y qué pasa con los huevos? ¿Cuántos hay que tomar por día?
- En general no hay que tomar demasiados huevos, porque tienen mucho colesterol.
- Bueno... Sra. Losada. Esto es todo. Muchas gracias por su colaboración y por su tiempo.
- A usted.

ARBEITSBUCHTEIL

Unidad 9

Unidad 9, 2a
37
1. ● ¿Cuánto cuesta esta impresora?
   ■ ¿Cuál? ¿Esa negra de ahí?
   ● Sí, esa.
2. ● ¿Cuánto cuestan aquellos zapatos?
   ■ ¿Aquellos grises de allí?
   ● Sí, exacto.
3. ● ¿Es esta impresora láser?
   ■ Sí, esta es una láser.
4. ● ¿Me puedo probar estos zapatos?
   ■ ¿Estos? Sí, claro. ¿Qué número tienes?
   ● El 39.

Unidad 9, 11b
38
1. Vamos a leer un texto. Abre el libro por la página 23.
2. Lee el texto y subraya la información que es nueva para ti.
3. Haz una lista de objetos electrónicos de esta lección.
4. ¡Cierra el libro, por favor!

Unidad 10

Unidad 10, 2a
41
1. conocí; 2. participó; 3. habló; 4. hice
5. vivió; 6. trabajaste; 7. fui; 8. visitó
9. estudiaste

Unidad 11

Unidad 11, 3a
44
Nací en Madrid el 7 de mayo de 1960. Estudié Geografía e Historia en la Universidad Complutense de Madrid.

Después de terminar la carrera empecé a escribir textos para enciclopedias. También empecé a trabajar en el cine, pero mi primer éxito fue como escritora. En 1989 escribí mi primera novela, "Las edades de Lulú", que ganó un premio. Esta novela se ha traducido a 21 idiomas. En 1994 escribí otra novela de gran éxito: "Malena es un nombre de tango". En mis novelas las mujeres son siempre las protagonistas. En 1996 me casé con el poeta Luis García Montero y un año después tuvimos a nuestra hija, Elisa. En la actualidad escribo también guiones para el cine.

Unidad 11, 10
45
- A ver, necesito unos datos tuyos para rellenar este formulario... Tu nombre ya lo tengo. ¿Tu fecha y lugar de nacimiento?
- Pues, nací el 8 de enero de 1990 en Lima.
- Y ya tienes conocimientos de alemán...
- Sí, bueno, un poco...
- ¿Cuándo empezaste a estudiarlo?
- Viví en Berlín tres meses. Llegué el uno de abril del 2012 y a la semana siguiente empecé un curso en la Universidad Popular...
- ¡Ah! Bien...
- Y al cabo de tres meses me fui a Hamburgo. Allí hice unas prácticas de dos meses en la Oficina de Turismo, pero no pude aprender mucho: hablaba solo con los turistas en inglés o en español... Y después volví a Perú y ahora quiero mejorar mi alemán...
- Bueno, creo que para estar más seguros, antes de empezar el curso tienes que hacer un test de nivel...

Unidad 11, 17
46
1. ● ¿Has trabajado alguna vez en el extranjero?
   ■ Sí, trabajé en Brasil tres meses hace dos años, y este año he hecho unas prácticas en Colombia.
2. ● ¿Qué idiomas sabes hablar?
   ■ Pues soy bilingüe, mis lenguas maternas son el vasco y el castellano. Después, el inglés lo hablo bastante bien y el francés, solo un poco.
3. ● ¿Qué es lo que más valoras en el trabajo?
   ■ Un buen clima laboral. Sí, lo más importante para mí es el ambiente de trabajo.
4. ● ¿Cuáles son tus aficiones?
   ■ Me encantan el cine y el teatro. Y en invierno practico el esquí.
5. ● ¿Has hecho prácticas durante los estudios?
   ■ No, durante los estudios, no, pero sí después de terminarlos. Las he hecho en Colombia este año.

Unidad 12

Unidad 12, 1c
49-51
1. ● Mira, esta es Elena, cuando tenía quince años.
   ■ ¡Cómo ha cambiado! Fíjate, en la foto tenía el pelo largo y muy liso. ¡Y llevaba gafas!
   ● Sí, y ya tocaba la guitarra.

- Sí, sí, creo que incluso escribía sus propias canciones. La primera la escribió cuando tenía catorce años...
- ¡Y fíjate! ¡Qué bocadillo más grande que tenía!
- Sí, siempre tenía uno para merendar.
2. ● Y aquí mis primos gemelos, Antón y Martín.
- Parece que eran muy deportistas, ¿no?
- Uy, sí, ya lo creo. Les encantaba correr y jugaban todo el día al fútbol.
- ¿Y no iban de excursión los fines de semana?
- No, ¡qué va! Fútbol y más fútbol.
- ¡Jejeje! Y ya veo que antes tenían el pelo corto.
- Sí, y también rizado.
3. ● Y este es mi mejor amigo, Alberto. Cuando tenía quince años era gordito, pero nada, era muy simpático, bueno, ahora también lo es.
- Y ¿por qué llevaba esa mochila?
- Porque siempre iba de excursión con sus padres. Todos los fines de semana, sin excepción.
- Y ya veo que le gustaban los jugos de naranja...
- ¡Sí, muchísimo!

Unidad 12, 3a
52
- Oye, papá, ¡cuéntame! ¿cómo era yo de niño?
- ¿Que cómo eras? Jejeje... Pues eras un niño muy bueno, siempre hacías lo que te decíamos mamá y yo. Eras un niño muy sociable y tenías muchos amigos. ¿Te acuerdas de tu mejor amigo? Carlos se llamaba...
- ¡Claro! ¿Cómo no me voy a acordar? Carlos...
- Siempre querías ir a su casa a jugar con él. Y cuando te quedabas en casa, jugabas con Lego, ¡te encantaba! Hacías unas construcciones increíbles. Pasabas horas y horas en tu habitación jugando, y muchas veces jugabas también con tu hermano.
- ¿Y me gustaba comer de todo?
- ¡Qué va! Te encantaban los canelones de mamá y los macarrones. Pero odiabas el pescado. Cuando mamá preparaba pescado y notabas el olor, salías corriendo de casa.
- ¡Y ahora me encanta! Sobre todo el sushi y la paella de pescado.
- ¿Y te acuerdas de la escuela?
- ¡Claro! Recuerdo a la profe de mates. Era muy estricta...
- ¡Ya lo creo! Y cómo te aburrían las mates en aquella época... ¿Te lo puedes creer? ¡Y ahora estás en la universidad estudiando matemáticas! ¡Ay! ¡Cómo cambiamos!

Unidad 12, 8a
53
- ¡Mira qué he recibido de Zapando!
- A ver... ¡Qué vestido tan precioso! Muy elegante, bueno, claro el negro siempre es elegante, es de seda, ¿no?
- No, es de algodón, pero es demasiado ancho, creo que voy a devolverlo...
- ¿Y esta blusa de flores? ¡Qué divertida! ¡Me encanta!
- Sí, a mí también me gusta. Me gusta también el material, es de seda, pero es un poco larga, ¡mira!
- Bueno, yo la veo bien, no la veo tan larga...

- Ya, pero a mí me gustan las blusas un poco más cortas. La voy a devolver...
- ¡Ay! Y también te has comprado unos zapatos de piel negros. Son muy modernos, pero no parecen muy cómodos...
- Pues me los he probado y la verdad es que sí son cómodos. Me los voy a quedar, pero lo que también voy a devolver es esta falda.
- ¿Esta falda?
- Sí, no me gusta nada. En la foto de la página web parecía otra cosa. No me gusta este color marrón ni los cuadros.
- Bueno, es un poco extravagante, sí, pero es original...
- "Nada, nada, también la devuelvo a "Zapando".

Unidad 13

Unidad 13, 1b
56
Ayer los estudiantes chilenos volvieron a las calles de Santiago de Chile, para mostrar su rechazo por la reforma del sistema educativo, que ha preparado el gobierno. Debido a la manifestación, que reunió a más de 2.000 estudiantes descontentos, la policía tuvo que cortar las calles del centro de la capital.

Unidad 13, 7a
57
- Hey, hola, Raquel, ¿qué tal estás?
- Pues no muy bien, la verdad, ayer por la noche tuve un problema con el ordenador y ninguno de mis compañeros de residencia pudo ayudarme y tenía que terminar la presentación... Uf...
- ¿Y por qué no pudieron ayudarte?
- Bueno, eran las diez y media de la noche, ya sé que es tarde, pero bueno... A esa hora Antonio estaba estudiando y preparándose para un examen y, claro, no quería molestarlo. Raúl estaba haciendo deporte como cada día a esa hora, o sea, mejor no preguntar...
- ¿Y Pepe? ¿Ese compañero tan simpático?
- Pues tampoco podía, porque estaba lavando los platos y arreglando la cocina. Llamé a Ernesto, pero no contestó. Yo creo que estaba descansando o escuchando la música tan alta que ni oyó mi llamada...
- Y Manuel seguro que estaba durmiendo, ¿no?
- Segurísimo. Siempre está durmiendo. Y Paco estaba como siempre en el ordenador, seguro que estaba escribiendo correos o jugando en Internet.
- ¡Claro! ¡Su ordenador sí que funcionaba!

Unidad 13, 11a
58
- ¡Daniela! ¡Qué tal estás? ¡Cuánto tiempo sin verte!
- Sí, es que he estado en Ecuador cuatro meses.
- ¿En Ecuador? No sabía nada...
- Sí, he estado haciendo unas prácticas en un hotel en Quito, la capital.
- ¿Unas prácticas? ¡Qué interesante!

■ Bueno, las prácticas en sí no fueron muy interesantes, la verdad es que el trabajo en el hotel era bastante monótono. Pero el país me encantó, fue una experiencia muy interesante.

● Me lo imagino...

■ Sí, la gente que conocí era tan hospitalaria y tan abierta... Todavía me escribo con dos amigas.

● ¿Y dónde te alojabas?

■ Tenía una habitación en el mismo hotel donde también podía comer, o sea, que era perfecto.

● ¿Y qué hacías exactamente en el hotel?

■ Pues estaba en la recepción todas las mañanas y atendía a los turistas que llegaban. Practiqué el inglés y el alemán. Es que los alemanes viajan tanto...

● ¿Y por las tardes también estabas en el hotel?

■ No, tenía las tardes libres. Algunas tardes iba a un centro para niños de familias pobres y jugaba con ellos y cantábamos canciones también. Es un centro que apoya proyectos para ayudar a los niños más necesitados.

● ¡Vaya experiencia!

■ Sí, muy positiva. Estoy super contenta. Las dos últimas semanas antes de volver las aproveché para viajar por el país. ¡Qué país tan bonito!

Unidad 14

Unidad 14, 3a

61
1. muevan las caderas
2. baile conmigo
3. sacude los hombros
4. péinense el cabello de un lado a otro

Unidad 14, 7b

62
1. ● ¡Qué sueño tengo!
   ■ ¿No dormiste bien anoche?
   ● ¡Qué va! ¡Los vecinos estuvieron de fiesta hasta las tres de la mañana!
2. ● Necesito algo calentito, una infusión, un chocolate, algo calentito... tengo un frío...
   ■ ¡Bueno, vamos a mi casa y te preparo una taza de té!
3. ● ¡Qué resfriado tengo!
   ■ ¿Por qué no tomas una infusión bien caliente? Va muy bien...
   ● Ahora mismo me hago una.
4. ● A ver si con este analgésico me siento mejor...
   ■ ¿Qué te pasa?
   ● ¡Pues que tengo un dolor de muelas! Y mi dentista está de vacaciones...

Unidad 14, 14b

63
Ahí va una receta de un plato muy saludable y típico de la dieta mediterránea: la escalivada.
Primero se lavan los pimientos y las berenjenas. Después se echa un poco de aceite de oliva y se asan las hortalizas en el horno a 170° durante una hora aproximadamente. Cuando están fríos, se pelan y se cortan. Para terminar se aliñan con sal, aceite de oliva y un poco de pimienta. Se decoran con unas aceitunas negras o con unas anchoas. Este plato se puede servir frío o templado.

Unidad 14, 15b

65
1. ¿Son los lácteos perjudiciales para la salud?
2. ¿Por qué no empiezas a comer productos más frescos?
3. ¿Y si comemos pescado esta noche?
4. ¿Cuánto cuesta el kilo de patatas?
5. ¿No crees que debemos comer más verdura?
6. ¿Y si vas a la farmacia y te compras un analgésico?

Unidad 8

1 **1.** el baño; **2.** el recibidor; **3.** la cocina; **4.** el salón-comedor; **5.** el dormitorio; **6.** el balcón

mögliche Lösung:

El armario lo ha colocado en el recibidor. La mesa la ha puesto en el salón-comedor. El sillón y el sofá los ha puesto en el salón-comedor. La estantería la ha colocado en el salón-comedor también. La cama y la mesita las ha puesto en el dormitorio. El escritorio lo ha colocado en el dormitorio también. La barbacoa la ha puesto en el balcón.

2a ruidosa, equipado, amable, agradable, acogedor, tranquilo, pequeña, céntrica, amueblado, amplia, luminoso, mensual, sencillo, oscura, cara, barato, moderna, grande, individual, compartida, espaciosa, antigua

2b **masc.:** equipado, ruidoso, acogedor, tranquilo, pequeño, céntrico, amueblado, amplio, luminoso, sencillo, oscuro, caro, barato, moderno, compartido, espacioso, antiguo

fem.: equipada, ruidosa, acogedora, tranquila, pequeña, céntrica, amueblada, amplia, luminosa, sencilla, oscura, cara, barata, moderna, compartida, espaciosa, antigua

masc. und fem.: agradable, amable, mensual, grande, individual

2c compartido; céntrico; pequeña; amplio; oscuro; luminoso; simpáticos; sencillo; acogedor; equipada; grande; ruidoso; tranquila; cara

3 **a.** bastante; **b.** muy/nada; **c.** un poco; **d.** muy; **e.** mucho; nada

4a está; está; Es; es; está; son

4b *freie Lösung*

5 (1) en/por; (2) encima; (3) dentro; (4) encima; (5) debajo; (6) encima; (7) encima; (8) debajo

6 **1.** tan … como; **2.** tantas … como; **3.** menos…que; **4.** más … que; **5.** más…que.
Mögliche Sätze: **6.** Los pisos del barrio de Gràcia son más antiguos que los de Ciudad Universitaria; **7.** El barrio de Gràcia no está tan cerca de las facultades como el de Ciudad Universitaria

7 *freie Lösung*

8 Estrella tiene la misma edad que María / Estrella y María tienen la misma edad; Estrella y Andrés tienen los mismos intereses; Andrés no habla los mismos idiomas que Estrella y María; María habla los mismos idiomas extranjeros que Estrella; A Andrés no le gusta el mismo tipo de comida que a las dos chicas.

9 **a.** tu, el mío, el tuyo; **b.** nuestro, el vuestro, el nuestro; **c.** los suyos, los míos, los suyos, su

10 **1.** mi novia; **2.** tu silla; **3.** unos compañeros míos; **4.** tus gafas

11 el; la; la; El; Ø; el; una; un; un; un; la/una; el/un; una; las; una; la; los; una; una; una; un; el/Ø; Ø; el/un

12a **recoger:** la cocina, el baño, la habitación; **tirar:** la basura, los vidrios al contenedor; **limpiar:** la cocina, el suelo, el baño, la habitación; **regar:** las plantas; **ordenar:** la cocina, la habitación, el baño; **sacar:** la basura; **hacer:** la lista de la compra; **pasar:** la aspiradora; **barrer:** el suelo, la cocina, la habitación, el baño

12b **1.** riega, hace, riego, hace; **2.** recoge, recojo; **3.** hace, hago, salgo

13a se despierta, desayunamos, me hago, prefieren, hablamos, se va, volvemos, hace

13b

e > ie	o > ue	-go
preferir	volver	hacer
despertarse	poder	hacerse
regar	dormir	salir
cerrar	probar	poner
recomendar	soñar	decir
sentarse	sonar	

completamente irregular		cambio ortográfico
irse		recoger
ser		coger
		seguir

14a **2.** en un hospital o en una biblioteca; **3.** en un cine, museo o en una piscina; **4.** en una librería.
Regla: poder; 1; 2; hay que; tener que; 3; 4

14b **Puedo:** fumar en el balcón, organizar fiestas los fines de semana. **No puedo:** organizar fiestas entre semana, fumar dentro del piso, tener mascotas. **Tengo que:** mantener las zonas comunes limpias, pagar puntualmente el alquiler.

15 **1.** independiente; **2.** ahorradoras; **3.** organizado; **4.** desordenado; **5.** agradables

16a trabajar; leyendo; oír; durmiendo; limpiar; recogiendo; planchar; siendo; hacer

16b David está limpiando la cocina y está lavando los platos; Maite está pasando la aspiradora y está recogiendo el salón; Lea está regando las plantas en el balcón.

17 haces; salgo; estudio; estoy haciendo; estoy comiendo; estoy intentando

18a

palabras con dos sílabas	palabras con tres sílabas
ba-ños	con-tra-to
mí-o	al-qui-ler
mí-as	com-par-ten
si-llón	co-ci-na
so-fá	pis-ci-na
a-diós	

palabras con cuatro sílabas	palabras con cinco sílabas
a-co-ge-dor	es-tan-te-rí-a
con-te-ne-dor	fri-go-rí-fi-co
	ha-bi-ta-cio-nes

18b

palabras con dos sílabas	palabras con tres sílabas
ba-ños	con-tra-to
mí-o	al-qui-ler
mí-as	com-par-ten
si-llón	co-ci-na
so-fá	pis-ci-na
a-diós	

palabras con cuatro sílabas	palabras con cinco sílabas
a-co-ge-dor	es-tan-te-rí-a
con-te-ne-dor	fri-go-rí-fi-co
	ha-bi-ta-cio-nes

18c **Regla:** contrato, comparten und habitaciones; alquiler

18d estantería, mío

Unidad 9

1 *mögliche Lösung:*
Planta 2: móviles inteligentes, tabletas, ordenadores, cámaras fotográficas, radios, televisores, auriculares.
Planta 1: vasos, platos, edredones, camas, almohadas, mesas, servilletas, sillas, armarios, percheros, cortinas, batidoras, lavadoras, lavavajillas, aspiradoras. Planta Baja: todo tipo de comida como verduras, carne, pescado, fruta o pan y bebidas como leche, agua, zumos, cerveza, vino o cava

2a 2; 4; 1; 3.

2b 1. estos, estas, esos, esos; 2. este, ese, ese; 3. aquellas, esas, estas

2c 1. aquellas; 2. estos, esos, estos, esos; 3. aquel

3a 1. e; 2. d, f; 3. d, f; 4. c; 5. a; 6. b.

3b le, les, les, le, os, os

4 1. a; 2. a; 3. a; 4. b; 5. b; 6. a.

5 Bei allen Dialogen braucht man die Präposition *a*, außer bei d): ¿Has visitado Ø la catedral de Sevilla?

6a 2. Luis, esto, me; 3. tú, tu ordenador, nos; 4. yo, una postal, le/a Javier

6b 1. las; 2. la; 3. los; 4. les, lo; 5. le

7 El libro se lo regalo a Cristina porque le gustan las novelas de terror. La batidora se la regalo a Patricia e Ignacio porque les gusta preparar zumos de fruta. El vale para el viaje a las montañas se lo regalo a Ana y Carolina porque les encantan las montañas.

8 1. me, lo; 2. se, las; 3. se, la

9a 1. V; 2. F; 3. F; 4. V.

9b *freie Lösung*

10 **tú:** vuelve, pide, haz, pon, da, ve
vosotros: contestad, leed, discutid, venid

11a 1. Abre; 2. Lee, subraya; 3. Haz; 4. Cierra

12 vuelve; paga, llévate; haz; vive, juega

13a **Colores:** negro, rojo, blanco, amarillo, naranja, verde.
Formas: redondo, triangular, rectangular, cuadrado, ovalado. **Cualidades:** práctico, útil, pequeño, bonito, grande, cómodo. **Materiales:** plástico, metal, cerámica, papel, madera, seda, algodón

13b 1. un frigorífico, el papel; 2. una silla, una mesa, un armario; 3. una botella, un vaso, una copa; 4. el ordenador, un frigorífico

14a 1. de, de, con, para, para. El móvil; 2. de, de, de, en, con, para. Un marco para las fotos

14b *mögliche Lösungen:*
Es un objeto que es de diferentes colores. Puede ser de plástico o de tela. Tiene partes de metal también. Puedes abrirlo o cerrarlo. Es un objeto con el que puedes protegerte de la lluvia. Es el paraguas.
Es una cosa que es de madera. Es un mueble con muchas estanterías. Es bastante grande y es muy útil para guardar los zapatos. Es de color blanco. Es un zapatero.

15 1. Sabes, Ofrezco; 2. Vendo; 3. Doy, mejorar; 4. cambio

16 sabes, sé, sabes, puedes, puedo, puedo

17 zapatería, zapatero/-a; frutería, frutero/-a; carnicería, carnicero/-a; heladería, heladero/-a; panadería, panadero/-a; jardinería, jardinero/-a; librería, librero/-a

18a res-tau-ran-te; a-se-os; ví-de-o; jue-go; fo-to-gra-fí-a; u-ten-si-lio; mue-bles; eu-ro-pe-os; pes-ca-de-rí-a; cam-biáis; au-ri-cu-la-res; ciu-dad; me-dio; res-pe-tu-o-so; cua-dra-do; true-que; di-fe-ren-ciáis; rui-do-so

18b res-tau-ran-te; jue-go; u-ten-si-lio; mue-bles; eu-ro-pe-os; cam-biáis; au-ri-cu-la-res; ciu-dad; me-dio; cua-dra-do; true-que; di-fe-ren-ciáis; rui-do-so
Regla: restaurante, auriculares; juego, utensilio, muebles, medio; ciudad, ruidoso; cambiáis, diferenciáis; aseos, europeos, vídeo

18c río, librería, fotografía, día

Unidad 10

1a estuvimos, viajaron, hicisteis, fue, fuimos, nos alojamos, vivimos
Coinciden las formas de nosotros de la primera y tercera conjugación.

1b

	viajar	conocer	vivir
yo	viajé	conocí	viví
tú	viajaste	conociste	viviste
él/ella, usted	viajó	conoció	vivió
nosotros/as	viajamos	conocimos	vivimos
vosotros/as	viajasteis	conocisteis	vivisteis
ellos/ellas, ustedes	viajaron	conocieron	vivieron

	ir/ser	estar	hacer
yo	fui	estuve	hice
tú	fuiste	estuviste	hiciste
él/ella, usted	fue	estuvo	hizo
nosotros/as	fuimos	estuvimos	hicimos
vosotros/as	fuisteis	estuvisteis	hicisteis
ellos/ellas, ustedes	fueron	estuvieron	hicieron

2a 1. yo; 2. él/ella/usted; 3. él/ella/usted; 4. yo; 5. él/ella/usted; 6. tú; 7. yo; 8. él/ella/usted; 9. tú

2b

conocí
participó
habló
vivió
fui
visitó

hice
trabajaste
estudiaste

3 hace diez años, en el 2013, el verano pasado, el mes pasado, anteayer, ayer por la mañana, anoche

4 estuve, hice, fue, conocí, me alojé, encontré, fuimos, saqué/sacamos, estuviste

5 ... a México en avión. Visitamos/visité las pirámides de los mayas. Fuimos/fui a la playa y tomamos/tomé el sol. También estuvimos/estuve en el museo de Frida Kahlo. Un día fuimos/fui a un restaurante y comimos/comí platos típicos mexicanos.

6 **Aquí**: hasta ahora, estas últimas vacaciones, este año, esta mañana
Allí: anoche, hace unos días, en 1999, la semana pasada, en el siglo XX, anteayer, hace tres años, ayer

7 a. 2; b. 1; c. 3; d. 4; e. 6; f. 5

8 1. has estado, fui, hice, gustó; 2. se han inscrito, me apunté; 3. llegaron, he conocido, hemos desayunado, hablé

9 **Antes de ir a estudiar**: compro los billetes, busco información, cambio dinero, hago la maleta. **Durante la estancia**: saco fotos, disfruto de la naturaleza, pruebo la comida local, descubro nuevos paisajes, cambio dinero, hago excursiones, hablo con la gente local, viajo por el país, voy a clases

10 *mögliche Lösungen:*
1. ... hice un viaje por Tailandia; 2. ... he conocido a gente muy interesante; 3. empecé a estudiar; 4. ... he hecho unas prácticas en Perú; 5. ... estuve en Italia con unos amigos.

11 *mögliche Lösung:*
Documentación: visado, pasaporte, DNI, tarjeta de embarque; **Cosas que me llevo**: cámara fotográfica, ropa, dispositivos electrónicos (móvil, tableta), crema de protección solar, una guía del país

12a Positivo: 1, 3, 5, 6, 7; Negativo: 4, 8; Sorpresa: 2, 5

12b personas: 1, 2, 6, 8; paisaje: 1, 2, 4, 5, 8; una clase de idiomas: 3, 4, 7, 8

13a 1. fue interesante, me gustó mucho, fue fenomenal; 2. no fue tan bien; 3. Ha sido fantástico, Me ha encantado

13b *freie Lösung*

14 1. ¿Adónde fuiste?; 2. ¿Cuánto tiempo estuviste?; 3. ¿Fuiste solo/a?; 4. ¿Qué hiciste (allí)?; 5. ¿Dónde te alojaste?; 6. ¿Cómo fue?

15a 1. cuestan; 2. parece, divertido; 3. pareció; 4. aburren; 5. costó

15b 1. me, vosotros, mí, le; 2. te, Me; 3. les, me, nos, mí

16a **Espacio de tiempo**: cinco meses, dos semanas, tres años, dos semestres, tres días. **Punto concreto en el tiempo**: el cinco de mayo, ayer, el día que aprobé la selectividad, enero de 2012, el año pasado

16b desde, desde hace, desde, desde hace, desde, desde hace

17a *freie Lösung*

17b 1. ¿Desde cuándo estudias Biología?; 2. ¿Cuándo se casaron?; 3. ¿Desde cuándo vivís aquí?; 4. ¿Cuándo empezaste a estudiar español?

18 1. desde hace; 2. hace; 3. hace; 4. desde

19 *freie Lösung*

20 por, para, porque, por, para, porque, porque, por

21b 2. ¡Qué libro!; 3. ¡Qué bonito!; 6. ¡Cuánto cuesta!; 7. ¡Es muy amable!; 10. ¡Me encanta!; 11. ¡Fue increíble!

Unidad 11

1a **Erste Reihe von links nach rechts:** nacer, enamorarse, trasladarse a Estados Unidos, morir
Zweite Reihe von links nach rechts: tener un accidente, casarse, divorciarse

1b 1. en; 2. a; 3. a; 4. de; 5. con; 6. a; 7. a; 8. de; 9. a; 10. en

1c 1. nació; 2. sufrió, tuvo; 3. empezó; 4. hizo, fueron; 5. conoció, casaron, pudo; 6. trasladaron, volvieron; 7. divorció, volvió; 8. murió, fue

2 **Regulares**: hablaron, nací, se casó, aprendieron, conocieron, escribieron
Irregulares: pusiste (poner), pudimos (poder), tuvisteis (tener), vino (venir), hiciste (hacer), quisimos (querer), fue (ser/ir), estuviste (estar), supo (saber)
Cambio ortográfico en la primera persona: llegué (llegar)
Cambio vocálico en las terceras personas: murieron (morir), durmió (dormir), prefirió (preferir)

3a Almudena Grandes

3b *Mehrere Lösungen. Im Unterricht besprechen oder mit Transkriptionen vergleichen.*

4 1. Nació; 2. Empezó, dejó; 3. recibió/obtuvo;
4. Se trasladó, trabajó. 5. obtuvo/recibió; 6. Fue;
7. se enamoró; 8. se casó; 9. Nació, Murió
Regla: en; 2/5 (en 1980/en 1995) und 8/9 (en octubre/en enero); de; 9 (el 11 de mayo de 1904).

5a 1. en / de = empezó la Primera Guerra Mundial; 2. El / de / de = Neil Armstrong llegó a la Luna; 3. El / de / de = los primeros españoles llegararon al continende americano; 4. El / de / de = Cervantes murió en Madrid; 5. En = terminó la Segunda Guerra Mundial

5b *freie Lösung*

6 1. al cabo de / después de; 2. al año siguiente; 3. después de; 4. después

7 1. ganó; estuvo; estudió. 2. ha hecho; has visto; obtuvo; 3. murió; fue; he escuchado

8 *mögliche Lösung:*
Pablo Picasso nació en Málaga el 25 de octubre de 1881. En 1895 se trasladó a Barcelona donde conoció a los artistas de la época y en 1901 comenzó la etapa artística llamada "Periodo azul". Tres años más tarde se trasladó a París, donde entró en contacto con el mundo bohemio de la capital francesa. Allí conoció a Braque.
En 1906 empezó a trabajar en el cuadro de las Señoritas de Aviñon que supuso el inicio del cubismo. Lo terminó un año más tarde y en 1916 lo expuso en una galería parisina. El cuadro no gustó a los críticos del momento, pero en 1939 el Museo de Arte Moderno de Nueva York lo compró.
En 1919 se casó con la bailarina rusa Olga Koklova y al cabo de un tiempo tuvieron a su hijo Paulo.
Unos años más tarde, en 1937, presentó el Gernika, su cuadro sobre la Guerra Civil española en la Exposición Universal de París.
Se volvió a casar en 1961 y después de casarse se fue a vivir con su esposa Jacqueline al castillo de Vouvenargues donde continuó pintando hasta antes de morir a los 91 años, el 8 de abril de 1973.

9 irse a vivir a otra ciudad
estudiar Ingeniería Aeroespacial
estudiar en la Universidad
hacer el bachillerato / la selectividad
licenciarse en la universidad / en la carrera de Medicina / en Ingeniería Aeroespacial
trabajar en una empresa de consultoría / en otra ciudad
trabajar de camarera / como camarera
empezar en una empresa de consultoría
empezar el bachillerato / la selectividad / Ingeniería Aeroespacial
empezar en otra ciudad
empezar a vivir solo / a estudiar
empezar de camarera
terminar la universidad / la carrera de Medicina / los estudios / el bachillerato
dejar la universidad / la carrera de Medicina;
dejar de estudiar / de vivir solo o sola;

dejar los estudios / el trabajo / el bachillerato;
cambiar a otra ciudad
cambiar de carrera / de estudios / de trabajo

10 1. el 8 de enero; 2. en abril; 3. una semana; 4. tres meses; 5. dos

11 1. c; 2. a/b; 3. b; 4. a/c; 5. a/b; 6. a/c

12a **Datos personales**: fecha de nacimiento
Experiencia profesional: prácticas en un banco
Formación: licenciatura, instituto de secundaria, nivel avanzado de inglés, Máster de Diseño Gráfico, selectividad

12b 1. ¿Cuándo naciste/nació usted? / ¿Cuál es tu/su fecha de nacimiento?
2. ¿Cuándo empezaste / empezó a estudiar Derecho? / ¿En que año empezaste / empezó a estudiar Derecho?
3. ¿Dónde cursaste / cursó un semestre?
4. ¿Desde cuándo trabajas / trabaja como profesora?
5. ¿Cuándo estuviste / estuvo en Santiago de Chile?

13a 1. el sueldo; 2. el liderazgo; 3. el contrato de trabajo; 4. la cita; 5. la jornada laboral; 6. el título universitario.

13b (1) Director/a de Relaciones Internacionales; (2) organizar los contratos de los programas internacionales; (3) planificar las actividades de cooperación internacional; (4) inglés y alemán fluidos; (5) experiencia en puesto similar; (6) Licenciatura en Marketing, Derecho o Filología; (7) jornada laboral completa; (8) sueldo a convenir; (9) contrato indefinido (10) incorporación inmediata

14a

adjetivo	→	sustantivo
responsable		responsabilidad
creativo		creatividad
dinámico		dinamismo
serio		seriedad
experto		experiencia

sustantivo	→	adjetivo
organización		organizado
comunicación		comunicativo
disponibilidad		disponible
exigencia		exigente
amabilidad		amable

14b **ser**: creativo, experto, organizado, responsable, flexible
estar: dispuesto a viajar, en forma
saber: inglés, coordinar grupos, hablar en público, tratar con la gente
tener: un Máster en derecho, conocimientos de informática, experiencia, un título universitario, buena presencia
hacer: un Máster en Derecho, un curso de chino

14c 1. sabe, es; 2. está, es; 3. tiene, sabe

15 un contrato de trabajo indefinido; un jefe agradable; unos horarios flexibles; trabajar en equipo; un buen ambiente; un sueldo justo; posibilidades de promoción; unos compañeros comunicativos

16 1. a; con; de; a
2. para; en; a

17 1. ¿Has trabajado alguna vez en el extranjero? Dos veces.
2. ¿Qué idiomas sabes hablar? El vasco, castellano, inglés y francés.
3. ¿Qué es lo que más valoras en el trabajo? El clima laboral.
4. ¿Cuáles son tus aficiones? Cine, teatro, esquí.
5. ¿Has hecho prácticas durante los estudios? No. Después de los estudios.

18a Regla: … in den Sätzen 1 und 4; wie in Satz Nr. 2; wie in Satz Nr. 3.

18b 1. Frida volvió a casarse en 1940.
2. Luis hizo el bachillerato en el Instituto Abel Martín.
3. Conoció a su futuro marido en la universidad.
4. Entró en la empresa hace un año.
5. He estudiado un semestre en el extranjero.

Unidad 12

1a era, iba, tocaba, gustaban, llevaba, bebía, eran, encantaba, jugaban, prefería, veía, estaba, tenía, escribía, comía

1b/c b. llevaba/tenía; c. iba; d. tocaba; e. estaba; f. gustaban; g. era; h. eran; i. llevaba; j. comía; k. encantaba; l. jugaban; m. escribía
Dibujo 1: b; d; j; m; i
Dibujo 2: a; k. l; h
Dibujo 3: c; e; f; g

2 (1) tenía; (2) era; (3) discutíamos; (4) teníamos; (5) gustaba; (6) llevaba; (7) entendían; (8) preparaba; (9) encantaba; (10) era; (11) venían; (12) jugábamos

3a En este orden: hablan de los amigos, del tiempo libre (juegos), de la comida, de la escuela.

3b 1. era muy sociable y tenía muchos amigos.
2. era su mejor amigo.
3. le encantaba.
4. jugaba al Lego.
5. lo odiaba.
6. le aburrían.

3c *freie Lösung*

4 En mi infancia, en los 80, a finales de los noventa, en el siglo pasado, hace diez años, cuando era más joven, cuando tenía quince años.

5 (1) gustaba; (2) encantan; (3) parecen; (4) parecían; (5) aburría; (6) interesaba; (7) encantan; (8) costaban; (9) parecen

6a/b *freie Lösung*

7a *freie Lösung*

7b *mögliche Lösung:*
Una falda amarilla de flores, blanca de algodón, negra de seda, azul, estrecha, corta
Unos pantalones de rayas, de algodón, negros, amarillos, verdes, cortos, de lana, naranjas, largos
Una blusa de flores, azul, blanca, de algodón, amarilla de seda
Un cinturón azul, de piel
Unos zapatos de piel, negros, planos, amarillos de tacón, verdes
Una chaqueta de flores, negra, de algodón, azul, de rayas, amarilla de seda, estrecha y corta

7c *freie Lösung*

8a un vestido, una blusa, unos zapatos, una falda

8b El vestido, la blusa, la falda

8c El vestido es precioso, elegante, negro, ancho y de algodón.
La blusa es de flores, de seda, y un poco larga.
Los zapatos son de piel, modernos y cómodos.
La falda es marrón, de cuadros, extravagante y original.

9 1. estrecha, la, grande; 2. anchos; 3. largo, lo, corto; 4. altas, las, bajas
Regla: pequeños/estrechos

10 (1) rojos, (2) estampada, (3) chaleco; (4) verde; (5) vaqueros; (6) de campana; (7) de piel; (8) largo; (9) bajita; (10) altos; (11) de flores; (12) estampadas; (13) negros

11 *freie Lösung*

12 1. antes; 2. ahora; 3. ahora; 4. antes, 5. antes; 6. ahora, 7. ahora, 8. antes, 9. antes

13a Antes: caña de azúcar, vega, pueblecito maravilloso, barcas de pescadores, olor a jazmín, conciertos nocturnos. Ahora: discotecas, zonas residenciales, bares en primera línea de playa, heladerías, restaurantes, piscinas privadas, edificios altos, música alta

13b 1. v; 2. f; 3. v; 4. v.

14 (1) en, (2) de, (3) por; (4) de; (5) a; (6) por; (7) al

15a *mögliche Lösung*
Antes Elena era desordenada, en cambio, ahora, no. Antes comía pizzas y comida rápida, ahora toma fruta. Antes leía revistas juveniles, ahora lee libros de historia de la literatura. Antes patinaba, ahora hace yoga. Antes le gustaban la música de Britney Spears y las montañas, ahora prefiere el cine y el mar. Antes su color preferido era el rosa, ahora es el verde. Antes era rubia y tenía el pelo largo y, ahora, es morena y tiene el pelo rizado. Antes no llevaba gafas y, ahora, sí.

15b Todavía va en bicicleta. Ya no come tantas pizzas.

15c *freie Lösung*

16a/b *freie Lösung*

17a 1. lentamente; 2. abiertamente; 3. rápidamente; 4. fácilmente; 5. difícilmente; 6. actualmente

17b **1.** lento; **2.** abierta, abiertamente; **3.** fáciles, difíciles; **4.** difícilmente; **5.** actualmente, actual

18b **1.** ¿Tenías el pelo largo?
2. Me encantan estos abrigos azules.
3. Mi hermana y yo somos gemelas. Nacimos en abril.
4. ¿Todavía juegas al ajedrez?
5. A mí y a Luis nos encanta hacer excursiones por los Alpes .

18c **1.** ¿Llevabas esas gafas en clase?
2. Con mi mejor amigo jugaba al fútbol en el parque.
3. En invierno iba al parque a jugar con amigos en la nieve.

Unidad 13

1a *mögliche Lösung:*
1. calles, barrio, casa, alquiler, comprar, precio, gobierno, crisis, mercado
2. calles, barrio, manifestación, enseñanza, descontentos, precio, rechazo, Santiago de Chile, sistema educativo, crisis, reforma, privatización, universitario, gobierno
3. colores, arte, pintor, autorretrato, cuadro, nacer, muerte

1b Sobre las protestas estudiantiles.

2a *(von oben nach unten und von links nach rechts)*
participación; protesta; eliminación, lanzamiento, producción, creación, inauguración, entrada, celebración, construcción, llegada, salida

2b **1.** en; **2.** de; **3.** a; **4.** contra; **5.** en.

2c *mögliche Lösung:*
1. un congreso, un programa, una reunión, una conferencia, los juegos olímpicos. **2.** la política económica, la reformas del gobierno. **3.** una tienda, un congreso, una conferencia, los juegos olímpicos, un edificio. **4.** un nuevo diseño, un programa, puestos de trabajo, un eslogan atractivo, productos más baratos, móviles inteligentes. **5.** un congreso, un cumpleaños, el fin de carrera, una conferencia, los juegos olímpicos, una fiesta, una reunión. **6.** una casa, un edificio. **7.** un eslogan atractivo, productos más baratos, móviles inteligentes, un programa

2d *mögliche Lösung:*
2. La inauguración de unos grandes almacenes en el centro histórico; **3.** La eliminación de las desigualdades sociales en época de crisis; **4.** La protesta de los estudiantes en las calles de México ; **5.** La participación de los profesores en el congreso anual de Pedagogía.

3a *mögliche Lösung:*
1.
(6) Un hombre con una pistola…
(2) He entrado en el banco.
(5) Después de comprobarlos…
(7) No he podido verle la cara.
(1) Eran las 10 de la mañana.
(4) El empleado me ha pedido…
(10) Me ha pedido el dinero.
(8) Llevaba una máscara. .
(9) Tenía un tatuaje en el brazo.
(12) Ha salido del banco con mi dinero.
(3) He ido al mostrador para…
(11) Yo estaba muy nerviosa…
2.
(8) Nos subimos todos al muro…
(6) Estábamos a unos pocos metros…
(3) Escuché las noticias en la…
(4) Fui en bicicleta hasta la Puerta…
(7) Empezaron a llegar…
(1) Era un día de noviembre y…
(5) Me encontré con unos amigos…
(2) Eran las nueve de la noche.
(9) Fue muy emocionante.

3b 1. Eran las 10 de la mañana <u>cuando</u> he entrado en el banco. <u>Entonces</u> he ido al mostrador para cambiar dinero y el empleado me ha pedido el carné de identidad para comprobar mis datos personales. Después de comprobarlos, me ha dado el dinero, 800 dólares en total, para el viaje a los Estados Unidos. <u>De repente</u>, un hombre con una pistola se ha puesto detrás de mí, <u>pero</u> no he podido verle la cara. Llevaba una máscara y tenía un tatuaje en el brazo. <u>Y entonces</u> me ha pedido el dinero. Yo estaba muy nerviosa y se lo he dado. <u>¡Al final</u>, ha salido del banco con mi dinero!
2. Era un día de noviembre y hacía bastante frío. Eran las nueve de la noche <u>cuando</u> escuché las noticias en la radio y salí de casa rápidamente. Fui en bicicleta hasta la Puerta de Brandeburgo <u>y enseguida</u> me encontré con unos amigos míos de la universidad. Estábamos a unos pocos metros del muro de Berlín <u>cuando, de repente</u>, empezaron a llegar cientos de personas. <u>Y, al final</u>, nos subimos todos al muro. ¡Fue muy emocionante!

4 1. era, estaba, estaba, había, tocaba, entró, quedamos.
2. Tuve, había, estaba, bajaba, cruzó, me caí, tuve

5a (1) era, (2) hacía, (3) tenía, (4) estaba, (5) llegamos, (6) fuimos, (7) pasamos, (8) existía, (9) entramos, (10) había, (11) hizo, (12) Empecé, (13) Tenía, (14) dijo, (15) decidí

5b

¿Qué hizo Marcos y su familia? ¿Qué pasó ese día?	Descripción del contexto: de las personas, del lugar y del tiempo metereológico
llegaron al aeropuerto, fueron a facturar las maletas, pasaron por los controles, entraron en la sala de embarque, la azafata hizo la primera llamada a los pasajeros, Marcos empezó a andar, su padre dijo…, Marcos decidió ser piloto.	era un día de julio, hacía mucho calor, Marcos tenía 10 años, estaba muy nervioso, no existía el acuerdo de Schengen, había muchos niños, tenía miedo.

6a Descripción de las personas, de un lugar o del tiempo meteorológico: 1, 4, 5.
Valoración de un acontecimiento ya terminado: 2, 3, 6, 7.
Regla: … indefinido… wie in den Sätzen 2 und 3/6… oder… perfecto, wie in Satz 7… imperfecto… 1, 4 und 5.

6b (1) gustó, (2) era, (3) tenía, (4) era, (5) Fue, (6) fue/ha sido (7) fue, (8) impresionó, (9) encantó, (10) había

7a 1. Ernesto; 2. Pepe; 3. Raúl; 4. Paco; 5. Ernesto; 6. Manuel; 7. Antonio

7b *freie Lösung*

8 *mögliche Lösung:*
Roberto se estaba duchando, cuando, de repente, sonó el teléfono.
Roberto estaba leyendo un libro en su habitación, cuando, de pronto, alguien llamó a la puerta.
Roberto estaba regando las plantas, cuando, de repente, empezó a llover.

9 (1) civilización, (2) construcciones, (3) escritura, (4) matemáticos, (5) agricultura, (6) clasista, (7) campesinos, (8) dioses, (9) calendarios, (10) lenguas

10 (8) Atentamente,
(3) Me llamo Julián Álvarez y soy estudiante…
(7) Le adjunto mi currículum para…
(4) Actualmente estoy en el quinto…
(1) Estimado Sr. Arévalo:
(9) Julián Álvarez
(6) Además, he visto algunos de los…
(2) Me dirijo a usted para…
(5) Estoy interesado en hacer…

11 1. cuatro meses; 2. hotel; 3. muy monótono; 4. le gustó; 5. era hospitalaria; 6. se alojó en el hotel; 7. solo por las mañanas; 8. en recepción; 9. con niños; 10. interesante; 11. antes de volver a casa

12a 1. Estaba en el banco cambiando dinero cuando, // de repente, // entraron dos hombres con una pistola.
2. Después de la manifestación estudiantil, // el presidente dimitió.
3. Estábamos haciendo un picnic y de pronto, // empezó a llover.
4. Primero, // la invitó a tomar una café. Y después, // fueron a cenar a un restaurante japonés.

12b/c 1. Estábamos escuchando la conferencia y de repente, // sonó mi móvil.
2. Hemos estado por el barrio histórico de la ciudad y también, // hemos visitado la catedral.
3. Después de llegar a Quito, // busqué un taxi que me llevó a la residencia de estudiantes.
4. No fui a la fiesta porque tenía que estudiar y, además, // no me apetecía mucho.

Unidad 14

1 *freie Lösung*

2a A. Figura 3; B. Figura 4; C. Figura 2

2b *mögliche Lösung:*
Figura 1: Siéntate en el suelo y estírate hacia delante. Levanta los brazos simultáneamente.
Figura 5. Ponte de pie. Sube los brazos y junta las manos encima de la cabeza. Flexiona la pierna izquierda.

3a 1. -an, ustedes; 2. -e, usted; 3. -e, tú; 4. -en-, ustedes

3b 1. haga; 2. abran; 3. llamad; 4. ve; 5. vea

4a 1. tú; 2. vosotros; 3. vosotros; 4. tú; 5. tú

4b 1. Las caderas muévanlas de un lado a otro. 2. Las rodillas flexiónenlas. 3. Muévanse al ritmo de la música. 4. El pie levántenlo para llevar mejor el ritmo. 5. Mírense en el espejo.

5a 1. Juegue; 2. Dedique; 3. Practique; 4. Tome; 5. Vaya; 6. Apague

5b *freie Lösung*

6 1. estresados; 2. cansado; 3. nerviosa; 4. contento; 5. preocupados

7a Sensaciones físicas: tener hambre, tos, fiebre, sed, dolor de cabeza, sueño, calor
Estados: estar cansado, resfriado, triste, estresado, enfermo
Partes del cuerpo: cabeza, garganta, cadera, brazos, oídos, muelas
Síntomas: resfriado, tos, fiebre, dolor de cabeza
Remedios: una infusión caliente, aspirina, analgésico, un jarabe

7b 1. c; 2. a; 3. d; 4. b

7c *mögliche Lösung:*
1. Lo mejor es dormir una siesta. 2. Tienes que ponerte un abrigo. 3. Puedes tomar un baño caliente. 4. ¿Por qué no vas a otro dentista?

8 1. sugiere; 2. sugiere; 3. pide permiso; 4. pregunta por información; 5. sugiere; 6. pide permiso

9a ponerse: una pomada, una bufanda, el termómetro, un abrigo
tomarse: un jarabe, una infusión caliente, un bocadillo, una aspirina, una bebida, un analgésico

9b *mögliche Lösung:*
1. Cuando estoy enfermo/-a, me pongo una bufanda, un abrigo y el termómetro. Cuando estoy enfermo/-a, me tomo un jarabe, una infusión caliente y una aspirina / un analgésico.
2. Cuando tengo mucho frío, me pongo una bufanda, un abrigo y un gorro. Cuando tengo mucho frío, me tomo una infusión caliente o una sopa

10   **2.** póngase; **3.** quédate, vayas; **4.** vaya; **5.** haga, practique; **6.** ponte

11   **1.** se, duelen; **2.** les, duele; **3.** os, moveos; **4.** Tengo, tómate

12a   aceite de oliva, bebidas azucaradas, cereales integrales, carne roja, comida rápida, proteína saludable

12b   bebidas azucaradas, comida rápida, carne roja, aceite de oliva, cereales integrales, proteína saludable

13   Merche debe tomar cereales integrales y suficiente/mucho agua y no debe tomar demasiados/muchos bocadillos, ni pizzas, ni demasiado café

14a   **1.** batir; **2.** echar; **3.** cortar; **4.** aliñar, **5.** decorar; **6.** freír; **7.** lavar; **8.** hacer a la plancha; **9.** pelar; **10.** cocer

14b   (1) lavan; (2) echa; (3) asan; (4) pelan; (5) cortan; (6) aliñan; (7) decoran

14c   *freie Lösung*

15b   Pregunta: 1, 4, 5
Petición: 2, 3, 6

16a   Petición o sugerencia: 1, 3, 6
Orden: 2, 4, 5

16b   **1.** petición; **2.** orden; **3.** petición; **4.** orden

>> Die Wörter sind in der Reihenfolge ihres Vorkommens mit ihrer deutschen Bedeutung
im jeweiligen Kontext aufgeführt.

>> Bei Verben mit unregelmäßigen Präsensformen werden diese angegeben (z. B. u → ue).

>> Wörter, die ausschließlich auf der Audio-CD vorkommen, sind nicht aufgeführt.

Verwendete Abkürzungen:

f = feminin	*Pl = Plural*	*LA = Lateinamerika*
m = maskulin	*Sg = Singular*	*AB= Arbeitsbuch*

Unidad 8

Mi piso, mi habitación — Meine Wohnung, mein Zimmer

el dormitorio	Schlafzimmer
el salón-comedor	Esszimmer
el balcón	Balkon
el cuarto de baño	Badezimmer
la mesita de noche	Nachttisch
la cama	Bett
el sillón	Sessel
la barbacoa	Grill, Grillrost
la lavadora	Waschmaschine
la estantería	Regal
el escritorio	Schreibtisch
el sofá	Sofa
el armario	Schrank
el frigorífico	Kühlschrank

a poner — stellen, setzen, legen

8A

1a
contestar	antworten
el piso compartido	Wohngemeinschaft
la residencia de estudiantes	Studentenwohnheim
la urbanización	Wohnsiedlung
luminoso/-a	hell
oscuro/-a	dunkel
ruidoso/-a	laut
la calefacción	Heizung
el gas natural	Erdgas
la conexión	Verbindung
el ascensor	Aufzug
el garaje	Garage
el trastero	Abstellkammer
el sótano	Keller

1b intercambiar — austauschen

1c
el ranking	Rangliste, Ranking
unos pocos / unas pocas	einige wenige
nadie	niemand

2a
el alquiler de habitaciones	Zimmervermietung
el alquiler	Miete
la ubicación	Lage
en alquiler	zur Miete
a 20 minutos del centro	20 Minuten vom Zentrum entfernt
amueblado/-a	möbliert

la pista de pádel	Platz zum Paddle-Tennis spielen
la vista	Blick, Aussicht
los gastos	Nebenkosten (Strom, Wasser, Gas)
la fianza	Kaution
en pleno centro	mitten im Zentrum
al mes	monatlich
excluido/-a	ausgeschlossen
respetar	respektieren
la norma	Norm, Regel
básico/-a	Grund-
la convivencia	Zusammenleben
la ventaja	Vorteil
amplio/-a	weit
espacioso/-a	geräumig
sencillo/-a	einfach
alquilar algo a alguien	vermieten
respetuoso/-a	respektvoll
próximo a	nahe bei
la habitación individual	Einzelzimmer
el derecho	Recht
el uso	Gebrauch, Benutzung
posible	möglich
la rebaja	Preissenkung
a cambio de	gegen, für

2b
informarse	sich informieren
la conversación telefónica	Telefongespräch
tratarse (de)	sich handeln um

2c
prestar atención	achten auf, aufpassen
¿De parte de quién?	Wer spricht?

3a
interesado/-a	interessiert
decidir	entscheiden
familiar	Familien-
la tarea doméstica	Hausarbeit
la limpieza	das Putzen
la compra	Einkauf
cocinar	kochen
el lavado	das Waschen
el planchado	das Bügeln
demás	weitere
la tarea	Aufgabe
estar dispuesto	bereit sein, etw. zu tun
pagar	zahlen
moderadamente	gemäßigt
bajo/-a	niedrig

	educado/-a	wohlerzogen
	ordenado/-a	ordentlich
	nos gustaría…	uns würde es gefallen, …
	gallego/-a	galizisch
	acogedor/a	gemütlich
	agradable	nett, angenehm
	superar	übersteigen (Preis)
	mensual	monatlich
3c	explicar	erklären

8B

4a	la mudanza	Umzug
	el espejo	Spiegel
	la cocina eléctrica	Elektroherd
	la alfombra	Teppich
	la planta	Pflanze
4b	anterior	vorherig
4c	el mueble	Möbelstück
	dibujar	zeichnen
	encima (de)	auf, über
	debajo (de)	unter
5a	el gasto	Kosten
5b	la afirmación	Aussage, Behauptung
	el metro cuadrado	Quadratmeter
	la luz	Licht
	la ventana	Fenster
	igual de grandes	gleich groß
	igual	gleich
5c	volver a hacer algo	etw. noch einmal machen
	fijarse	sich etwas genau anschauen
5d	quedarse con algo	etw. behalten; hier auch: nehmen
	comentar	besprechen, erläutern
6a	mío	meins
	el baño	Badezimmer
	la bañera	Badewanne
	la ducha	Dusche

8C

	el hábito	Gewohnheit
	la rutina	Routine
	doméstico/-a	Haus-
7a	señalar	markieren, zeigen
	fumar	rauchen
	común	Gemeinschafts-
	la fiesta	Feier, Fest
	llevar	mitbringen
	el animal	Tier
8a	el reparto	Verteilung
	organizar	organisieren
	distinguir	unterscheiden
	el utensilio	Gebrauchsgegenstand

	personal	persönlich
	usar	gebrauchen
	general	hier: allgemein
	habitual	gewöhnlich, gewohnheitsmäßig
	el turno	Reihenfolge, Schicht
	para ello	dafür
	conveniente	angemessen, angebracht
	tener en cuenta	berücksichtigen, beachten
	la habilidad	das Können
	sacar	hier: hinausbringen
	tirar	wegwerfen
	la basura	Müll
	el vidrio	Glas
	el papel	Papier
	el contenedor	Container
	limpiar	putzen, säubern
	encargarse (de)	sich kümmern um
	pasar el aspirador	staubsaugen
	el aspirador	Staubsauger
	barrer	kehren, fegen
	regar	gießen
	la contabilidad	Buchhaltung
	llevar	führen
	semanal	wöchentlich
8b	repartir	aufteilen
	el/la organizador/a	Organisator/in
	el orden	Ordnung
	ahorrador/a	sparsam
	fregar (e →ie)	wischen
	bajar	herunterbringen
	la sal	Salz
	el aceite	Öl
	el azúcar	Zucker
8c	la frecuencia	Häufigkeit
	de vez en cuando	ab und zu
9a	observar	betrachten
	la escena	Szene
	el polvo	Staub
9b	aparecer	erscheinen
	equivalente	äquivalent, gleichbedeutend
9d	representar	darstellen
	mediante	durch
	el gesto	Geste
	adivinar	raten
9e	extraño/-a	ungewöhnlich

Proyecto

	la entrevista	Vorstellungsgespräch
	el/la candidato/-a	Kandidat/in
a	ponerse de acuerdo	sich einigen
	la cualidad	Eigenschaft
c	acordar	vereinbaren
E	la condición	Bedingung

Mi gramática

1	el adjetivo posesivo	Possessivbegleiter
2a	el miedo	Angst
	¡Qué miedo!	*hier:* Oh Gott!
	ver	sehen
	la informática	Informatik
	contento/-a	zufrieden
	¡Oye!	Hör mal; *hier:* Du,…!
	alegrarse	sich freuen (über)

Mi léxico

1b	céntrico/-a	zentral
	la madera	Holz
	caliente	warm, heiß
	el techo	Dach
2a	viejo/-a	alt
	desagradable	unangenehm
	incómodo/-a	ungemütlich
2b	agrupar	eine Gruppe bilden

Cultura

b	la estadística	Statistik
	sorprender	überraschen
	el género	Geschlecht
	el tramo de edad	Altersgruppe
	entrevistar	interviewen
	los suegros	Schwiegereltern
	contestar	antworten
	el varón	Mann
	independizarse	sich selbstständig machen
	autónomo/-a	autonom, selbstständig
	independiente	unabhängig
	la libertad	Freiheit
	la explicación	Erklärung
	a gusto	zufrieden, wohl
	irse	weggehen
	en cambio	hingegen
c	dependiente	abhängig

AB

1	el bolso	Tasche
2a	equipado/-a	ausgestattet
2c	la terminación	Endung
	el contrario	Gegenteil
3	la cantidad	Menge
4a	el muro	*hier:* Pinnwand
	por fin	endlich
	gracias a	dank
	vender	verkaufen
5	caótico/-a	chaotisch
	comentar	erzählen
	la preposición	Präposition
	dentro (de)	in
	el desastre	Desaster
	el plato	Teller

	la bebida	Getränk
	el caos	Chaos
	el edredón	Decke
6	la página web	Website
	comunicado/-a	angeschlossen
7	parecer	erscheinen
	la planta	Stockwerk
	reformado/-a	renoviert
	la comunidad	*hier:* Gemeineigentum
	el contrato	Vertrag
	mínimo/-a	minimal
	el/la fumador/a	Raucher/in
8	tener en común	gemein haben
	asiático/-a	asiatisch
	la meteorología	Meteorologie
9	mirar	schauen
10	la novia	feste Freundin
	sentarse	sich setzen
11	no del todo	nicht ganz
	el electrodoméstico	Haushaltsgerät
	el gas	Gas
	el lavavajillas	Spülmaschine
	costar	kosten
	el piso	Stockwerk
	importar	etw. ausmachen
12a	combinar	verbinden, kombinieren
	recoger	aufräumen
12b	la reunión	Versammlung
13a	tocarle a alguien	an der Reihe sein
13b	irregular	unregelmäßig
	la irregularidad	Unregelmäßigkeit
	el cambio	Änderung
	ortográfico/-a	ortographisch
14a	el cuadro	Gemälde, Bild
	el/la artista	Künstler/in
	alto/-a	laut
	mantener	halten
	la mascota	Haustier
15	planificado/-a	geplant
	creativo/-a	kreativ
	el trato	Umgang
16a	la cajita	Kästchen
	oír	hören
	planchar	bügeln
17	últimamente	in letzter Zeit
	sano/-a	gesund
	intentar	versuchen
	el propósito	Vorsatz
	cumplir algo	etw. einhalten
	ja, ja	ha, ha

18a	la sílaba	Silbe
	separar	trennen
18b	recaer	fallen (auf)
	fónetico/-a	phonetisch
18c	recordar	sich an etw. erinnern
	la tilde	graphischer Akzent
18d	la regla	Regel

Unidad 9

Mis compras — Meine Einkäufe

el servicio de atención al cliente	Kundeninformation
el/la cliente	Kunde/Kundin
la venta	Verkauf
el aseo	Toilette
la electrónica	Elektroprodukte
la tecnología	Technologie
la fotocopiadora	Kopierer
el ordenador	Computer
la videoconsola	Videokonsole
el vídeo	Video
la videocámara	Videokamera
la fotografía	Fotographie
la telefonía	Telefonie
el sonido	Klang
la imagen	Bild
el instrumento musical	Musikinstrument
el instrumento	Instrument
musical	Musik-
el videojuego	Videospiel
el hogar	hier: Heimwaren
la ferretería	Eisenwarenhandlung
el textil	Textilie
la firma	hier: Firma
internacional	international
la marca	Marke
exclusivo/-a	exklusiv
la moda vaquera	Jeansmode
la zapatería	Schuhgeschäft
la ropa interior	Unterwäsche
la perfumería	Parfümerie
la cosmética	Kosmetik
la óptica	Optiker (Geschäft)
la joyería	Schmuckgeschäft
la relojería	Uhrmacher
la parafarmacia	Drogeriemarkt, der Kosmetik- und Gesundheitsprodukte verkauft
la frutería	Obstgeschäft
la pastelería	Konditorei
la pescadería	Fischgeschäft
la carnicería	Fleischerei, Metzgerei
dietético/-a	Diät-
la droguería	Drogeriemarkt
el secador de pelo	Föhn
la zapatilla	Turnschuh

	el senderismo	das Wandern
	el pulsómetro	Pulsmessgerät
a	la sección	Abteilung
	los grandes almacenes	Kaufhaus
c	ampliar	erweitern
	consultar	nachschlagen

9A

1a	la impresora	Drucker
	los auriculares	Kopfhörer
	el ordenador portátil	Laptop
1b	la publicidad	Werbung
	la prestación	Extras
	la batería	Akku, Batterie
	la duración	Dauer
	pesar	wiegen
	el modelo	Modell
	enseñar	zeigen
	ligero/-a	leicht
	este/-a/-os/-as	diese/s (hier)
	ese/-a/-os/-as	diese/s (da)
	aquel / aquella/-os/-as	diese/s (dort)
1c	el/la vendedor/a	Verkäufer/in
	relativamente	relativ, ziemlich
	aceptar	akzeptieren
2a	la mamá	Mama
	el mensaje	Nachricht
	el orden	Reihenfolge
	el almuerzo	Mittagessen
	la flor	Blume
	dar algo a alguien	geben
2c	la caja regalo	Geschenkbox
	la cesta	Korb
	gourmet	Feinschmecker-, gourmet
	el vale de compras	Einkaufsgutschein

9B

	llevarse	mitnehmen
3a	habitualmente	gewöhnlich
	el respeto	Respekt
	gastar	ausgeben
	el centro comercial	Einkaufszentrum
	el mercadillo de segunda mano	Second-Hand-Markt
3b	recoger	sammeln
3c	el extracto	Auszug
	la coincidencia	Übereinstimmung
	el consumo	Konsum
	determinar	bestimmen
	el control	Kontrolle
	ejercer	ausüben
	a su vez	gleichzeitig
	la influencia	Einfluss
	juvenil	jugendlich

	fijar	festmachen, bestimmen
	la presión	Druck
	consumir	konsumieren
	la necesidad	Bedarf
	el aparato	Apparat
	la cola	Warteschlange
	el acceso	Zugang
	tradicional	traditionell
4a	el eslogan	Slogan
	anunciar	werben für
	cuidar	aufpassen auf, sorgen für
	el entorno	Umgebung, Umwelt
	el pan	Brot
4b	el cuadro	Darstellung, Übersicht
4c	la instrucción	Arbeitsanweisung
	la unidad	Lektion
4d	inventar	erfinden
	la batidora	Mixer

9C

	alternativo/-a	alternativ
5a	junto a	*hier:* zu; neben
	el metal	Metall
	el cristal	Glas
	la tela	Stoff
5b	tomar notas	Notizen machen
	el material	Material
	la utilidad	Nutzen, Brauchbarkeit
	el plástico	Plastik
	redondo/-a	rund
	cuadrado/-a	quadratisch
	oval	oval
	servir	nützen, dienen
5c	el florero	Blumenvase, Blumen-topf
6a	secar	trocknen
	el batido	Shake
7a	el trueque	Tausch
	reciclar	recyceln
	funcionar	funktionieren
	ofertar	anbieten
	acudir	(hin)gehen
7b	rico/-a	reich
	necesitar	brauchen
	consistir	bestehen
	la dinámica	Dynamik
	traer	bringen
	la prenda	Kleidungsstück
	asignar	zuweisen
	el punto	Punkt
	el artículo	Artikel
	previo/-a	vorherig
	puntuar	mit Punkten bewerten

	entregar	einreichen
	sufragar	finanzieren, bezahlen
	el gasto	Ausgabe, Kosten
	el calzado	Schuhe
	la bisutería	Modeschmuck
	el juguete	Spielzeug
	el objetivo	Ziel
	el valor	Wert
7c	justificar	rechtfertigen, beweisen
	conjunto/-a	gemeinsam
8a	hostelería	Hotellerie
	hablado/-a	gesprochen
	desplazarse	sich bewegen
	preferiblemente	vorzugsweise
	el manita	*geschickter Handwerker*
	el domicilio	Wohnsitz, Haus
	la chapuza	*hier:* kleine Reparatur
	la reparación	Reparatur
	colocar	anbringen
	el enchufe	Steckdose
	el interruptor	Schalter
	la colocación	Anbringen, Befestigen
	el montaje	Montage
	la duda	Zweifel, Fragen
	sin compromiso	unverbindlich
	cobrar	berechnen, verlangen
	los patines	Inlineskates
	la herramienta	Werkzeug
	el accesorio	Zubehör, Accessoire
	el esquí	Ski
	la bota	Stiefel
	el bastón	Stock
	el estado	Zustand
	eléctrico/-a	elektrisch
	la antigüedad	Alter
	restaurado/-a	restauriert
	hace	vor
	estimado/-a	geschätzt

Proyecto

	elaborar	anfertigen
	la bolsa	Börse
b	conseguir	erreichen
	el reproductor	Wiedergabegerät
	la cafetera	Kaffekanne
	la medida	Maß
	el argumento	Argument

Mi gramática

1a	los demostrativos	Demonstrative
1c	expresar	ausdrücken
	traducir	übersetzen

Mi léxico

1a	la estrategia	Strategie
	la mímica	Mimik
	definir	definieren

LEKTIONS-WORTSCHATZ

	poner	*hier:* geben
	tener calor	jmd. ist heiß
2a	clasificar	einordnen
	el quiosco	Kiosk
	el desodorante	Deodorant
	el perfume	Parfum
	la galleta	Keks
	el champú	Shampoo
	el jersey	Pullover
	el bañador	Badeanzug/Badehose
	el plátano	Banane
	el termómetro	Thermometer
	la ternera	Kalbfleisch
	el pastel	Kuchen

Cultura

a	callejero/-a	Straßen-
b	el/la viajero/-a	Reisende/r
	náhuatl	*Sprache der Azteken und Nahua*
	la tradición	Tradition
	la contracultura	Gegenkultur
	el paraíso	Paradies
	el rock	Rockmusik
	la vanguardia	Avantgarde
	el/la amante	Liebhaber
	el disco	Scheibe
	el vinilo	Vinyl
	el disco compacto	CD
	alejado/-a	entfernt
	turístico/-a	touristisch
	el/la bogotano/-a	*Einwohner/in von Bogotá*
	apreciar	schätzen, bewundern
	la riqueza	Reichtum
	abundante en algo	reich an etw.
	la planta medicinal	Medizinpflanze
	imaginarse	sich vorstellen
	el consejo	Rat(schlag)
	el/la comerciante	Händler/in
	el/la comprador/a	Käufer/in
	frecuentar	häufig besuchen
	el/la turista	Tourist/in
	el/la artesano/-a	Kunsthandwerker/in
	la mercancía	Ware
	el poncho	Poncho
	la lana	Wolle
	la cobija	Decke
	el tapiz	Wandteppich
	el suéter	Pullover
	tejer	stricken
	a mano	handgefertigt
	la manta	Decke
	la bufanda	Schal
	la joya	Schmuckstück
	el gorro	Mütze
	el guante	Handschuh
	futuro/-a	zukünftig

	la expedición	Expedition
	el/la anticuario/-a	Antiquitätensammler
	bonaerense	aus Buenos Aires
	tener lugar	stattfinden
	verdadero/-a	echt
	el tesoro	Schatz
	aun	sogar, selbst
	merecer la pena	es wert sein
	llenar	füllen
	en cualquier lugar	überall
	ambulante	umherziehend
	de todas partes	von überall her

AB

2a	corresponder	passen, entsprechen
2b	el paquete	Paket
	el sobre	Brief
	el código postal	Postleitzahl
	colgarse	sich aufhängen
	desesperado/-a	verzweifelt
	la actualización	Aktualisierung
	el antivirus	Antivirusprogramm
2c	el contexto	Kontext
	la vitrina	Vitrine
	los vaqueros	Jeans
3a	la celebración	Feier
	en negrita	in fetten Buchstaben
	la posibilidad	Möglichkeit
	original	originell
	el vino tinto	Rotwein
	la pantalla	Bildschirm
	plano/-a	flach
3b	Navidad	Weihnachten
	acercarse	sich nähern
	el correo	E-Mail
	preguntar	fragen
	listo/-a	fertig
	clásico/-a	klassisch
4	invitar	einladen
5	recoger	(ab)holen
	la invitación	Einladung
	la catedral	Kathedrale
6b	el objeto directo	direktes Objekt
	el vale regalo	Geschenkgutschein
7	el terror	Horror
	el bombón	Praline
9a	el enunciado	Aussage
	tocar	berühren
	el portal	Portal
	breve	kurz
10	el imperativo	Imperativ
	discutir	diskutieren
11a	sobrar	übrig bleiben

12	célebre	berühmt
	publicitario/-a	Werbe-, Werbungs-
13a	práctico/-a	praktisch
	triangular	dreieckig
	rectangular	rechteckig
	la cerámica	Keramik
14a	la adivinanza	Rätsel
	decorar	dekorieren
14b	continuar	weitermachen
15	conjugar	konjugieren
	estropeado/-a	kaputt
	el dispositivo	Gerät
16	imposible	unmöglich
	esquiar	Ski fahren
17	el sufijo	Suffix
	el helado	Eiscreme
18a	diferenciar	unterscheiden

Unidad 10
El aprendizaje, un viaje sin fin

Das Lernen, eine nie endende Reise

	el fin	Ende
	el documento	Dokument
	la cámara	Kamera
	el monedero	Geldbeutel (für Frauen)
	la cartera	Brieftasche
	el seguro médico	Krankenversicherung
	el carné	Ausweis
	la tarjeta de crédito	Kreditkarte
a	la mochila	Rucksack
b	el equipaje	Gepäck
c	la maleta	Koffer
	la memoria	Gedächtnis

10A

	el extranjero	Ausland
1a	la ayuda social	soziale Arbeit
	el proyecto	Projekt
	el taller	Werkstatt; Workshop
	el/la adolescente	Jugendliche/r
	la discapacidad	Behinderung
	la comunidad	Gemeinschaft
	inolvidable	unvergesslich
	perfeccionar	perfektionieren
	canadiense	kanadisch
	la asignatura	Fach
	abierto/-a	offen
	tener ganas de hacer algo	Lust haben, etw. zu tun
	marcharse	weggehen
1b	participar	teilnehmen
	en caso afirmativo	wenn ja, dann

2b	el caso	Fall
	afirmativo/-a	bejahend, bestätigend
	indicar	angeben
	fuera	außerhalb

10B

3a	el email	E-Mail
	desde	aus, von
	enamorarse	sich verlieben
	bello/-a	schön
	ponerse	anziehen *(Kleidung)*
	el pantalón	Hose
	la camiseta	T-Shirt
	la mariposa	Schmetterling
	raro/-a	komisch, eigenartig
	el miembro	Mitglied
	hospitalario/-a	gastfreundlich
	cálido/-a	herzlich, warm
	aburrirse	sich langweilen
	formal	formell
	el canelazo	*meist alkoholhaltiges, warmes Getränk mit Zimt*
	al principio	am Anfang, anfangs
	el alcohol	Alkohol
	pararse	stehen bleiben
	en marcha	in Bewegung
	sentir	fühlen
	el mareo	Schwindel, Übelkeit
	el/la quiteño/-a	*Einwohner von Quito*
	recomendar	empfehlen
	masticar	kauen
	la hoja	Blatt
	la coca	Koka(pflanze)
	¡Cuídate!	Pass auf dich auf!
3b	de nuevo	noch einmal
3c	costar	schwerfallen, Schwierigkeiten bereiten
	adaptar	anpassen
4b	el insecto	Insekt
4c	el riesgo	Risiko
	el caracol	Schnecke
	el asco	Ekel

10C

	la biografía	Biografie
	lingüístico/-a	Sprach-
5a	enriquecer	bereichern
	emocional	emotional
5b	la entrevista	Interview
	dar clase	unterrichten
	esporádico/-a	sporadisch, vereinzelt
	kazajo	Kasachisch
	rumano	Rumänisch
	tailandés	Thailändisch
	la expresión	Ausdruck
	el bagaje	Wissen, Erfahrungsschatz

	un par de...	einige...
	apuntar	notieren, aufschreiben
	la locura	Wahnsinn, Verrücktheit
	el/la lector/a	Lektor/in
	Kazajistán	Kasachstan
	turco	Türkisch
	directo/-a	direkt
	olvidar	vergessen
	evidente	offensichtlich, offenbar
	al igual	ebenso, genauso wie
	la autoestima	Selbstwertgefühl
	orgulloso/-a	stolz
	fallar	misslingen, versagen
	considerar algo malo	etw. für schlecht befinden
	el error	Fehler
	inculcar	eintrichtern
6a	el cuestionario	Fragebogen
	la cantidad de tiempo	Zeitumfang
	el comienzo	Beginn
	la gramática	Grammatik
	comunicarse	sich verständigen, kommunizieren
	coincidir	übereinstimmen
	memorizar	auswendig lernen
	el tándem	Tandem *(Sprachaustausch)*
	desde	seit
6b	estudioso/-a	fleißig
	hablador/a	gesprächig
	perfeccionista	perfektionistisch
7c	el esfuerzo	Mühe, Anstrengung

Proyecto

a	obtener	erhalten
	inicial	Anfangs-
	intermedio/-a	Mittel-
	avanzado/-a	fortgeschritten
	la razón	Grund
b	formar	bilden
	poner algo en común	etw. im Plenum vorstellen
	total	Gesamt-
d	llegar a una conclusión	zu einem Ergebnis gelangen
	el proceso	Prozess

Mi gramática

1a	la perspectiva	Perspektive
	el hecho	Ereignis
	el pasado	Vergangenheit
2a	temporal	zeitlich
	pasarlo bien	sich amüsieren
2b	la burbuja	(Denk)blase

Mi léxico

1	el adverbio	Adverb

2a	el sustantivo	Substantiv
	responsable	verantwortlich, verantwortungsvoll
	la seriedad	Ernsthaftigkeit
	la facilidad	Leichtigkeit, Mühelosigkeit
	idealista	idealistisch
	el idealismo	Idealismus
	egoísta	egoistisch
2b	atreverse	sich trauen
	el optimismo	Optimismus
	la antipatía	Abneigung, Antipathie
	generoso/-a	großzügig

Cultura

b	contrastar	vergleichen, kontrastieren
	mantenerse	sich halten
	procedente	aus
	popular	beliebt
	impulsar	veranlassen
	el curso	Studienjahr
	el país de acogida	Gastland
	la acogida	Empfang
	lluvioso/-a	regnerisch
	nublado/-a	neblig
	soler ser...	gewöhnlich...sein
	distante	distanziert
	echar de menos	vermissen
	la falta	Fehlen
	mandar	schicken
	la sobrasada	*Streichwurst*
	el chorizo	*Paprikawurst*
	suponer	vermuten, annehmen
	el futuro	Zukunft
	académico/-a	akademisch
	elegir	auswählen
	(los) Relaciones Internacionales	internationale Beziehungen
	complicado/-a	kompliziert
	la adaptación	Anpassung
	y tal	*hier:* und sowas
	el máster	Master (Studiengang)
c	con respecto a	bezüglich, hinsichtlich

AB

1a	partir (de)	ausgehen von
3	el espacio de tiempo	Zeitraum
	cronológico/-a	chronologisch
	anoche	gestern Abend
	anteayer	vorgestern
4	sacar una foto	ein Foto machen
	Noruega	Norwegen
	la pensión	Pension
5	explicar	*hier:* schildern, erzählen
6	el siglo	Jahrhundert
8	optativo/-a	fakultativ

9	el complemento	Ergänzung	
	local	lokal	
10	la selectividad	Zugangsprüfung zur Universität	
11	la documentación	Unterlagen	
12a	sorprendente	überraschen	
	horrible	schrecklich	
	la sorpresa	Überraschung	
13a	por suerte	glücklicherweise, zum Glück	
	el puente	*hier:* Brückentag	
	la torre	Turm	
	inclinado/-a	schräg	
	la pizza	Pizza	
	rico/-a	lecker	
16a	aprobar	bestehen	
16b	¿Cómo llevas el alemán?	Wie läufts mit deinem Deutsch?	
	la suerte	Glück	
17b	casarse	heiraten	
19	con fluidez	flüssig	
20	el motivo	Grund, Motiv	
	el amor	Liebe	
	el crédito	*hier:* ECTS-Punkte	
	adicional	zusätzlich	
	América Latina	Lateinamerika	
21a	exclamativo/-a	Ausrufe-	
	el signo de admiración	Ausrufezeichen	

Unidad 11
Biografías — **Biografien**

a	el personaje	Persönlichkeit

11A

1a	el acontecimiento	Ereignis
	morir *(o → u)*	sterben
	terrible	schrecklich
	el accidente	Unfall
	pintar	malen
	divorciarse	sich scheiden lassen
	nacer	geboren werden
1c	verbal	Verb-
2a	sufrir	erleiden
	la fractura	Bruch
	el hueso	Knochen
	la lesión	Verletzung
	grave	schwer, schwerwiegend
	la espalda	Rücken
	acostado/-a	liegend
	inmóvil	unbeweglich
	la forma	Form
	la revolución	Revolution

	básico/-a	grundlegend
	la obra	Werk
	la poliomielitis	Kinderlähmung
	la enfermedad	Krankheit
	afectar	schädigen
	la pierna	Bein
	motivar	motivieren
	la rehabilitación	Rehabilitation
	la relación	Beziehung
	reflejar(se)	(sich) spiegeln
	desnudo/-a	nackt
	al cabo de	nach
	trasladarse	umziehen
	el sentimiento	Gefühl
	la emoción	Gefühl, Emotion
	el dolor	Schmerz
	el colorido	Färbung
	la figura	Figur
	tras	nach
	la operación	Operation
	la pasión	Leidenschaft
	el sufrimiento	Leid(en)
	el marido	Ehemann
	el autorretrato	Selbstbildnis
	el óleo	Ölfarbe
	el suceso	Ereignis, Geschehnis
	la columna	Wirbelsäule
	la esperanza	Hoffnung

11B

3a	el currículo vitae	Lebenslauf
	el dato	Angabe, Daten
	el bachillerato	*die drei letzten Jahre im Gymnasium*
	licenciarse	sein Examen machen/ ablegen
	el/la asistente	Assistent/in
	los Recursos Humanos	Personalwesen
	la formación	Ausbildung
	la Ofimática	Bürotechnik
	la disponibilidad	Verfügbarkeit
4a	el sueldo	Lohn, Gehalt
	la titulación	akademischer Titel
	superior	höher
	el/la coordinador/a	Koordinator/in
	solicitar	*hier:* suchen
	el sexo	Geschlecht
	indistinto/-a	egal
	la licenciatura	*akademischer Abschluss*
	la docencia	Lehrtätigkeit
	el puesto	Arbeitsplatz
	la característica	Eigenschaft
	la presencia	Erscheinung
	cubrir	abdecken
	la contratación	Einstellung, Vertragsabschluss
	inmediato/-a	sofortig
	rogar	bitten

acudir	sich einfinden	
el currículum	Lebenslauf	
el carné de identidad	Personalausweis	
el requisito	Anforderung	
(los) Relaciones Laborales	Arbeitsbeziehungen	
(el) Graduado Social	Soziale Arbeit	
valorable	wertvoll	
el Postgrado	*Master- oder Promotionsstudium*	
la asesoría	Beratung	
el departamento	Abteilung	
la administración	Verwaltung	
el personal	Personal	
el manejo	Leitung	
el liderazgo	Führung	
fluido/-a	flüssig	
a tiempo completo	in Vollzeit	

11C

5a
exigente	anspruchsvoll
comunicativo/-a	kommunikativ, gesprächig
valiente	mutig
acostumbrado/-a a algo	gewöhnt an etw.
en forma	in Form
conducir	Auto fahren
los conocimientos	Wissen
el/la deportista	Sportler/in

5b necesario/-a — nötig

6a
la trayectoria	Laufbahn, Werdegang
seguir	weitermachen mit, weiter verfolgen
a lo largo de	*hier:* während
la competencia	Fähigkeit
aportar	beitragen
la posición	Position
a corto plazo	auf kurze Sicht, kurzfristig
integrar(se)	(sich) integrieren
rodear	umgeben
el/la profesional	Fachmann/Fachfrau

6c
la prioridad	Priorität
la responsabilidad	Verantwortung
la promoción	Beförderung
el ascenso	Aufstieg
flexible	flexibel
el/la jefe/-a	Chef/in

7a
religioso/-a	religiös
probable	wahrscheinlich
despedirse	sich verabschieden
brusco/-a	abrupt, plötzlich, schroff
el golpe	Schlag

Proyecto

a
la atención	*hier:* Betreuung
recibir	empfangen
la llegada	Ankunft

el alojamiento	Unterkunft
gestionar	abwickeln
la reserva	Reservierung
el/la animador/a	Animateur/in
sociocultural	soziokulturell
las Islas Baleares	Balearen (*spanische Inselgruppe im westlichen Mittelmeer*)
la temporada	Saison
el/la alumno/-a	Schüler/in

c idóneo/-a — geeignet, tauglich

E
apoyarse	sich stützen
la infancia	Kindheit

Mi gramática

1a
la manera	Art, Weise
el nombre artístico	Künstlername
pertenecer	gehören
la dinastía	Dynastie
grabar	aufnehmen
la pareja	Partner
mítico/-a	mythisch
el flamenco	Flamenco
actuar	auftreten
el éxito	Erfolg
el escenario	Bühne
la carrera	Karriere
numeroso/-a	zahlreich
el premio	Preis
el/la esposo/-a	Ehemann/-frau
el infarto cardíaco	Herzinfarkt

1b resumir — zusammenfassen

1c regular — regelmäßig

Mi léxico

1 el graduado — Abschluss

Cultura
la generación	Generation
perdido/-a	verloren

a a lo largo de — entlang

b
caracterizar	charakterisieren
la precariedad	Unsicherheit, Ungewissheit
denominar	(be)nennen
la democracia	Demokratie
la crisis	Krise
económico/-a	Wirtschafts-, wirtschaftlich
acabar	(be)enden
presentar	aufweisen
el abandono escolar	Schulabbruch
el ingreso	Einkommen
precario/-a	ungewiss; jederzeit kündbar

	duplicar	verdoppeln
	a pesar de	trotz
	la voz	Stimme
	cargado/-a	voll
	el sueño	Traum
	la ilusión	Illusion
	reclamar	verlangen, fordern
c	identificar	identifizieren
	decepcionado/-a	enttäuscht
	(la) Bioquímica	Biochemie
	(la) Biología Molecular, Celular y Genética	Molekularbiologie, Zellbiologie und Genetik
	el/la sindicalista	Gewerkschaftler/in
	concienciar	bewusst machen
	exigir	fordern, verlangen
	el/la emprendedor	Unternehmer/in
	decidir	entscheiden
	emigrar	auswandern
	la actualidad	Gegenwart
	en concreto	konkret
	licenciado/-a en…	mit Abschluss in …
	(las) Económicas	Wirtschaft
	la vuelta	Rückkehr
	invertir	investieren

AB

1c	el recuadro	Kästchen
	así como	sowie auch
2	vocálico/-a	vokalisch
4	(los) Empresariales	BWL
	el Óscar	Oskar (Auszeichnung)
	surrealista	surrealistisch
	el/la compañero/-a	Begleiter/in
	la musa	Muse
5a	suceder	geschehen, sich ereignen
	la luna	Mond
	la Primera Guerra Mundial	Erster Weltkrieg
	la Segunda Guerra Mundial	Zweiter Weltkrieg
5b	la escuela primaria	Grundschule
6	la boda	Hochzeit
7	el/la presidente/-a	Präsident/in
	presidencial	Präsidenten-
	el exilio	Exil
	la RDA (República Democrática Alemana)	DDR
	mar adentro	seewärts
8	artístico/-a	künstlerisch
	bohemio/-a	Bohemien
	suponer	hier: bedeuten
	el cubismo	Kubismus
	parisino/-a	pariserisch
	el/la crítico/-a	Kritiker/in
	la bailarina	Tänzerin
	el castillo	Schloss, Burg

9	(la) Ingeniería Aeroespacial	Luft- und Raumfahrttechnik
	la consultoría	Unternehmensberatung
11	Lisboa	Lissabon
11a	el instituto de secundaria	Sekundarschule, Gymnasium
	(el) Diseño Gráfico	Grafisches Design
13a	la definición	Definition
	el concepto	Begriff
	recibir	erhalten
	la capacidad	Fähigkeit
	la iniciativa	Initiative
13b	convenir	vereinbaren, abmachen
	la cooperación	Kooperation
	(la) Filología	Philologie
	la incorporación	Eingliederung
	incorporar	eingliedern
	la función	Tätigkeit, Aufgabe, Funktion
14a	experto/-a	sachkundig, erfahren
	la exigencia	Forderung, Anforderung
	la amabilidad	Freundlichkeit
14c	coordinar	koordinieren
16	el/la entrenador/a	Trainer/in

Unidad 12
Eran otros tiempos — **Es waren andere Zeiten**

a	mostrar	zeigen
	la adolescencia	Jugend
	la década	Jahrzehnt
b	enumerar	aufzählen
	mencionar	erwähnen

12A

1a	el recuerdo	Erinnerung
	el/la protagonista	Protagonist/in
	la serie	Serie
	la televisión	Fernsehen
	el personaje	Figur
	la personalidad	Persönlichkeit
	rebelde	rebellisch
	conformista	konformistisch
	idealista	idealistisch
	soñador/a	träumerisch
	inconformista	nonkonformistisch
	realista	realistisch
	el olor	Geruch
	la croqueta	Krokette
	la albóndiga	Fleischkloß
	los canelones	Cannelloni
	la mili	Wehrdienst
	la maldad	Boshaftigkeit
	el militar	Angehöriger des Militärs
	molestar	stören, ärgern

	la manifestación	Demonstration
	sufrir	leiden
	la minifalda	Minirock
	el vestido	Kleid
	el pantalón de campana	Schlaghose
	la discusión	Diskussion
1b	el imperfecto	Imperfekt
1d	la niñez	Kindheit
	el bastón	Gehstock
	obligar	zwingen
	odiar	hassen
	coser	nähen
	la chaqueta	Jacke
	veraniego/-a	sommerlich, Sommer-
2a	el colegio	Schule
2b	la semejanza	Ähnlichkeit

12B

3a	los leggins	Leggings
	estampado/-a	bedruckt
	la falda	Rock
	la cazadora plumífero	Daunenjacke
	la cazadora	Jacke
	la blusa	Bluse
	el lunar	Punkt, Tupfen
	la manga	Ärmel
	el algodón	Baumwolle
	el cinturón	Gürtel
	la piel	Leder
	el zapato	Schuh
	el tacón	Absatz
3b	la seda	Seide
	sintético/-a	synthetisch
	el estampado	Druck
	la raya	Streifen
	de cuadros	kariert
3c	la talla	Größe
	el color	Farbe
4a	informal	informell
	extravagante	extravagant
	rompedor/a	brechend
	cuidado/-a	gepflegt
	surgir	aufkommen
	el concepto	Konzept
	la tendencia	Tendenz
	introducir	einführen
	el cuero	Leder
	grueso/-a	dick
	la hombrera	Schulterpolster
	el agujero	Loch
	desgastado/-a	abgewetzt, durch-gescheuert
	brillante	leuchtend
	la pana	Kord
	la innovación	Innovation

	la aparición	das Erscheinen
	el piercing	Piercing
	el tatuaje	Tatoo
	el tinte	Färbemittel
	se fue asociando	wurde allmählich mit … in Verbindung gebracht
	asociar	verbinden
	la tribu urbana	Jugendbande
	determinado/-a	bestimmt
	la actitud	Haltung
	frente a	gegenüber
	a la inversa	umgekehrt
	el chándal	Trainingsanzug
	temático/-a	thematisch
4c	actualmente	zurzeit, jetzt
	atrevido/-a	frech, gewagt
4d	elegante	elegant
	llevar	Kleidung tragen
5a	granadino/-a	in der Region Granada

12C

5b	árabe	arabisch
	la vega	Flussebene
	cortar	(ab)schneiden
	la caña de azúcar	Zuckerrohr
	en su lugar	*hier:* stattdessen
	el furor	Wucht, Höhepunkt, Begeisterung
	el jazmín	Jasmin
	regresar	zurückkehren
	la barca	Boot
	la pesca	Fischfang
	saltar	springen
	la red	Netz
	el/la pescador/a	Fischer/in
	la heladería	Eisdiele
	la línea	Linie
5c	el marcador de tiempo	Zeitmarker
6a	u	oder
	estricto/-a	streng

Mi gramática

1	el/la mayor	*hier:* Erwachsene/r
	el/la astronauta	Astronaut/in
	el coscorrón	Schlag (auf den Kopf)
	continuo/-a	ständig, fortwährend
	comprometido/-a	heikel, verfänglich
	el régimen	Regime
	Dios	Gott
	la geografía	Geographie, Erdkunde
	la gamberrada	Streich
2	el hombro	Schulter
	¡hombre!	Mensch!, Mann!
	pasar	passieren
	evolucionar	weiterentwickeln, verändern

	el lujo	Luxus
	Mi léxico	
1	el calzado	Schuhe, Schuhwerk
2b	contrario/-a	gegensätzlich
	el antónimo	Antonym, Gegensatzpaar
	Cultura	
a	el golpe de estado	Staatsstreich
	el estado	Staat
	democrático/-a	demokratisch
	el atentado	Attentat
	la burbuja inmobiliaria	Immobilienblase
	el movimiento 15-M	*Bewegung des 15. März*
	el movimiento	Bewegung
b	la dictadura	Diktatur
	el general	General
	la transición española	*Übergang zur Demokratie in Spanien nach dem Tod Francos*
	el rey	König
	el partido	Partei
	Unión de Centro Democrático (UCD)	*spanische Partei*
	aprobar	annehmen, bewilligen
	la constitución	Verfassung
	producirse	sich ereignen, geschehen
	el intento	Versuch
	socialista	sozialistisch
	ingresar	beitreten
	Partido Socialista Obrero Español (PSOE)	*spanische Partei*
	la Comunidad Económica Europea (CEE)	*Europäische Wirtschafts-gemeinschaft (EWG)*
	la Organización del Tratado del Atlántico Norte (OTAN)	*NATO*
	la aprobación	Bewilligung, Genehmigung
	el Estatuto de Autonomía	*Satzung der Autonomen Regionen*
	los Juegos Olímpicos	Olympische Spiele
	la Exposición Universal	Weltausstellung
	conservador	konservativ
	Partido Popular (PP)	*spanische Partei*
	terrorista	terroristisch
	la protesta	Protest
	indignado/-a	entrüstet, empört
	la abdicación	Abdankung
c	destacar	hervorheben
	AB	
1a	beber	trinken
1b	gordo/-a	dick
	la canción	Lied
2	el peinado	Frisur
	llevarse bien/mal	sich gut/schlecht verstehen
3a	tímido/-a	ängstlich

5	el horror	Gräuel, Horror
	el clásico	Klassiker
6a	el cómic	Comic
	montar a caballo	reiten
7a	el mapa conceptual	Mindmap, Wortigel
7b	el traje	Anzug
	amarillo/-a	gelb
9	la concordancia	Übereinstimmung, Kongruenz
	quedar	passen
10	¡cuidado!	Achtung!, Vorsicht!
	el chaleco	Weste
	rojo/-a	rot
	tejano/-a	Jeans-
	guapo/-a	hübsch
	rojizo/-a	rötlich
12	la pera	Birne
15b	rosa	rosa
	desordenado/-a	unordentlich
16a	silencioso/-a	still
18b	el/la gemelo/-a	Zwilling
	el ajedrez	Schach

Unidad 13
Cosas de la Historia — **Geschichtliche Dinge**

a	la entrada	*hier:* Einführung
	el lanzamiento	Markteinführung
	la llegada a la presidencia	Wahl zum Präsidenten
	el mundial	Weltmeisterschaft
	el/la afroamericano/-a	Afroamerikaner/in
	13A	
1a	el titular	Zeitungsüberschrift
	inaugurar	beginnen, einweihen, eröffnen
	la Unión de Naciones Suramericanas (UNASUR)	*Union Südamerikanischer Nationen*
	el/la suramericano/-a	Südamerikaner/in
	atrapado/-a	gefangen
	la mina	Mine
	la profundidad	Tiefe
	la Copa del Mundo	Weltcup
	Sudáfrica	Südafrika
	estudiantil	Studenten-, studentisch
	el Corralito	*Einfrieren der Bankkonten in Argentinien*
	rescatar	retten
	el minero	Minenarbeiter
	el yacimiento	Mine
	construir	*hier:* schaffen
	el espacio	Raum
	la integración	Integration
	la unión	Einheit
	eliminar	besiegen, beseitigen

	la desigualdad	Ungleichheit
	fortalecer	kräftigen, stärken
	ciudadano/-a	bürgerlich
	protestar	protestieren
	la privatización	Privatisierung
	la enseñanza	Bildungssystem, Bildungs-wesen
	el estadio	Stadion
1b	el rechazo	Zurückweisung, Ablehnung
	la eliminación	Eliminierung
	el fortalecimiento	Stärkung
	el nacimiento	Geburt

13B

2a	la veintena	zwanzig…
	interpretar	interpretieren
	de pronto	plötzlich, auf einmal
	emocionante	bewegend, rührend, packend
	de repente	plötzlich, auf einmal
	el/la manifestante	Demonstrant/in
	bonaerense	aus Buenos Aires
	la dimisión	Rücktritt
	convertirse	verwandeln in
	la batalla	Schlacht
	dimitir	zurücktreten
	respirar	(durch)atmen
	hondo/-a	tief
2b	volar	fliegen
	la cebra	Zebra
	la fibra	Faser
	deshilachado/-a	ausgefranst
	el palo	Stock
	la cacerola	Kochtopf
	pedir	fordern
	la intervención	Eingreifen, Intervenieren
	militar	militärisch, Militär-
	entonces	dann, damals
2c	explicativo/-a	erklärend, erläuternd
3a	ocurrir	geschehen, sich ereignen
3b	situar	*hier:* einordnen

13C

4a	el/la excursionista	Exkursionsteilnehmer/in
	el templo	Tempel
4b	parecido/-a	ähnlich
5a	relevante	wichtig, relevant
	incaico/-a	inkaisch
	la civilización	Zivilisation, Kultur
	precolombino/-a	präkolumbisch *(vor Kolumbus' Ankunft in Lateinamerika)*
	la agricultura	Landwirtschaft
	la base	Basis
	el imperio	Reich, Imperium

	la tierra	Erde
	el emperador	Kaiser
	a consecuencia	infolge
	la producción	Produktion
	agrícola	landwirtschaftlich
	desarrollar	entwickeln
	atravesar	kreuzen
	desembocar	münden
	el bloque	Block
	la piedra	Stein
	el adobe	Lehmziegel
	la obra maestra	Meisterwerk
	la ingeniería	Technik
	a mediados de…	Mitte…
	la presencia	Anwesenheit
	el símbolo	Symbol
	el legado	Vermächtnis
	la religión	Religion
6a	Estimado/-a…	*Grußformel:* Sehr geehrte/r…
	especializarse (en)	sich spezialisieren (auf)
	el requisito	Voraussetzung
	fundamental	fundamental, Grund-
	la especialidad	Fachgebiet
	adjuntar	beifügen
	la carta de recomendación	Empfehlungsscheiben
	atentamente	*Grußformel:* Mit freund-lichen Grüßen
6b	el saludo	Gruß
	la presentación	Vorstellung
	acompañar	beilegen, beifügen
	la despedida	Verabschiedung
	el detalle	Detail
6c	la estancia	Aufenthalt
	el relato	Erzählung
	organizado/-a	organisiert
	cariñoso/-a	liebevoll
	duro/-a	hart
	el calor	Herzlichkeit, Wärme
	humano/-a	menschlich

Mi gramática

1	reescribir	neu schreiben
	reflexionar	nachdenken
	la circunstancia	Umstand
	atmosférico/-a	atmosphärisch
	profundo/-a	tief
	abundante	reichlich
	fuerte	stark
2a	el conector	Konnektor
	la intensidad	Intensität, Eindringlichkeit
	agilizar	beschleunigen
	el discurso	*hier:* Erzählung; Rede
	organizador/a	organisierend
2b	la versión	Version

Mi léxico

1a el auditorio — (Konzert)saal
rechazar — ablehnen

1b transformar — umwandeln

2 cordialmente — *Grußformel:* Mit freundlichen Grüßen

Cultura

el boom — Boom, Aufschwung

a la novela — Roman
el/la escritor/a — Schriftsteller/in

b la sinopsis — Zusammenfassung
ficticio/-a — fiktiv
la visión — Sicht
panorámico/-a — Panorama-
el/la empresario/-a — Unternehmer/in
a punto de — kurz davor zu
la radiografía — Röntgenbild
psicológico/-a — psychologisch
el dictador — Diktator
dominicano/-a — dominikanisch
apodar — einen Spitznamen geben
el chivo — Zicklein, Ziegenbock

c la traducción — Übersetzung
el lecho de muerte — Sterbebett
el/la anciano/-a — alter Mann / alte Frau
enfermo/-a — krank
el saco — Sack
osado/-a — wagemutig, kühn
vigoroso/-a — stark, kräftig, energisch
el ideal — Ideal
la fe — Glaube
combatir — kämpfen
la codicia — Habgier, Begierde
la corrupción — Korruption
acabar (con) — etw. zunichtemachen
tiranizar — tyrannisieren
la fundación — Gründung
la desaparición — das Verschwinden
la villa — Kleinstadt
la crónica — Chronik

AB

1a descontento/-a — unzufrieden
el/la representante — Repräsentant/in
el neoexpresionismo — Neoexpressionismus

2a lanzar — starten; werfen
celebrar — feiern

2b el seminario — Seminar

2c el congreso — Kongress
la conferencia — Konferenz
atractivo/-a — attraktiv
crear — schaffen

2d anual — jährlich
industrial — industriell, Industrie-
Brasil — Brasilien

3a el ladrón — Dieb
la pistola — Pistole
la máscara — Maske
el mostrador — Schalter
la caída — Fall
el muro — Mauer
la Puerta de Brandeburgo — Brandenburger Tor

4 narrar — erzählen
charlar — schwatzen, plaudern
en directo — live
el silencio — Schweigen, Stille
bajar — hinunterfahren

5a el vuelo — Flug
facturar — aufgeben, einchecken
el acuerdo — Abkommen
la sala de embarque — Abflughalle
la azafata — Stewardess
la llamada — Aufruf
¡venga! — auf geht's!
el/la muchacho/-a — Junge/Mädchen
el piloto — Pilot/in

5b meteorológico/-a — meteorologisch

6b la impresión — Eindruck
el crucero — Kreuzfahrt
el comedor — Speisesaal

7a lavar — spülen

8 estropear — kaputtgehen

9 el matemático — Mathematiker
clasista — Klassen-, ständisch
el/la campesino/-a — Bauer/Bäuerin
la ciudad-estado — Stadtstaat
mesoamericano/-a — mesoamerikanisch
luchar — kämpfen
la alianza — Bündnis, Allianz
estratégico/-a — strategisch
arquitectónico/-a — architektonisch
la pirámide — Pyramide
el gráfico — Grafik
el glifo — Glyphe
transmitir — übermitteln
numérico/-a — numerisch, Zahlen-
complejo/-a — komplex
el cultivo — Anbau
social — gesellschaftlich, sozial
gobernante — regierend
el poder — Macht
el sacerdote — Priester
el/la esclavo/-a — Sklave/-in
la ceremonia — Zeremonie
el honor — Ehre

la pelota	Ball
ritual	rituell
el registro	Aufzeichnung, Erfassung
lunar	Mond-
solar	Sonnen-

10	(la) Ingeniería Civil	Bauingenieurwesen
	impresionar	beeindrucken
	el líder	Marktführer

11	monótono/-a	monoton
	la recepción	Rezeption

12c	la coma	Komma

Unidad 14
Ponte en forma   Bring dich in Form

la escalada	Klettern
el waterpolo	Wasserball
la vela	Segeln
el barranquismo	Canyoning
el ciclismo de montaña	Mountainbiking
el buceo	Tauchen
la natación	Schwimmen
el piragüismo	Kanusport
el footing	Joggen

a	el mantenimiento	*hier:* Fitness
	acuático/-a	Wasser-

b	usual	üblich, gewöhnlich
	activo/-a	aktiv
	sedentario/-a	bewegungsarm

14A

1	el estado de ánimo	Gemütszustand, Stimmung
	el beneficio	Nutzen
	estresado/-a	gestresst
	el estiramiento	Strecken, Stretching
	apostar	setzen auf
	el kárate	Karate
	cansado/-a	müde
	la gimnasia	Gymnastik
	suave	sanft, leicht
	preocupado/-a	besorgt
	el funky	*Tanz*

2b	el merengue	*Tanz*
	la cabeza	Kopf
	el cuello	Hals
	el dedo del pie	Fußzeh
	el dedo	Finger
	el pecho	Brust
	el paso	Schritt
	la marcha	Marsch
	la cadera	Hüfte
	el lado	Seite
	flexionar	beugen
	la rodilla	Knie
	estirar	strecken
	al revés	umgekehrt

el pie	Fuß
llevar el ritmo	im Rhythmus sein
peinar	kämmen
el cabello	Haare
el brazo	Arm
sacudir	schütteln
la vuelta	Drehung
sabroso/-a	genussvoll, lecker, *hier:* spaßig
circular	kreisförmig
mover	bewegen
el círculo	Kreis
simultáneamente	gleichzeitig
ligeramente	leicht, ein wenig
lateral	seitlich
¿Se animan?	Macht ihr mit?

2d	final	End-, Schluss-
	estirar	strecken

14B

3a	el remedio	Mittel
	el sueño	Müdigkeit
	el dolor de garganta	Halsweh, Halsschmerzen
	el líquido	Flüssigkeit
	el jarabe	Hustensaft
	la pomada	(Fett)salbe
	la acupuntura	Akupunktur

V	la sensación	Gefühl, Empfindung
	física	physisch, körperlich

4a	doler	wehtun, schmerzen

4b	resfriado/-a	erkältet
	la tos	Husten
	el estómago	Magen
	el oído	(inneres) Ohr
	la muela	Weisheitszahn
	encontrarse	sich fühlen, sich befinden
	sentirse	sich fühlen

4c	contra	gegen
	pasar	hereinkommen
	el analgésico	Schmerzmittel
	sin falta	unbedingt
	la fiebre	Fieber
	ahora mismo	jetzt gleich
	¡Qué te mejores!	Gute Besserung!
	mejorar	gesund werden, (ver)bessern
	el/la doctor/a	Doktor/in

14C

5a	alimenticio/-a	Nahrungs-
	la recomendación	Empfehlung
	la dieta	Kost
	saludable	gesund
	la oliva	Olive
	condimentar	würzen
	limitar	einschränken, begrenzen

la mantequilla — Butter
el vegetal — *hier:* Gemüse
la papa *(LA)* — Kartoffel
cocido/-a — gekocht
azucarado/-a — gezuckert
los cereales — Getreide
integral — Vollkorn-
el trigo — Weizen
refinado/-a — raffiniert
la judía — Bohne
la nuez — Nuss
el bacon — geräucherter Speck
el fiambre — Wurstwaren
procesado/-a — verarbeitet
la proteína — Protein
el alimento — Nahrungsmittel

6a el/la experto/-a — Expert/in, Fachmann/-frau
la nutrición — Ernährung
evitar — vermeiden
perjudicial (para) — schädlich (für)
beneficioso/-a — nützlich, vorteilhaft
engordar — dick machen
el hidrato de carbono — Kohlehydrat
el tubérculo — Knolle
nutriente — nahrhaft
el huevo — Ei
provocar — verursachen, hervorrufen
el colesterol — Cholesterin
el/la especialista — Fachmann/-frau, Spezialist

7a insano/-a — ungesund
la comida rápida — Fastfood
congelado/-a — tiefgefroren, Tiefkühl-
enlatado/-a — Dosen-

7b plantear — aufwerfen
el comportamiento alimentario — Ernährungsweise, Essverhalten
el apuro — Schwierigkeit
económico/-a — finanziell, wirtschaftlich
desgraciadamente — leider, unglücklichweise
el seguimiento — Befolgung
la grasa — Fett
animal — tierisch
asiduo/-a — häufig, regelmäßig
el menú — Menü
razonable — angemessen, angebracht, vernünftig

8a la receta — Rezept
el pepino — Gurke
el pimiento — Paprika
el ingrediente — Zutat
el diente de ajo — Knoblauchzehe
el ajo — Knoblauch
la cucharada — Löffel
el vinagre — Essig
la elaboración — Zubereitung
a continuación — danach, anschließend

echar — werfen
la jarra — Rührschüssel
triturar — zerkleinern
batir — rühren
introducir — *hier:* hineinstellen
enfriar — abkühlen
la presentación — Präsentation
la taza — Tasse
el trozo — Stück

8b lavar — waschen

8c el recetario — Kochbuch
el coste — Preis

Proyecto

a la campaña — Kampagne
la prevención — Prävention
el estrés — Stress

b poner en práctica — realisieren, verwirklichen
fomentar — fördern
prevenir — vorbeugen

c la droga — Droge

Mi gramática

2a la técnica — Technik
la pista de baile — Tanzfläche
procurar — versuchen
ventilar — lüften
la regularidad — Regelmäßigkeit
copioso/-a — üppig

Mi léxico

1a la lenteja — Linse
la calabaza — Kürbis
el yogur — Joghurt
el maíz — Mais
la lechuga — Salat
la berenjena — Aubergine
el garbanzo — Kichererbse
el calabacín — Zucchini
la sardina — Sardine
las legumbres — Hülsenfrüchte
los embutidos — Wurstwaren

1b freír — braten, frittieren
pelar — schälen
hacer a la plancha — grillen
asar — braten, schmoren
cocer — kochen

Cultura

a la especia — Gewürz
el sésamo — Sesam
el melocotón — Pfirsich
la zanahoria — Karotte
la castaña — Kastanie
el dátil — Dattel
la sandía — Wassermelone
la mostaza — Senf
la albahaca — Basilikum

	el Próximo Oriente	Naher Osten
	el Medio Oriente	Mittlerer Osten
	África	Afrika
	Asia	Asien
c	habitar	bewohnen
	el Mediterráneo	Mittelmeerraum
	el/la íbero/-a	Iberer/in
	el/la celta	Kelte/-in
	el/la griego/-a	Grieche/-in
	el/la romano/-a	Römer/in
	el/la bárbaro/-a	Barbar/in
	el/la árabe	Araber/in
	establecer	schaffen
	la trilogía	Trilogie
	la cebolla	Zwiebel
	la ciruela	Pflaume
	la cereza	Kirsche
	el albaricoque	Aprikose
	proceder	kommen aus, stammen aus
	la remolacha	Rote Beete
	la col	Kohl
	el espárrago	Spargel
	el limón	Zitrone
	la pimienta	Pfeffer
	el romero	Rosmarin
	el melón	Melone
	configurar	gestalten, formen
	la ciencia	Wissenschaft
	excepcional	außergewöhnlich, einzigartig
	la población	Bevölkerung
	significativo/-a	bedeutend
	el envejecimiento	das Altern
	óptimo/-a	optimal
	la longevidad	Lebensdauer
	la costumbre	Brauch
	la obesidad	Fettleibigkeit

	cardiovascular	kardiovaskular, Herz- und Gefäß-
	hacer alusión a	auf etw. anspielen, etw. andeuten
	el fenómeno	Phänomen
AB		
2a	hacia delante	nach vorne
3b	triste	traurig
5a	desestresarse	sich entspannen
	reducir	reduzieren
5b	la concentración	Konzentration
6	el montón	Haufen
	tranquilizarse	sich beruhigen
7a	la infusión	(Kräuter)tee
	el síntoma	Symptom
8	la petición	Bitte
	la sugerencia	Vorschlag
	sugerir	etw. vorschlagen
12a	equilibrado/-a	ausgewogen
14a	aliñar	würzen
14b	la escalivada	*spanisches Gericht*
	la hortaliza	Gemüse
	el horno	Ofen
	la aceituna	Olive
	la anchoa	Anschovis
	templado/-a	lauwarm
15a	enfadado/-a	wütend
15b	la entonación	Betonung
16a	la orden	Befehl
16b	el/la paciente	Patient/in
	el tono	Ton

>> Die Wörter sind in alphabetischer Reihenfolge aufgeführt.
>> Nach der deutschen Bedeutung gibt die fettgedruckte Zahl die Lektion an, die zweite Angabe (in magerer Schrift) bezieht sich auf den jeweiligen Abschnitt innerhalb der Lektion. Dafür wurden folgende Abkürzungen verwendet:

AB = Arbeitsbuch
POR = Portada (Einstiegsseite)
PR = Proyecto
E = Escribimos

GR = Gramática (Grammatik)
L = Léxico (Wortschatz)
CU = Cultura (Kulturseite)

A

a 20 minutos del centro – 20 Minuten vom Zentrum entfernt **8** A2a
a cambio de – gegen, für **8** A2a
a consecuencia – infolge **13** C5a
a continuación – danach, anschließend **14** C8a
a corto plazo – auf kurze Sicht, kurzfristig **11** C6a
a gusto – zufrieden, wohl **8** CUb
a la inversa – umgekehrt **12** B4a
a lo largo de – *hier*: während; entlang **11** C6a, **11** CUa
a mano – handgefertigt **9** CUb
a mediados de… – Mitte… **13** C5a
a pesar de – trotz **11** CUb
a punto de – kurz davor zu **13** CUb
a su vez – gleichzeitig **9** B3c
a tiempo completo – in Vollzeit **11** B4a
abandono escolar (m) – Schulabbruch **11** CUb
abdicación (f) – Abdankung **12** CUb
abierto/-a – offen **10** A1a
abundante – reichlich **13** GR1
abundante en algo – reich an etw. **9** CUb
aburrirse – sich langweilen **10** B3a
acabar (con) – (be)enden; etw. zunichtemachen **11** CUb, **13** CUc
académico/-a – akademisch **10** CUb
acceso (m) – Zugang **9** B3c
accesorio (m) – Zubehör, Accessoire **9** C8a
accidente (m) – Unfall **11** A1a
aceite (m) – Öl **8** C8b
aceituna (f) – Olive **AB14** 14b
aceptar – akzeptieren **9** A1c
acercarse – sich nähern **AB9** 3b
acogedor/a – gemütlich **8** A3a
acogida (f) – Empfang **10** CUb
acompañar – beilegen, beifügen **13** C6b
acontecimiento (m) – Ereignis **11** A1a
acordar – vereinbaren **8** PRc
acostado/-a – liegend **11** A2a
acostumbrado/-a a algo – gewöhnt an etw. **11** C5a
actitud (f) – Haltung **12** B4a
activo/-a – aktiv **14** PORb

actualidad (f) – Gegenwart **11** CUc
actualización (f) – Aktualisierung **AB9** 2b
actualmente – zurzeit, jetzt **12** B4c
actuar – auftreten **11** GR1a
acuático/-a – Wasser- **14** PORa
acudir – (hin)gehen, sich einfinden **9** C7a, **11** B4a
acuerdo (m) – Abkommen **AB13** 5a
acupuntura (f) – Akupunktur **14** B3a
adaptación (f) – Anpassung **10** CUb
adaptar – anpassen **10** B3c
adicional – zusätzlich **AB10** 20
adivinanza (f) – Rätsel **AB9** 14a
adivinar – raten **8** C9d
adjetivo posesivo (m) – Possessivbegleiter **8** GR1
adjuntar – beifügen **13** C6a
administración (f) – Verwaltung **11** B4a
adobe (m) – Lehmziegel **13** C5a
adolescencia (f) – Jugend **12** PORa
adolescente (m/f) – Jugendliche/r **10** A1a
adverbio (m) – Adverb **10** L1
afectar – schädigen **11** A2a
afirmación (f) – Aussage, Behauptung **8** B5b
afirmativo/-a – bejahend, bestätigend **10** A2b
África – Afrika **14** CUa
afroamericano/-a (m/f) – Afroamerikaner/in **13** PORa
agilizar – beschleunigen **13** GR2a
agradable – nett, angenehm **8** A3a
agrícola – landwirtschaftlich **13** C5a
agricultura (f) – Landwirtschaft **13** C5a
agrupar – eine Gruppe bilden **8** L2b
agujero (m) – Loch **12** B4a
ahora mismo – jetzt gleich **14** B4c
ahorrador/a – sparsam **8** C8b
ajedrez (m) – Schach **AB12** 18b
ajo (m) – Knoblauch **14** C8a
al cabo de – nach **11** A2a
al igual – ebenso, genauso wie **10** C5b
al mes – monatlich **8** A2a
al principio – am Anfang, anfangs **10** B3a
al revés – umgekehrt **14** A2b
albahaca (f) – Basilikum **14** CUa

albaricoque (m) – Aprikose **14** CUc
albóndiga (f) – Fleischkloß **12** A1a
alcohol (m) – Alkohol **10** B3a
alegrarse – sich freuen (über) **8** GR2a
alejado/-a – entfernt **9** CUb
alfombra (f) – Teppich **8** B4a
algodón (m) – Baumwolle **12** B3a
alianza (f) – Bündnis, Allianz **AB13** 9
alimenticio/-a – Nahrungs- **14** C5a
alimento (m) – Nahrungsmittel **14** C5a
aliñar – würzen **AB14** 14a
almuerzo (m) – Mittagessen **9** A2a
alojamiento (m) – Unterkunft **11** PRa
alquilar algo a alguien – jmd. etw. vermieten **8** A 2a
alquiler (m) – Miete **8** A2a
alquiler de habitaciones – Zimmervermietung **8** A2a
alternativo/-a – alternativ **9** C
alto/-a – laut **AB8** 14a
alumno/-a (m/f) – Schüler/in **11** PRa
amabilidad (f) – Freundlichkeit **AB11** 14 a
amante (m/f) – Liebhaber **9** CUb
amarillo/-a – gelb **AB12** 7b
ambulante – umherziehend **9** CUb
América Latina – Lateinamerika **AB10** 20
amor (m) – Liebe **AB10** 20
ampliar – erweitern **9** PORc
amplio/-a – weit **8** A2a
amueblado/-a – möbliert **8** A2a
analgésico (m) – Schmerzmittel **14** B4c
anchoa (f) – Anschovis **AB14** 14b
anciano/-a (m/f) – alter Mann / alte Frau **13** CUc
animador/a (m/f) – Animateur/in **11** PRa
animal (m) – Tier **8** C7a
animal – tierisch **14** C7b
anoche – gestern Abend **AB10** 3
anteayer – vorgestern **AB10** 3
anterior – vorherig **8** B4b
anticuario/-a (m/f) – Antiquitätensammler **9** CUb
antigüedad (f) – Alter **9** C8a
antipatía (f) – Abneigung, Antipathie **10** L2b
antivirus (m) – Antivirusprogramm **AB9** 2b

antónimo *(m)* – Antonym, Gegensatz-
paar **12** L2b
anual – jährlich **AB13** 2d
anunciar – werben für **9** B4a
aparato *(m)* – Apparat **9** B3c
aparecer – erscheinen **8** C9b
aparición *(f)* – das Erscheinen **12** B4a
apodar – einen Spitznamen geben
13 CUb
aportar – beitragen **11** C6a
apostar – setzen auf **14** A1
apoyarse – sich stützen **11** PRE
apreciar – schätzen, bewundern **9** CUb
aprobación *(f)* – Bewilligung, Genehmi-
gung **12** CUb
aprobar – bestehen; annehmen,
bewilligen **AB10** 16a, **12** CUb
apuntar – notieren, aufschreiben **10** C5b
apuro *(m)* – Schwierigkeit **14** C7b
aquel / aquella/-os/-as – diese/s (dort)
9 A1b
árabe *(m/f)* – Araber/in **14** CUc
árabe – arabisch **12** C5b
argumento *(m)* – Argument **9** PRb
armario *(m)* – Schrank **8** POR
arquitectónico/-a – architektonisch
AB13 9
artesano/-a *(m/f)* – Kunsthandwerker/in
9 CUb
artículo *(m)* – Artikel **9** C7b
artista *(m/f)* – Künstler/in **AB8** 14a
artístico/-a – Künstler- **11** 8
asar – braten, schmoren **14** L1b
ascenso *(m)* – Aufstieg **11** C6c
ascensor *(m)* – Aufzug **8** A1a
asco *(m)* – Ekel **10** B4c
aseo *(m)* – Toilette **9** POR
asesoría *(f)* – Beratung **11** B4a
así como – sowie auch **AB11** 1c
Asia – Asien **14** CUa
asiático/-a – asiatisch **AB8** 8
asiduo/-a – häufig, regelmäßig **14** C7b
asignar – zuweisen **9** C7b
asignatura *(f)* – Fach **10** A1a
asistente *(m/f)* – Assistent/in **11** B3a
asociar – verbinden **12** B4a
aspirador *(m)* – Staubsauger **8** C8a
astronauta *(m/f)* – Astronaut/in **12** GR1
atención *(f)* – *hier:* Betreuung **11** PRa
atentado *(m)* – Attentat **12** CUa
atentamente – *Grußformel:* Mit
freundlichen Grüßen **13** C6a
atmosférico/-a – atmosphärisch **13** GR1
atractivo/-a – attraktiv **AB13** 2c
atrapado/-a – gefangen **13** A1a
atravesar – kreuzen **13** C5a
atreverse – sich trauen **10** L2b

atrevido/-a – frech, gewagt **12** B4c
auditorio *(m)* – (Konzert)saal **13** L1a
aun – sogar, selbst **9** CUb
auriculares *(m, Pl)* – Kopfhörer **9** A1a
autoestima *(f)* – Selbstwertgefühl
10 C5b
autónomo/-a – autonom, selbstständig
8 CUb
autorretrato *(m)* – Selbstbildnis **11** A2a
avanzado/-a – fortgeschritten **10** PRa
ayuda social *(f)* – soziale Arbeit **10** A1a
azafata *(f)* – Stewardess **AB13** 5a
azúcar *(m)* – Zucker **8** C8b
azucarado/-a – gezuckert **14** C5a

B

bachillerato *(m)* – *die drei letzten Jahre
im Gymnasium* **11** B3a
bacon *(m)* – (geräucherter) Speck **14** C5a
bagaje *(m)* – Wissen, Erfahrungs-
schatz **10** C5b
bailarina *(f)* – Tänzerin **AB11** 8
bajar – herunterbringen,
hinunterfahren **8** C8b, **AB13** 4
bajo/-a – niedrig **8** A **3a**
balcón *(m)* – Balkon **8** POR
bañador *(m)* – Badeanzug/Badehose
9 L2a
bañera *(f)* – Badewanne **8** B6a
baño *(m)* – Badezimmer **8** B6a
barbacoa *(f)* – Grill, Grillrost **8** POR
bárbaro/-a *(m/f)* – Barbar/in **14** CUc
barca *(f)* – Boot **12** C5b
barranquismo *(m)* – Canyoning **14** POR
barrer – kehren, fegen **8** C8a
base *(f)* – Basis **13** C5a
básico/-a – Grund-, grundlegend **8** A2a,
11 A2a
bastón *(m)* – Stock, Gehstock **9** C8a,
12 A1d
basura *(f)* – Müll **8** C8a
batalla *(f)* – Schlacht **13** B2a
batería *(f)* – Akku, Batterie **9** A1b
batido *(m)* – Shake **9** C6a
batidora *(f)* – Mixer **9** B4d
batir – rühren **14** C8a
beber – trinken **AB12** 1a
bebida *(f)* – Getränk **AB8** 5
bello/-a – schön **10** B3a
beneficio *(m)* – Nutzen **14** A1
beneficioso/-a – nützlich, vorteilhaft
14 C6a
berenjena *(f)* – Aubergine **14** L1a
biografía *(f)* – Biografie **10** C
Biología Molecular, Celular y
Genética *(f)* – Molekularbiologie,
Zellbiologie und Genetik **11** CUc

Bioquímica *(f)* – Biochemie **11** CUc
bisutería *(f)* – Modeschmuck **9** C7b
bloque *(m)* – Block **13** C5a
blusa *(f)* – Bluse **12** B3a
boda *(f)* – Hochzeit **AB11** 6
bogotano/-a *(m/f)* – *Einwohner/in von
Bogotá* **9** CUb
bohemio/-a – Bohemien **AB11** 8
bolsa *(f)* – Börse **9** PR
bolso *(m)* – Tasche **AB8** 1
bombón *(m)* – Praline **AB9** 7
bonaerense – aus Buenos Aires **9** CUb
boom *(m)* – Boom, Aufschwung **13** CU
bota *(f)* – Stiefel **9** C8a
Brasil – Brasilien **AB13** 2d
brazo *(m)* – Arm **14** A2b
breve – kurz **AB9** 9a
brillante – leuchtend **12** B4a
brusco/-a – abrupt, plötzlich, schroff
11 C7a
buceo *(m)* – Tauchen **14** POR
bufanda *(f)* – Schal **9** CUb
burbuja *(f)* – (Denk)blase **10** GR2b
burbuja inmobiliaria *(f)* – Immobilien-
blase **12** CUa

C

cabello *(m)* – Haare **14** A2b
cabeza *(f)* – Kopf **14** A2b
cacerola *(f)* – Kochtopf **13** B2b
cadera *(f)* – Hüfte **14** A2b
cafetera *(f)* – Kaffekanne **9** PRb
caída *(f)* – Fall **AB13** 3a
caja regalo *(f)* – Geschenkbox **9** A2c
cajita *(f)* – Kästchen **AB8** 16a
calabacín *(m)* – Zucchini **14** L1a
calabaza *(f)* – Kürbis **14** L1a
calefacción *(f)* – Heizung **8** A1a
cálido/-a – herzlich, warm **10** B3a
caliente – warm, heiß **8** L1b
callejero/-a – Straßen- **9** CUa
calor *(m)* – Herzlichkeit, Wärme **13** C6c
calzado *(m)* – Schuhe, Schuhwerk
9 C7B, **12** L1
cama *(f)* – Bett **8** POR
cámara *(f)* – Kamera **10** POR
cambio *(m)* – Änderung **AB8** 13b
camiseta *(f)* – T-Shirt **10** B3a
campaña *(f)* – Kampagne **14** PRa
campesino/-a *(m/f)* – Bauer/Bäuerin
AB13 9
caña de azúcar *(f)* – Zuckerrohr **12** C5b
canadiense – kanadisch **10** A1a
canción *(f)* – Lied **AB12** 1b
candidato/-a – Kandidat/in **8** PR
canelazo *(m)* – *meist alkoholhaltiges,
warmes Getränk mit Zimt* **10** B3a

canelones *(m, Pl)* – Cannelloni 12 A1a
cansado/-a – müde 14 A1
cantidad *(f)* – Menge AB8 3
cantidad de tiempo *(f)* – Zeitumfang
   10 C6a
caos *(m)* – Chaos AB8 5
caótico/-a – chaotisch AB8 5
capacidad *(f)* – Fähigkeit AB11 13a
caracol *(m)* – Schnecke 10 B4c
característica *(f)* – Eigenschaft 11 B4a
caracterizar – charakterisieren 11 CUb
cardiovascular – kardiovaskular, Herz-
   und Gefäß- 14 CUc
cargado/-a – voll 11 CUb
cariñoso/-a – liebevoll 13 C6c
carné *(m)* – Ausweis 10 POR
carné de identidad *(m)* – Personalaus-
   weis 11 B4a
carnicería *(f)* – Fleischerei, Metzgerei
   9 POR
carrera *(f)* – Karriere 11 GR1a
carta de recomendación *(f)* – Empfeh-
   lungsscheiben 13 C6a
cartera *(f)* – Brieftasche 10 POR
casarse – heiraten AB10 17b
caso *(m)* – Fall 10 A2b
castaña *(f)* – Kastanie 14 CUa
castillo *(m)* – Schloss, Burg AB11 8
catedral *(f)* – Kathedrale AB9 5
cazadora *(f)* – Jacke 12 B3a
cazadora plumífero *(m)* –
   Daunenjacke 12 B3a
cebolla *(f)* – Zwiebel 14 CUc
cebra *(f)* – Zebra 13 B2b
celebración *(f)* – Feier AB9 3a
celebrar – feiern AB13 2a
célebre – berühmt AB9 12
celta *(m/f)* – Kelte/-in 14 CUc
céntrico/-a – zentral 8 L1b
centro comercial *(m)* – Einkaufszentrum
   9 B3a
cerámica *(f)* – Keramik AB9 13a
cereales *(m, Pl)* – Getreide 14 C5a
ceremonia *(f)* – Zeremonie AB13 9
cereza *(f)* – Kirsche 14 CUc
cesta *(f)* – Korb 9 A 2c
chaleco *(m)* – Weste AB12 10
champú *(m)* – Shampoo 9 L2a
chandal *(m)* – Trainingsanzug 12 B4a
chapuza *(f)* *hier:* kleine Reparatur
   9 C8a
chaqueta *(f)* – Jacke 12 A1d
charlar – schwatzen, plaudern AB13 4
chivo *(m)* – Zicklein, Ziegenbock 13 CUb
chorizo *(m)* – *Paprikawurst* 10 CUb
ciclismo de montaña *(m)* – Mountain-
   biking 14 POR

ciencia *(f)* – Wissenschaft 14 CUc
cinturón *(m)* – Gürtel 12 B3a
circular – kreisförmig 14 A2b
círculo *(m)* – Kreis 14 A2b
circunstancia *(f)* – Umstand 13 GR1
ciruela *(f)* – Pflaume 14 CUc
ciudadano/-a – bürgerlich 13 A1a
ciudad-estado *(f)* – Stadtstaat AB13 9
civilización *(f)* – Zivilisation, Kultur
   13 C5a
clásico *(m)* – Klassiker AB12 5
clásico/-a – klassisch AB9 3b
clasificar – einordnen 9 L2a
clasista – Klassen-, ständisch AB13 9
cliente *(m/f)* – Kunde/Kundin 9 POR
cobija *(f)* – Decke 9 CUb
cobrar – berechnen, verlangen 9 C8a
coca *(f)* – Koka(-pflanze) 10 B3a
cocer – kochen 14 L 1b
cocido/-a – gekocht 14 C5a
cocina eléctrica *(f)* – Elektroherd 8 B4a
cocinar – kochen 8 A3a
codicia *(f)* – Habgier, Begierde 13 CUc
código postal *(m)* – Postleitzahl AB9 2b
coincidencia *(f)* – Übereinstimmung
   9 B3c
coincidir – übereinstimmen 10 C6a
col *(f)* – Kohl 14 CUc
cola *(f)* – Warteschlange 9 B3c
colegio *(m)* – Schule 12 A2a
colesterol *(m)* – Cholesterin 14 C6a
colgarse – sich aufhängen AB9 2b
colocación *(f)* – Anbringen, Befestigen
   9 C8a
colocar – anbringen 9 C8a
color *(m)* – Farbe 12 B3c
colorido *(m)* – Färbung 11 A2a
columna *(f)* – Wirbelsäule 11 A2a
coma *(f)* – Komma AB13 12c
combatir – kämpfen 13 CUc
combinar – verbinden, kombinieren
   AB8 12a
comedor *(m)* – Speisesaal AB13 6b
comentar – besprechen, erläutern 8 B5d
comentar – erzählen AB8 5
comerciante *(m/f)* – Händler/in 9 CUb
cómic *(m)* – Comic AB12 6a
comida rápida *(f)* – Fastfood 14 C7a
comienzo *(m)* – Beginn 10 C6a
¿Cómo llevas el alemán? – Wie läufts mit
   deinem Deutsch? AB10 16b
compañero/-a *(m/f)* – Begleiter/in AB11 4
competencia *(f)* – Fähigkeit 11 C6a
complejo/-a – komplex AB13 9
complemento *(m)* – Ergänzung AB10 9
complicado/-a – kompliziert 10 CUb

comportamiento alimentario *(m)* –
   Ernährungsweise, Essverhalten 14 C7b
compra *(f)* – Einkauf 8 A3a
comprador/a *(m/f)* – Käufer/in 9 CUb
comprometido/-a – heikel, verfäng-
   lich 12 GR1
común – Gemeinschafts- 8 C7a
comunicado/-a – angeschlossen AB8 6
comunicarse – sich verständigen,
   kommunizieren 10 C6a
comunicativo/-a – kommunikativ,
   gesprächig 11 C5a
comunidad *(f)* – *hier:* Gemeineigentum;
   Gemeinschaft AB8 7, 10 A1a
Comunidad Económica Europea *(CEE) (f)*
   – *Europäische Wirtschaftsgemeinschaft
   (EWG)* 12 CUb
con fluidez – flüssig AB10 19
con respecto a – bezüglich,
   hinsichtlich 10 CUc
concentración *(f)* – Konzentration
   AB14 5b
concepto *(m)* – Begriff, Konzept AB11 13a,
   12 B4a
concienciar – bewusst machen 11 CUc
concordancia *(f)* – Übereinstimmung,
   Kongruenz AB12 9
condición *(f)* – Bedingung 8 PRE
condimentar – würzen 14 C5a
conducir – Auto fahren 11 C5a
conector *(m)* – Konnektor 13 GR2
conexión *(f)* – Verbindung 8 A1a
conferencia *(f)* – Konferenz AB13 2c
configurar – gestalten, formen 14 CUc
conformista – konformistisch 12 A1a
congelado/-a – tiefgefroren, Tiefkühl-
   14 C7a
congreso *(m)* – Kongress AB13 2c
conjugar – konjugieren AB9 15
conjunto/-a – gemeinsam 9 C7c
conocimientos *(m, Pl)* – Wissen 11 C5a
conseguir – erreichen 9 PRb
consejo *(m)* – Rat(schlag) 9 CUb
conservador – konservativ 12 CUb
considerar algo malo – etw. für schlecht
   befinden 10 C5b
consistir – bestehen 9 C7b
constitución *(f)* – Verfassung 12 CUb
construir – *hier:* schaffen 13 A1a
consultar – nachschlagen 9 PORc
consultoría *(f)* – Unternehmens-
   beratung AB11 9
consumir – konsumieren 9 B3c
consumo *(m)* – Konsum 9 B3c
contabilidad *(f)* – Buchhaltung 8 C8a
contenedor *(m)* – Container 8 C8a
contento/-a – zufrieden 8 GR2a

contestar – antworten 8 A1a
contexto (m) – Kontext AB9 2c
continuar – weitermachen AB9 14b
continuo/-a – ständig, fortwährend 12 GR1
contra – gegen 14 B4c
contracultura (f) – Gegenkultur 9 CUb
contrario (m) – Gegenteil AB8 2c
contrario/-a – gegensätzlich 12 L2b
contrastar – vergleichen, kontrastieren
    10 CUb
contratación (f) – Einstellung, Vertrags-
    abschluss 11 B4a
contrato (m) – Vertrag AB8 7
control (m) – Kontrolle 9 B3c
conveniente – angemessen,
    angebracht 8 C8a
convenir – vereinbaren, abmachen
    AB11 13b
conversación telefónica (f) – Telefon-
    gespräch 8 A2b
convertirse – verwandeln in 13 B2a
convivencia (f) – Zusammenleben 8 A2a
cooperación (f) – Kooperation AB11 13b
coordinador/a (m/f) – Koordinator/in
    11 B4a
coordinar – koordinieren AB11 14c
Copa del Mundo (f) – Weltcup 13 A1a
copioso/-a – üppig 14 GR2a
cordialmente – *Grußformel:* Mit
    freundlichen Grüßen 13 L2
Corralito (m) – *Einfrieren der Bankkonten
    in Argentinien* 13 A1a
correo (m) – E-Mail AB9 3b
corresponder – passen,
    entsprechen AB9 2a
corrupción (f) – Korruption 13 CUc
cortar – (ab)schneiden 12 C5b
coscorrón (m) – Schlag (auf den Kopf)
    12 GR1
coser – nähen 12 A1d
cosmética (f) – Kosmetik 9 POR
costar – kosten; schwerfallen, Schwierig-
    keiten bereiten AB8 11, 10 B3c
coste (m) – Preis 14 C8c
costumbre (f) – Brauch 14 CUc
crear – schaffen AB13 2c
creativo/-a – kreativ AB8 15
crédito (m) – *hier:* ECTS-Punkte AB10 20
crisis (f) – Krise 11 CUb
cristal (m) – Glas 9 C5a
crítico/-a (m/f) – Kritiker/in AB11 8
crónica (f) – Chronik 13 CUc
cronológico/-a – chronologisch AB10 3
croqueta (f) – Krokette 12 A1a
crucero (m) – Kreuzfahrt AB13 6b
cuadrado/-a – quadratisch 9 C5b

cuadro (m) – Gemälde, Bild; Darstellung,
    Übersicht AB8 14a, 9 B4b
cualidad (f) – Eigenschaft 8 PRa
cuarto de baño (m) – Badezimmer 8 POR
cubismo (m) – Kubismus AB11 8
cubrir – abdecken 11 B4a
cucharada (f) – Löffel 14 C8a
cuello (m) – Hals 14 A2b
cuero (m) – Leder 12 B4a
cuestionario (m) – Fragebogen 10 C6a
cuidado/-a – gepflegt 12 B4a
cuidar – aufpassen auf, sorgen für 9 B4a
¡Cuidado! – Achtung!, Vorsicht! AB12 10
¡Cuídate! – Pass auf dich auf! 10 B3a
cultivo (m) – Anbau AB13 9
cumplir algo – etw. einhalten AB8 17
currículo vitae (m) – Lebenslauf 11 B3a
currículum (m) – Lebenslauf 11 B4a
curso (m) – Studienjahr 10 CUb

D

dar algo a alguien – geben 9 A2a
dar clase – unterrichten 10 C5b
dátil (m) – Dattel 14 CUa
dato (m) – Angabe, Daten 11 B3a
de cuadros – kariert 12 B3b
de nuevo – noch einmal 10 B3b
de pronto – plötzlich, auf einmal 13 B2a
de repente – plötzlich, auf einmal
    13 B2a
de todas partes – von überall her 9 CUb
de vez en cuando – ab und zu 8 C8c
¿De parte de quién? – Wer spricht? 8 A2c
debajo (de) – unter 8 B4c
década (f) – Jahrzehnt 12 PORa
decepcionado/-a – enttäuscht 11 CUc
decidir – entscheiden 8 A3a
decorar – dekorieren AB9 14a
dedo (m) – Finger 14 A2b
dedo del pie (m) – Fußzeh 14 A2b
definición (f) – Definition AB11 13a
definir – definieren 9 L1a
demás – weitere 8 A3a
democracia (f) – Demokratie 11 CUb
democrático/-a – demokratisch 12 CUa
demostrativos (m, Pl.) – Demonstrative
    9 GR1a
denominar – (be)nennen 11 CUb
dentro (de) – in AB8 5
departamento (m) – Abteilung 11 B4a
dependiente – abhängig 8 CUc
deportista (m/f) – Sportler/in 11 C5a
derecho (m) – Recht 8 A2a
desagradable – unangenehm 8 L2a
desaparición (f) – das Verschwinden
    13 CUc
desarrollar – entwickeln 13 C5a

desastre (m) – Desaster AB8 5
descontento/-a – unzufrieden AB13 1a
desde – aus, von; seit 10 B3a, 10 C6a
desembocar – münden 13 C5a
desesperado/-a – verzweifelt AB9 2b
desestresarse – sich entspannen
    AB14 5a
desgastado/-a – abgewetzt, durchge-
    scheuert 12 B4a
desgraciadamente – leider, unglück-
    licherweise 14 C7b
deshilachado/-a – ausgefranst 13 B2b
desigualdad (f) – Ungleichheit 13 A1a
desnudo/-a – nackt 11 A2a
desodorante (m) – Deodorant 9 L2a
desordenado/-a – unordentlich AB12 15b
despedida (f) – Verabschiedung 13 C6b
despedirse – sich verabschieden 11 C7a
desplazarse – sich bewegen 9 C8a
destacar – hervorheben 12 CUc
detalle (m) – Detail 13 C6b
determinado/-a – bestimmt 12 B4a
determinar – bestimmen 9 B3c
dibujar – zeichnen 8 B4c
dictador (m) – Diktator 13 CUb
dictadura (f) – Diktatur 12 CUb
diente de ajo (m) – Knoblauchzehe
    14 C8a
dieta (f) – Kost 14 C5a
dietético/-a – Diät- 9 POR
diferenciar – unterscheiden AB9 18a
dimisión (f) – Rücktritt 13 B2a
dimitir – zurücktreten 13 B2a
dinámica (f) – Dynamik 9 C7b
dinastía (f) – Dynastie 11 GR1a
Dios – Gott 12 GR1
directo/-a – direkt 10 C5b
discapacidad (f) – Behinderung 10 A1a
disco (m) – Scheibe 9 CUb
disco compacto (m) – CD 9 CUb
discurso (m) – *hier:* Erzählung; Rede
    13 GR2a
discusión (f) – Diskussion 12 A1a
discutir – diskutieren AB9 10
Diseño Gráfico (m) – *Grafisches Design*
    AB11 12a
disponibilidad (f) – Verfügbarkeit 11 B3a
dispositivo (m) – Gerät AB9 15
distante – distanziert 10 CUb
distinguir – unterscheiden 8 C8a
divorciarse – sich scheiden lassen 11 A1a
docencia (f) – Lehrtätigkeit 11 B4a
doctor/a (m/f) – Doktor/in 14 B4c
documentación (f) – Unterlagen AB10 11
documento (m) – Dokument 10 POR
dolor (m) – Schmerz 11 A2a
doler – wehtun, schmerzen 14 B4a

dolor de garganta (m) – Halsweh, Hals-
  schmerzen 14 B3a
doméstico/-a – Haus- 8 C
domicilio (m) – Wohnsitz, Haus 9 C8a
dominicano/-a – dominikanisch 13 CUb
dormitorio (m) – Schlafzimmer 8 POR
droga (f) – Droge 14 PRc
droguería (f) – Drogeriemarkt 9 POR
ducha (f) – Dusche 8 B6a
duda (f) – Zweifel, Fragen 9 C8a
duplicar – verdoppeln 11 CUb
duración (f) – Dauer 9 A1b
duro/-a – hart 13 C6c

E

echar – werfen 14 C8a
echar de menos – vermissen 10 CUb
Económicas (f, Pl) – Wirtschaft 11 CUc
económico/-a – Wirtschafts-, wirtschaftlich, finanziell 11 CUb, 14 C7b
edredón (m) – Decke AB8 5
educado/-a – wohlerzogen 8 A3a
egoísta – egoistisch 10 L2a
ejercer – ausüben 9 B3c
elaboración (f) – Zubereitung 14 C8a
elaborar – anfertigen 9 PR
eléctrico/-a – elektrisch 9 C8a
electrodoméstico (m) – Haushalts-
  gerät AB8 11
electrónica (f) – Elektroprodukte 9 POR
elegante – elegant 12 B4d
elegir – auswählen 10 CUb
eliminación (f) – Eliminierung 13 A1b
eliminar – besiegen, beseitigen 13 A1a
email (m) – E-Mail 10 B3a
embutidos (m, Pl) – Wurstwaren 14 L1a
emigrar – auswandern 11 CUc
emoción (f) – Gefühl, Emotion 11 A2a
emocional – emotional 10 C5a
emocionante – bewegend, rührend,
  packend 13 B2a
emperador (m) – Kaiser 13 C5a
emprendedor (m/f) – Unternehmer/in
  11 CUc
Empresariales (m, Pl) – BWL AB11 4
empresario/-a – Unternehmer/in
  13 CUb
en alquiler – zur Miete 8 A2a
en cambio – hingegen 8 CUb
en caso afirmativo – wenn ja, dann
  10 A1b
en concreto – konkret 11 CUc
en cualquier lugar – überall 9 CUb
en directo – live AB13 4
en forma – in Form 11 C5a
en marcha – in Bewegung 10 B3a

en negrita – in fetten Buchstaben
  AB9 3a
en pleno centro – mitten im Zentrum
  8 A2a
en su lugar – hier: stattdessen 12 C5b
enamorarse – sich verlieben 10 B3a
encargarse (de) – sich kümmern um
  8 C8a
enchufe (m) – Steckdose 9 C8a
encima (de) – auf, über 8 B4c
encontrarse – sich fühlen, sich befinden
  14 B4b
enfadado/-a – wütend AB14 15a
enfermedad (f) – Krankheit 11 A2a
enfermo/-a – krank 13 CUc
enfriar – abkühlen 14 C8a
engordar – dick machen 14 C6a
enlatado/-a – Dosen- 14 C7a
enriquecer – bereichern 10 C5a
enseñanza (f) – Bildungssystem,
  Bildungswesen 13 A1a
enseñar – zeigen 9 A1b
entonación (f) – Betonung AB14 15b
entonces – dann, damals 13 B2b
entorno (m) – Umgebung, Umwelt 9 B4a
entrada (f) – hier: Einführung 13 PORa
entregar – einreichen 9 C7b
entrenador/a (m/f) – Trainer/in AB11 16
entrevista – Vorstellungsgespräch;
  Interview 8 PR, 10 C5b
entrevistar – interviewen 8 CUb
enumerar – aufzählen 12 PORb
enunciado (m) – Aussage AB9 9a
envejecimiento (m) – das Altern 14 CUc
equilibrado/-a – ausgewogen AB14 12a
equipado/-a – ausgestattet AB8 2a
equipaje (m) – Gepäck 10 PORb
equivalente – äquivalent, gleichbedeu-
  tend 8 C9b
error (m) – Fehler 10 C5b
escalada (f) – Klettern 14 POR
escalivada (f) – spanisches Gericht
  AB14 14b
escena (f) – Szene 8 C9a
escenario (m) – Bühne 11 GR1a
esclavo/-a (m/f) – Sklave/-in AB13 9
escritor/a (m/f) – Schriftsteller/in 13 CUa
escritorio (m) – Schreibtisch 8 POR
escuela primaria (f) – Grundschule
  AB11 5b
ese/-a/-os/-as – diese/s (da) 9 A1b
esfuerzo (m) – Mühe, Anstrengung
  10 C7c
eslogan (m) – Slogan 9 B4a
espacio (m) – Raum 13 A1a
espacio de tiempo (m) – Zeitraum AB10 3
espacioso/-a – geräumig 8 A2a

espalda (f) – Rücken 11 A2a
espárrago (m) – Spargel 14 CUc
especia (f) – Gewürz 14 CUa
especialidad (f) – Fachgebiet 13 C6a
especialista (m/f) – Fachmann/-frau,
  Spezialist 14 C6a
especializarse (en) – sich spezialisieren
  (auf) 13 C6a
espejo (m) – Spiegel 8 B4a
esperanza (f) – Hoffnung 11 A2a
esporádico/-a – sporadisch,
  vereinzelt 10 C5b
esposo/-a (m/f) – Ehemann/-frau 11 GR1a
esquí (m) – Ski 9 C8a
esquiar – Ski fahren AB9 16
establecer – schaffen 14 CUc
estadio (m) – Stadion 13 A1a
estadística (f) – Statistik 8 CUb
estado (m) – Zustand; Staat 9 C8a,
  12 CUa
estado de ánimo (m) – Gemütszustand,
  Stimmung 14 A1
estampado (m) – Druck 12 B3b
estampado/-a – bedruckt 12 B3a
estancia (f) – Aufenthalt 13 C6c
estantería (f) – Regal 8 POR
estar dispuesto – bereit sein, etw. zu
  tun 8 A3a
Estatuto de Autonomía (m, Pl) – Satzung
  der Autonomen Regionen 12 CUb
este/-a/-os/-as – diese/s (hier) 9 A1b
estimado/-a – geschätzt 9 C8a
Estimado/-a… – Grußformel: Sehr
  geehrte/r… 13 C6a
estiramiento (m) – Strecken, Stretching
  14 A1
estirar – strecken 14 A2d
estómago (m) – Magen 14 B4b
estrategia (f) – Strategie 9 L1a
estratégico/-a – strategisch AB13 9
estrés (m) – Stress 14 PRa
estresado/-a – gestresst 14 A1
estricto/-a – streng 12 C6a
estropeado/-a – kaputt AB9 15
estropear – kaputtgehen AB13 8
estudiantil – Studenten-, studentisch
  13 A1a
estudioso/-a – fleißig 10 C6b
evidente – offensichtlich, offenbar
  10 C5b
evitar – vermeiden 14 C6a
evolucionar – weiterentwickeln, verändern 12 GR2
excepcional – außergewöhnlich, einzig-
  artig 14 CUc
exclamativo/-a – Ausrufe- AB10 21a
excluido/-a – ausgeschlossen 8 A2a

exclusivo/-a – exklusiv **9** POR

excursionista (m/f) – Exkursionsteilnehmer/in **13** C4a

exigencia (f) – Forderung, Anforderung **AB11** 14a

exigente – anspruchsvoll **11** B5a

exigir – fordern, verlangen **11** CUc

exilio (m) – Exil **AB11** 7

éxito (m) – Erfolg **11** GR1a

expedición (f) – Expedition **9** CUb

experto/-a – sachkundig, erfahren **AB11** 14a

experto/-a (m/f) – Expert/in, Fachmann/ -frau **14** C6a

explicación (f) – Erklärung **8** CUb

explicar – erklären; schildern **8** A3C, **AB10** 5

explicativo/-a – erklärend, erläuternd **13** B2c

Exposición Universal (f) – Weltausstellung **12** CUb

expresar – ausdrücken **9** GR1c

expresión (f) – Ausdruck **10** C5b

extracto (m) – Auszug **9** B3c

extranjero (m) – Ausland **10** A

extraño/-a – ungewöhnlich **8** C9e

extravagante – extravagant **12** B4a

F

facilidad (f) – Leichtigkeit, Mühelosigkeit **10** L2a

facturar – aufgeben, einchecken **AB13** 5a

falda (f) – Rock **12** B3a

fallar – misslingen, versagen **10** C5b

falta (f) – Fehlen **10** CUb

familiar – Familien- **8** A3a

fe (f) – Glaube **13** CUc

femenino/-a – weiblich **AB1** 10B

fenómeno (m) – Phänomen **14** CUc

ferretería (f) – Elsenwarenhandlung **9** POR

fiambre (m) – Wurstwaren **14** C5a

fianza (f) – Kaution **8** A2a

fibra (f) – Faser **13** B2b

ficticio/-a – fiktiv **13** CUb

fiebre (f) – Fieber **14** B4c

fiesta (f) – Feier, Fest **8** C7a

figura (f) – Figur **11** A2a

fijar – festmachen, bestimmen **9** B3c

fijarse – sich etwas genau anschauen **8** B5c

Filología (f) – Philologie **AB11** 13b

fin (m) – Ende **10** POR

final – End-, Schluss- **14** A2d

firma (f) – hier: Firma **9** POR

física – physisch, körperlich **14** B3b

flamenco (m) – Flamenco **11** GR1a

flexible – flexibel **11** C6c

flexionar – beugen **14** A2b

flor (f) – Blume **9** A2a

florero (m) – Blumenvase, Blumentopf **9** C5c

fluido/-a – flüssig **11** B4a

fomentar – fördern **14** PRb

fónetico/-a – phonetisch **AB8** 18b

footing (m) – Joggen **14** POR

forma (f) – Form **11** A2a

formación (f) – Ausbildung **11** B3a

formal – formell **10** B3a

formar – bilden **10** PRb

fortalecer – kräftigen, stärken **13** A1a

fortalecimiento (m) – Stärkung **13** A1b

fotocopiadora (f) – Kopierer **9** POR

fotografía (f) – Fotographie **9** POR

fractura (f) – Bruch **11** A2a

frecuencia (f) – Häufigkeit **8** C8c

frecuentar – häufig besuchen **9** CUb

fregar (e → ie) – wischen **8** C8b

freír – braten, frittieren **14** L1b

frente a – gegenüber **12** B4a

frigorífico (m) – Kühlschrank **8** POR

frutería (f) – Obstgeschäft **9** POR

fuera – außerhalb **10** A2b

fuerte – stark **13** GR1

fumador/a (m/f) – Raucher/in **AB8** 7

fumar – rauchen **8** C7a

función (f) – Tätigkeit, Aufgabe, Funktion **AB11** 13b

funcionar – funktionieren **9** C7a

fundación (f) – Gründung **13** CUc

fundamental – fundamental, Grund- **13** C6a

funky (m) – Tanz **14** A1

furor (m) – Wucht, Höhepunkt, Begeisterung **12** C5b

futuro (m) – Zukunft **10** CUb

futuro/-a – zukünftig **9** CUb

G

gallego/-a – galizisch **8** A3a

galleta (f) – Keks **9** L 2a

gamberrada (f) – Streich **12** GR1

garaje (m) – Garage **8** A1a

garbanzo (m) – Kichererbse **14** L1a

gas (m) – Gas **AB8** 11

gas natural (m) – Erdgas **8** A1a

gastar – ausgeben **9** B3a

gasto (m) – Nebenkosten (Strom, Wasser, Gas); Kosten; Ausgabe **8** A2a, **8** B5a, **9** C7b

gemelo/-a (m/f) – Zwilling **AB12** 18b

generación (f) – Generation **11** CU

general (m) – General **12** CUb

general – hier: allgemein **8** C8a

género (m) – Geschlecht **8** CUb

generoso/-a – großzügig **10** L2b

geografía (f) – Geographie, Erdkunde **12** GR1

gestionar – abwickeln **11** PRa

gesto (m) – Geste **8** C9d

gimnasia (f) – Gymnastik **14** A1

glifo (m) – Glyphe **AB13** 9

gobernante – regierend **AB13** 9

golpe (m) – Schlag **11** C7a

golpe de estado (m) – Staatsstreich **12** CUa

gordo/-a – dick **AB12** 1b

gorro (m) – Mütze **9** CUb

gourmet – Feinschmecker-, gourmet **9** A2c

grabar – aufnehmen **11** GR1a

gracias a – dank **AB8** 4a

Graduado Social (m) – Soziale Arbeit **11** B4a

graduado (m) – Abschluss **11** L1

gráfico (m) – Grafik **AB13** 9

gramática (f) – Grammatik **10** C6a

granadino/-a – in der Region Granada **12** B5a

grandes almacenes (m, Pl) – Kaufhaus **9** PORa

grasa (f) – Fett **14** C7b

grave – schwer, schwerwiegend **11** A2a

griego/-a (m/f) – Grieche/-in **14** CUc

grueso/-a – dick **12** B4a

guante (m) – Handschuh **9** CUb

guapo/-a – hübsch **AB12** 10

H

habilidad (f) – das Können **8** C8a

habitación individual (f) – Einzelzimmer **8** A2a

habitar – bewohnen **14** CUc

hábito (m) – Gcwohnhcit **8** C

habitual – gewöhnlich, gewohnheitsmäßig **8** C8a

habitualmente – gewöhnlich **9** B3a

hablado/-a – gesprochen **9** C8a

hablador/a – gesprächig **10** C6b

hace – vor **9** C8a

hacer a la plancha – grillen **14** L1b

hacer alusión a – auf etw. anspielen, etw. andeuten **14** CUc

hacia adelante – nach vorne **AB14** 2a

hecho (m) – Ereignis **10** GR1a

heladería (f) – Eisdiele **12** C5b

helado (m) – Eiscreme **AB9** 17

herramienta (f) – Werkzeug **9** C8a

hidrato de carbono (m) – Kohlehydrat **14** C6a

hogar (m) – hier: Heimwaren **9** POR

hoja *(f)* – Blatt 10 B3a
¡Hombre! – Mensch!, Mann! 12 GR2
hombrera *(f)* – Schulterpolster 12 B4a
hombro *(m)* – Schulter 12 GR2
hondo/-a – tief 13 B2a
honor *(m)* – Ehre AB13 9
horno *(m)* – Ofen AB14 14b
horrible – schrecklich AB10 12a
horror *(m)* – Gräuel, Horror AB12 5
hortaliza *(f)* – Gemüse AB14 14b
hospitalario/-a – gastfreundlich 10 B3a
hostelería – Hotellerie 9 C8a
hueso *(m)* – Knochen 11 A2a
huevo *(m)* – Ei 14 C6a
humano/-a – menschlich 13 C6c

I

íbero/-a *(m/f)* – Iberer/in 14 CUc
ideal *(m)* – Ideal 13 CUc
idealismo *(m)* – Idealismus 10 L2a
idealista – idealistisch 10 L2a
identificar – identifizieren 11 CUc
idóneo/-a – geeignet, tauglich 11 PRc
igual – gleich 8 B5b
igual de grandes – gleich groß 8 B5b
ilusión *(f)* – Illusion 11 CUb
imagen *(f)* – Bild 9 POR
imaginarse – sich vorstellen 9 CUb
imperativo *(m)* – Imperativ AB9 10
imperfecto *(m)* – Imperfekt 12 A1b
imperio *(m)* – Reich, Imperium 13 C5a
importar – etw. ausmachen AB8 11
imposible – unmöglich AB9 16
impresión *(f)* – Eindruck AB13 6b
impresionar – beeindrucken AB13 10
impresora *(f)* – Drucker 9 A1a
impulsar – veranlassen 10 CUb
inaugurar – beginnen, einweihen,
   eröffnen 13 A1a
incaico/-a – inkaisch 13 C5a
inclinado/-a – schräg AB10 13a
incómodo/-a – ungemütlich 8 L2a
inconformista – nonkonformistisch
   12 A1a
incorporación *(f)* – Eingliederung
   AB11 13b
incorporar – eingliedern AB11 13b
inculcar – eintrichtern 10 C5b
independiente – unabhängig 8 CUb
independizarse – sich selbstständig
   machen 8 CUb
indicar – angeben 10 A2b
indignado/-a – entrüstet, empört 12 CUb
indistinto/-a – egal 11 B4a
industrial – industriell, Industrie-
   AB13 2d
infancia *(f)* – Kindheit 11 PRE

infarto cardíaco *(m)* – Herzinfarkt
   11 GR1a
influencia *(f)* – Einfluss 9 B3c
informal – informell 12 B4a
informarse – sich informieren 8 A2b
informática *(f)* – Informatik 8 GR2a
infusión *(f)* – (Kräuter)tee AB14 7a
ingeniería *(f)* – Technik 13 C5a
Ingeniería Aeroespacial *(f)* – Luft- und
   Raumfahrttechnik AB11 9
Ingeniería Civil *(f)* –
   Bauingenieurwesen AB13 10
ingrediente *(m)* – Zutat 14 C8a
ingresar – beitreten 12 CUb
ingreso *(m)* – Einkommen 11 CUb
inicial – Anfangs- 10 PRa
iniciativa *(f)* – Initiative AB11 13a
inmediato/-a – sofortig 11 B4a
inmóvil – unbeweglich 11 A2a
innovación *(f)* – Innovation 12 B4a
inolvidable – unvergesslich 10 A1a
insano/-a – ungesund 14 C7a
insecto *(m)* – Insekt 10 B4b
instituto de secundaria *(m)* –
   Sekundarschule, Gymnasium AB11 12a
instrucción *(f)* – Arbeitsanweisung 9 B4c
instrumento *(m)* – Instrument 9 POR
instrumento musical *(m)* –
   Musikinstrument 9 POR
integración *(f)* – Integration 13 A1a
integral – Vollkorn- 14 C5a
integrar(se) – (sich) integrieren 11 C6a
intensidad *(f)* – Intensität,
   Eindringlichkeit 13 GR2a
intentar – versuchen AB8 17
intento *(m)* – Versuch 12 CUb
intercambiar – austauschen 8 A1b
interesado/-a – interessiert 8 A3a
intermedio/-a – Mittel- 10 PRa
internacional – international 9 POR
interpretar – interpretieren 13 B2a
interruptor *(m)* – Schalter 9 C8a
intervención *(f)* – Eingreifen,
   Intervenieren 13 B2b
introducir – einführen; hineinstellen
   12 B4a, 14 C8a
inventar – erfinden 9 B4d
invertir – investieren 11 CUc
invitación *(f)* – Einladung AB9 5
invitar – einladen AB9 4
irregular – unregelmäßig AB8 13b
irregularidad *(f)* – Unregelmäßigkeit
   AB8 13b
irse – weggehen 8 CUb
Islas Baleares *(f, Pl)* – Balearen *(spanische
   Inselgruppe im westlichen Mittelmeer)*
   11 PRa

J

ja, ja – ha, ha AB8 17
jarabe – Hustensaft 14 B3a
jarra *(f)* – Rührschüssel 14 C8a
jazmín *(m)* – Jasmin 12 C5b
jefe/-a *(m/f)* – Chef/in 11 C6c
jersey *(m)* – Pullover 9 L2a
joya *(f)* – Schmuckstück 9 CUb
joyería *(f)* – Schmuckgeschäft 9 POR
judía *(f)* – Bohne 14 C5a
Juegos Olímpicos *(m, Pl)* – Olympische
   Spiele 12 CUb
juguete *(m)* – Spielzeug 9 C7b
junto a – *hier:* zu; neben 9 C5a
justificar – rechtfertigen, beweisen
   9 C7c
juvenil – jugendlich 9 B3c

K

kárate *(m)* – Karate 14 A1
Kazajistán – Kasachstan 10 C5b
kazajo – Kasachisch 10 C5b

L

lado *(m)* – Seite 14 A2b
ladrón *(m)* – Dieb AB13 3a
lámpara *(f)* – Lampe 8 POR
lana *(f)* – Wolle 9 CUb
lanzamiento *(m)* – Markteinführung
   13 PORa
lanzar – starten; werfen AB13 2a
lateral – seitlich 14 A2b
lavado *(m)* – das Waschen 8 A3a
lavadora *(f)* – Waschmaschine 8 POR
lavar – spülen; waschen AB13 7a, 14 C8b
lavavajillas *(m)* – Spülmaschine AB8 11
lecho de muerte *(m)* – Sterbebett 13 CUc
lechuga *(f)* – Salat 14 L1a
lector/a *(m/f)* – Lektor/in 10 C5b
legado *(m)* – Vermächtnis 13 C5a
leggins *(m, Pl)* – Leggings 12 B3a
legumbres *(f, Pl)* – Hülsenfrüchte
   14 L1a
lenteja *(f)* – Linse 14 L1a
lesión *(f)* – Verletzung 11 A2a
libertad *(f)* – Freiheit 8 CUb
licenciado/-a en… – mit Abschluss in…
   11 CUc
licenciarse – sein Examen machen/
   ablegen 11 B3a
licenciatura *(f)* – *akademischer
   Abschluss* 11 B4a
líder *(m)* – Marktführer AB13 10
liderazgo *(m)* – Führung 11 B4a
ligeramente – leicht, ein wenig 14 A2b
ligero/-a – leicht 9 A1b

limitar – einschränken, begrenzen **14** C5a

limón *(m)* – Zitrone **14** CUc

limpiar – putzen, säubern **8** C8a

limpieza *(f)* – das Putzen **8** A3a

línea *(f)* – Linie **12** C5b

lingüístico/-a – Sprach- **10** C

líquido *(m)* – Flüssigkeit **14** B3a

Lisboa – Lissabon **AB11** 11

listo/-a – fertig **AB9** 3b

llamada *(f)* – Aufruf **AB13** 5a

llegada *(f)* – Ankunft **11** PRa

llegada a la presidencia *(f)* – Wahl zum Präsidenten **13** PORa

llegar a una conclusión – zu einem Ergebnis gelangen **10** PRd

llenar – füllen **9** CUb

llevar – mitbringen; führen; Kleidung tragen **8** C7a, **8** C8a, **12** B4d

llevar el ritmo – im Rhythmus sein **14** A2b

llevarse – mitnehmen **9** B

llevarse bien/mal – sich gut/schlecht verstehen **AB12** 2

lluvioso/-a – regnerisch **10** CUb

local – lokal **AB10** 9

locura *(f)* – Wahnsinn, Verrücktheit **10** C5b

longevidad *(f)* – Lebensdauer **14** CUc

luchar – kämpfen **AB13** 9

lujo *(m)* – Luxus **12** GR2

luminoso/-a – hell **8** A1a

luna *(f)* – Mond **AB11** 5a

lunar *(m)* – Punkt, Tupfen; Mond- **12** B3a, **AB13** 9

luz *(f)* – Licht **8** B5b

M

madera *(f)* – Holz **8** L1b

maíz *(m)* – Mais **14** L1a

maldad *(f)* – Boshaftigkeit **12** A1a

maleta *(f)* – Koffer **10** PORc

mamá *(f)* – Mama **9** A2a

mandar – schicken **10** CUb

manejo *(m)* – Leitung **11** B4a

manera *(f)* – Art, Weise **11** GR1a

manga *(f)* – Ärmel **12** B3a

manifestación *(f)* – Demonstration **12** A1a

manifestante *(m/f)* – Demonstrant/in **13** B2a

manita *(m)* – *geschickter Handwerker* **9** C8a

manta *(f)* – Decke **9** CUb

mantener – halten **AB8** 14a

mantenerse – sich halten **10** CUb

mantenimiento *(m)* – *hier:* Fitness **14** PORa

mantequilla *(f)* – Butter **14** C5a

mapa conceptual *(el)* – Mindmap, Wortigel **AB12** 7a

mar adentro – seewärts **AB11** 7

marca *(f)* – Marke **9** POR

marcador de tiempo *(m)* – Zeitmarker **12** C5c

marcha *(f)* – Marsch **14** A2b

marcharse – weggehen **10** A1a

mareo *(m)* – Schwindel, Übelkeit **10** B3a

marido *(m)* – Ehemann **11** A2a

mariposa *(f)* – Schmetterling **10** B3a

máscara *(f)* – Maske **AB13** 3a

mascota *(f)* – Haustier **AB8** 14a

máster *(m)* – Master(studiengang) **10** CUb

masticar – kauen **10** B3a

matemático *(m)* – Mathematiker **AB13** 9

material *(m)* – Material **9** C5b

mayor *(m/f)* – *hier:* Erwachsene/r **12** GR1

mediante – durch **8** C9d

medida *(f)* – Maß **9** PRb

Medio Oriente *(m)* – Mittlerer Osten **14** CUa

Mediterráneo *(m)* – Mittelmeerraum **14** CUc

mejorar – gesund werden, (ver)bessern **14** B4c

melocotón *(m)* – Pfirsich **14** CUa

melón *(m)* – Melone **14** CUc

memoria *(f)* – Gedächtnis **10** PORc

memorizar – auswendig lernen **10** C6a

mencionar – erwähnen **12** PORb

mensaje *(m)* – Nachricht **9** A2a

mensual – monatlich **8** A3a

menú *(m)* – Menü **14** C7b

mercadillo de segunda mano *(m)* – Second-Hand-Markt **9** B3a

mercancía *(f)* – Ware **9** CUb

merecer la pena – es wert sein **9** CUb

merengue *(m)* – *Tanz* **14** A2b

mesita de noche *(f)* – Nachttisch **8** POR

mesoamericano/-a – mesoamerikanisch **AB13** 9

metal *(m)* – Metall **9** C5a

meteorológico/-a – meteorologisch **AB13** 5b

meteorología *(f)* – Meteorologie **AB8** 8

metro cuadrado *(m)* – Quadratmeter **8** B5b

miedo *(m)* – Angst **8** GR2a

miembro *(m)* – Mitglied **10** B3a

mili *(f)* – Wehrdienst **12** A1a

militar *(m)* – *Angehöriger des Militärs* **12** A1a

militar – militärisch, Militär- **13** B2b

mímica *(f)* – Mimik **9** L1a

mina *(f)* – Mine **13** A1a

minero *(m)* – Minenarbeiter **13** A1a

minifalda *(f)* – Minirock **12** A1a

mínimo/-a – minimal **AB8** 7

mío – meins **8** B6a

mirar – schauen **AB8** 9

mítico/-a – mythisch **11** GR1a

mochila *(f)* – Rucksack **10** PORa

moda vaquera *(f)* – Jeansmode **9** POR

modelo *(m)* – Modell **9** A1b

moderadamente – gemäßigt **8** A3a

molestar – stören, ärgern **12** A1a

monedero *(m)* – Geldbeutel (für Frauen) **10** POR

monótono/-a – monoton **AB13** 11

montaje *(m)* – Montage **9** C8a

montar a caballo – reiten **AB12** 6a

montón *(m)* – Haufen **AB14** 6

morir *(o → u)* – sterben **11** A1a

mostaza *(f)* – Senf **14** CUa

mostrador *(m)* – Schalter **AB13** 3a

mostrar – zeigen **12** PORa

motivar – motivieren **11** A2a

motivo *(m)* – Grund, Motiv **AB10** 20

mover – bewegen **14** A2b

movimiento *(m)* – Bewegung **12** CUa

movimiento 15-M *(m)* – *Bewegung des 15. März* **12** CUa

muchacho/-a *(m/f)* – Junge/ Mädchen **AB13** 5a

mudanza *(f)* – Umzug **8** B4a

mueble *(m)* – Möbelstück **8** B4c

muela *(f)* – Weisheitszahn **14** B4b

mundial *(m)* – Weltmeisterschaft **13** PORa

muro *(m)* – Pinnwand; Mauer **AB8** 4a, **AB13** 3a

musa *(f)* – Muse **AB11** 4

musical – Musik- **9** POR

N

nacer – geboren werden **11** A1a

nacimiento *(m)* – Geburt **13** A1b

nadie – niemand **8** A1c

náhuatl – *Sprache der Azteken und Nahua* **9** CUb

narrar – erzählen **AB13** 4

natación *(f)* – Schwimmen **14** POR

Navidad – Weihnachten **AB9** 3b

necesario/-a – nötig **11** C5b

necesidad *(f)* – Bedarf **9** B3c

necesitar – brauchen **9** C7b

neoexpresionismo *(m)* – Neoexpressionismus **AB13** 1a

niñez *(f)* – Kindheit **12** A1d

no del todo – nicht ganz **AB8** 11

nombre artístico *(m)* – Künstlername **11** GR1a

norma *(f)* – Norm, Regel **8** A2a

Noruega – Norwegen **AB10** 4

novela *(f)* – Roman **13** CUa

novia *(f)* – feste Freundin **AB8** 10

nublado/-a – neblig **10** CUb

nuez *(f)* – Nuss **14** C5a

numérico/-a – numerisch, Zahlen- **AB13** 9

numeroso/-a – zahlreich **11** GR1a

nutrición *(f)* – Ernährung **14** C6a

nutriente – nahrhaft **14** C6a

O

obesidad *(f)* – Fettleibigkeit **14** CUc

objetivo *(m)* – Ziel **9** C7b

objeto directo *(m)* – direktes Objekt **AB9** 6b

obligar – zwingen **12** A1d

obra *(f)* – Werk **11** A2a

obra maestra *(f)* – Meisterwerk **13** C5a

observar – betrachten **12** C5a

obtener – erhalten **10** PRa

ocurrir – geschehen, sich ereignen **13** B3a

odiar – hassen **12** A1d

ofertar – anbieten **9** C7a

Ofimática *(f)* – Bürotechnik **11** B3a

oído *(m)* – (inneres) Ohr **14** B4b

oír – hören **AB8** 16a

óleo *(m)* – Ölfarbe **11** A2a

oliva *(f)* – Olive **14** C5a

olor *(m)* – Geruch **12** A1a

olvidar – vergessen **10** C5b

operación *(f)* – Operation **11** A2a

optativo/-a – fakultativ **AB10** 8

óptica *(f)* – Optiker *(Geschäft)* **9** POR

optimismo *(m)* – Optimismus **10** L2b

óptimo/-a – optimal **14** CUc

orden *(m)* – Ordnung; Reihenfolge; Befehl **8** C8b, **9** A2a, **AB14** 16a

ordenado/-a – ordentlich **8** A3a

ordenador *(m)* – Computer **9** POR

ordenador portátil – Laptop **9** A1a

Organización del Tratado del Atlántico Norte (OTAN) *(f)* – *NATO* **12** CUb

organizado/-a – organisiert **13** C6c

organizador/a *(m/f)* – Organisator/in **8** C8b

organizador/a – organisierend **13** GR2a

organizar – organisieren **8** C8a

orgulloso/-a – stolz **10** C5b

original – originell **AB9** 3a

ortográfico/-a – ortographisch **AB8** 13b

osado/-a – wagemutig, kühn **13** CUc

Óscar *(m)* – Oskar *(Auszeichnung)* **AB11** 4

oscuro/-a – dunkel **8** A1a

oval – oval **9** C5b

¡Oye! – Hör mal; *hier:* Du,…! **8** GR2a

P

paciente *(m/f)* – Patient/in **AB14** 16b

pagar – zahlen **8** A3a

página web *(f)* – Website **AB8** 6

país de acogida *(m)* – Gastland **10** CUb

palo *(m)* – Stock **13** B2b

pan *(m)* – Brot **9** B4a

pana *(f)* – Kord **12** B4a

panorámico/-a – Panorama- **13** CUb

pantalla *(f)* – Bildschirm **AB9** 3a

pantalón *(m)* – Hose **10** B3a

pantalón de campana *(m)* – Schlaghose **12** A1a

papa *(f, LA)* – Kartoffel **14** C5a

papel *(m)* – Papier **8** C8a

paquete *(m)* – Paket **AB9** 2b

para ello – dafür **8** C8a

parafarmacia *(f)* – *Drogeriemarkt, der Kosmetik- und Gesundheitsprodukte verkauft* **9** POR

paraíso *(m)* – Paradies **9** CUb

pararse – stehen bleiben **10** B3a

parecer – erscheinen **AB8** 7

parecido/-a – ähnlich **13** C4b

pareja *(f)* – Partner **11** GR1a

parisino/-a – pariserisch **AB11** 8

participar – teilnehmen **10** A1b

partido *(m)* – Partei **12** CUb

partir *(de)* – ausgehen von **AB10** 1a

pasado *(m)* – Vergangenheit **10** GR1a

pasar – passieren; hereinkommen **12** GR2, **14** B4c

pasar el aspirador – staubsaugen **8** C8a

pasarlo bien – sich amüsieren **10** GR2a

pasión *(f)* – Leidenschaft **11** A2a

paso *(m)* – Schritt **14** A2b

pastel *(m)* – Kuchen **9** L2a

pastelería *(f)* – Konditorei **9** POR

patines *(m, Pl.)* – Inlineskates **9** C8a

pecho *(m)* – Brust **14** A2b

pedir – fordern **13** B2b

peinado *(m)* – Frisur **AB12** 2

peinar – kämmen **14** A2b

pelar – schälen **14** L1b

pelota *(f)* – Ball **AB13** 9

pensión *(f)* – Pension **AB10** 4

pepino *(m)* – Gurke **14** C8a

pera *(f)* – Birne **AB12** 12

perdido/-a – verloren **11** CU

perfeccionar – perfektionieren **10** A1a

perfeccionista – perfektionistisch **10** C6b

perfume *(m)* – Parfum **9** L2a

perfumería *(f)* – Parfümerie **9** POR

perjudicial (para) – schädlich (für) **14** C6a

personaje *(m)* – Persönlichkeit; Figur **11** PORa, **12** A1a

personal *(m)* – Personal **11** B4a

personal – persönlich **8** C8a

personalidad *(f)* – Persönlichkeit **12** A1a

perspectiva *(f)* – Perspektive **10** GR1a

pertenecer – gehören **11** GR1a

pesar – wiegen **9** A1b

pesca *(f)* – Fischfang **12** C5b

pescadería *(f)* – Fischgeschäft **9** POR

pescador/a *(m/f)* – Fischer/in **12** C5b

petición *(f)* – Bitte **AB14** 8

pie *(m)* – Fuß **14** A2b

piedra *(f)* – Stein **13** C5a

piel *(f)* – Leder **12** B3a

piercing *(m)* – Piercing **12** B4a

pierna *(f)* – Bein **11** A2a

piloto *(m)* – Pilot/in **AB13** 5a

pimienta *(f)* – Pfeffer **14** CUc

pimiento *(m)* – Paprika **14** C8a

pintar – malen **11** A1a

piragüismo *(m)* – Kanusport **14** POR

pirámide *(f)* – Pyramide **AB13** 9

piso *(m)* – Stockwerk **AB8** 11

piso compartido – Wohngemeinschaft **8** A1a

pista de baile *(f)* – Tanzfläche **14** GR2a

pista de pádel – Platz zum Paddle-Tennis spielen **8** A2a

pistola *(f)* – Pistole **AB13** 3a

pizza *(f)* – Pizza **AB12** 13a

planchado *(m)* – das Bügeln **8** A3a

planchar – bügeln **AB8** 16a

planificado/-a – geplant **AB8** 15

plano/-a – flach **AB9** 3a

planta *(f)* – Pflanze; Stockwerk **8** B4a, **AB8** 7

plantear – aufwerfen **14** C7b

plástico *(m)* – Plastik **9** C5b

planta medicinal *(f)* – Medizinpflanze **9** CUb

plátano *(m)* – Banane **9** L2a

plato *(m)* – Teller **AB8** 5

población *(f)* – Bevölkerung **14** CUc

poder *(m)* – Macht **AB13** 9

poliomielitis *(f)* – Kinderlähmung **11** A2a

polvo *(m)* – Staub **8** C9a

pomada *(f)* – (Fett)salbe **14** B3a

poncho *(m)* – Poncho **9** CUb

poner – stellen, setzen, legen; geben **8** PORa, **9** L1a

poner algo en común – etw. im Plenum vorstellen **10** PRb

poner en práctica – realisieren, verwirklichen **14** PRb

ponerse – anziehen *(Kleidung)* 10 B3a
ponerse de acuerdo – sich einigen 8 PRa
popular – beliebt 10 CUb
por fin – endlich AB8 4a
por suerte – glücklicherweise, zum Glück AB10 13a
portal *(m)* – Portal AB9 9a
posibilidad *(f)* – Möglichkeit AB9 3a
posible – möglich 8 A2a
posición *(f)* – Position 11 C6a
Postgrado *(m)* – *Master- oder Promotionsstudium* 11 B4a
práctico/-a – praktisch AB9 13a
precariedad *(f)* – Unsicherheit, Ungewissheit 11 CUb
precario/-a – ungewiss; jederzeit künd-bar 11 CUb
precolombino/-a – präkolumbisch *(vor Kolumbus' Ankunft in Lateinamerika)* 13 C5a
preferiblemente – vorzugsweise 9 C8a
preguntar – fragen AB9 3b
premio *(m)* – Preis 11 GR1a
prenda *(f)* – Kleidungsstück 9 C7b
preocupado/-a – besorgt 14 A1
preposición *(f)* – Präposition AB8 5
presencia *(f)* – Erscheinung; Anwesenheit 11 B4a, 13 C5a
presentación *(f)* – Vorstellung, Präsentation 13 C6b, 14 C8a
presentar – aufweisen 11 CUb
presidencial – Präsidenten- AB11 7
presidente/-a *(m/f)* – Präsident/in AB11 7
presión *(f)* – Druck 9 B3c
prestación *(f)* – Extras 9 A1b
prestar atención – achten auf, aufpassen 8 A2c
prevención *(f)* – Prävention 14 PRa
prevenir – vorbeugen 14 PRb
previo/-a – vorherig 9 C7b
Primera Guerra Mundial *(f)* – Erster Weltkrieg AB11 5a
prioridad *(f)* – Priorität 11 C6c
privatización *(f)* – Privatisierung 13 A1a
probable – wahrscheinlich 11 C7a
procedente – aus 10 CUb
proceder – kommen aus, stammen aus 14 CUc
procesado/-a – verarbeitet 14 C5a
proceso *(m)* – Prozess 10 PRd
procurar – versuchen 14 GR2a
producción *(f)* – Produktion 13 C5a
producirse – sich ereignen, geschehen 12 CUb
profesional *(m/f)* – Fachmann/ Fachfrau 11 C6a
profundidad *(f)* – Tiefe 13 A1a

profundo/-a – tief 13 GR1
promoción *(f)* – Beförderung 11 C6c
propósito *(m)* – Vorsatz AB8 17
protagonista *(m/f)* – Protagonist/in 12 A1a
proteína *(f)* – Protein 14 C5a
protesta *(f)* – Protest 12 CUb
protestar – protestieren 13 A1a
provocar – verursachen, hervorrufen 14 C6a
próximo a – nahe bei 8 A2a
Próximo Oriente *(m)* – Naher Osten 14 CUa
proyecto *(m)* – Projekt 10 A1a
psicológico/-a – psychologisch 13 CUb
publicidad *(f)* – Werbung 9 A1b
publicitario/-a – Werbe-, Werbungs- AB9 12
puente *(m)* – *hier:* Brückentag AB10 13a
Puerta de Brandeburgo *(f)* – Brandenburger Tor Ab13 3a
puesto *(m)* – Arbeitsplatz 11 B4a
pulsómetro *(m)* – Pulsmessgerät 9 POR
punto *(m)* – Punkt 9 C7b
puntuar – mit Punkten bewerten 9 C7b

Q
¡Qué miedo! – *hier:* Oh Gott! 8 GR2a
¡Qué te mejores! – Gute Besserung! 14 B4c
quedar – passen AB12 9
quedarse con algo – etw. behalten; *hier auch:* nehmen 8 B5d
quiosco *(m)* – Kiosk 9 L2a
quiteño/-a *(m/f)* – *Einwohner von Quito* 10 B3a

R
radiografía *(f)* – Röntgenbild 13 CUb
ranking – Rangliste, Ranking 8 A1c
raro/-a – komisch, eigenartig 10 B3a
raya *(f)* – Streifen 12 B3b
razón *(f)* – Grund 10 PRa
razonable – angemessen, angebracht, vernünftig 14 C7b
RDA *(República Democrática Alemana) (f)* – DDR AB11 7
realista – realistisch 12 A1a
rebaja *(f)* – Preissenkung 8 A2a
rebelde – rebellisch 12 A1a
recaer – fallen (auf) AB8 18b
recepción *(f)* – Rezeption AB13 11
receta *(f)* – Rezept 14 C8a
recetario *(m)* – Kochbuch 14 C8c
rechazar – ablehnen 13 L1a
rechazo *(m)* – Zurückweisung, Ablehnung 13 A1b

recibir – empfangen, erhalten 11 PRa, AB11 13a
reciclar – recyceln 9 C7a
reclamar – verlangen, fordern 11 CUb
recoger – aufräumen; sammeln; (ab)holen AB8 12a, 9 B3b, AB9 5
recomendación *(f)* – Empfehlung 14 C5a
recomendar – empfehlen 10 B3a
recordar – sich an etw. erinnern AB8 18c
rectangular – rechteckig AB9 13a
recuadro *(m)* – Kästchen AB11 1c
recuerdo *(m)* – Erinnerung 12 A1a
Recursos Humanos *(m, Pl)* – Personalwesen 11 B3a
red *(f)* – Netz 12 C5b
redondo/-a – rund 9 C5b
reducir – reduzieren AB14 5a
reescribir – neu schreiben 13 GR1
refinado/-a – raffiniert 14 C5a
reflejar(se) – (sich) spiegeln 11 A2a
reflexionar – nachdenken 13 GR1
reformado/-a – renoviert AB8 7
regar – gießen 8 C8a
régimen *(m)* – Regime 12 GR1
registro *(m)* – Aufzeichnung, Erfassung AB13 9
regla *(f)* – Regel AB8 18d
regresar – zurückkehren 12 C5b
regular – regelmäßig 11 GR1c
regularidad *(f)* – Regelmäßigkeit 14 GR2a
rehabilitación *(f)* – Rehabilitation 11 A2a
relación *(f)* – Beziehung 11 A2a
Relaciones Internacionales *(m, Pl)* – internationale Beziehungen 10 CUb
Relaciones Laborales *(m, Pl)* – Arbeitsbeziehungen 11 B4a
relativamente – relativ, ziemlich 9 A1c
relato *(m)* – Erzählung 13 C6c
relevante – wichtig, relevant 13 C5a
religión *(f)* – Religion 13 C5a
religioso/-a – religiös 11 C7a
relojería *(f)* – Uhrmacher 9 POR
remedio *(m)* – Mittel 14 B3a
remolacha *(f)* – Rote Beete 14 CUc
reparación *(f)* – Reparatur 9 C8a
repartir – aufteilen 8 C8b
reparto *(m)* – Verteilung 8 C8a
representante *(m/f)* – Repräsentant/in AB13 1a
representar – darstellen 8 C9d
reproductor *(m)* – Wiedergabegerät 9 PRb
requisito *(m)* – Anforderung, Voraussetzung 11 B4a, 13 C6a
rescatar – retten 13 A1a
reserva *(f)* – Reservierung 11 PRa

resfriado/-a – erkältet **14** B4b

residencia de estudiantes – Studentenwohnheim **8** A1a

respetar – respektieren **8** A2a

respeto (m) – Respekt **9** B3a

respetuoso/-a – respektvoll **8** A2a

respirar – (durch)atmen **13** B2a

responsabilidad (f) – Verantwortung **11** C6c

responsable – verantwortlich, verantwortungsvoll **10** L2a

restaurado/-a – restauriert **9** C8a

resumir – zusammenfassen **11** GR1b

reunión (f) – Versammlung **AB8** 12b

revolución (f) – Revolution **11** A2a

rey (m) – König **12** CUb

rico/-a – reich; lecker **9** C7b, **AB10** 13a

riesgo (m) – Risiko **10** B4c

riqueza (f) – Reichtum **9** CUb

ritual – rituell **AB13** 9

rock (m) – Rockmusik **9** CUb

rodear – umgeben **11** C6a

rodilla (f) – Knie **14** A2b

rogar – bitten **11** B4a

rojizo/-a – rötlich **AB12** 10

rojo/-a – rot **AB12** 10

romano/-a (m/f) – Römer/in **14** CUc

romero (m) – Rosmarin **14** CUc

rompedor/a – brechend **12** B4a

ropa interior (f) – Unterwäsche **9** POR

rosa – rosa **AB12** 15b

ruidoso/-a – laut **8** A1a

rumano – Rumänisch **10** C5b

rutina (f) – Routine **8** C

S

sabroso/-a – genussvoll, lecker, hier: spaßig **14** A2b

sacar – hier: hinausbringen **8** C8a

sacar una foto – ein Foto machen **AB10** 4

sacerdote (m) – Priester **AB13** 9

saco (m) – Sack **13** CUc

sacudir – schütteln **14** A2b

sal (f) – Salz **8** C8b

sala de embarque (f) – Abflughalle **AB13** 5a

salón-comedor (m) – Esszimmer **8** POR

saltar – springen **12** C5b

saludable – gesund **14** C5a

saludo (m) – Gruß **13** C6b

sandía (f) – Wassermelone **14** CUa

sano/-a – gesund **AB8** 17

sardina (f) – Sardine **14** L1a

¿Se animan? – Macht ihr mit? **14** A2b

secador de pelo (m) – Föhn **9** POR

secar – trocknen **9** C6a

sección (f) – Abteilung **9** PORa

seda (f) – Seide **12** B3b

sedentario/-a – bewegungsarm **14** PORb

seguimiento (m) – Befolgung **14** C7b

seguir – weitermachen mit, weiter verfolgen **11** C6a

Segunda Guerra Mundial (f) – Zweiter Weltkrieg **AB11** 5a

seguro médico (m) – Krankenversicherung **10** POR

selectividad (f) – Zugangsprüfung zur Universität **AB10** 10

semanal – wöchentlich **8** C8a

semejanza (f) – Ähnlichkeit **12** A2b

seminario (m) – Seminar **AB13** 2b

señalar – markieren, zeigen **8** C7a

sencillo/-a – einfach **8** A2a

senderismo (m) – das Wandern **9** POR

sensación (f) – Gefühl, Empfindung **14** B3b

sentarse – sich setzen **AB8** 10

sentimiento (m) – Gefühl **11** A2a

sentir – fühlen **10** B3a

sentirse – sich fühlen **14** B4b

separar – trennen **AB8** 18a

serie (f) – Serie **12** A1a

seriedad (f) – Ernsthaftigkeit **10** L2a

servicio de atención al cliente (m) – Kundeninformation **9** POR

servir – nützen, dienen **9** C5b

sésamo (m) – Sesam **14** CUa

sexo (m) – Geschlecht **11** B4a

siglo (m) – Jahrhundert **AB10** 6

significativo/-a – bedeutend **14** CUc

signo de admiración (m) – Ausrufezeichen **AB10** 21a

sílaba (f) – Silbe **AB8** 18a

silencio (m) – Schweigen, Stille **AB13** 4

silencioso/-a – still **AB12** 16a

sillón (m) – Sessel **8** POR

símbolo (m) – Symbol **13** C5a

simultáneamente – gleichzeitig **14** A2b

sin compromiso – unverbindlich **9** C8a

sin falta – unbedingt **14** B4c

sindicalista (m/f) – Gewerkschaftler/in **11** CUc

sinopsis (f) – Zusammenfassung **13** CUb

sintético/-a – synthetisch **12** B3b

síntoma (m) – Symptom **AB14** 7a

situar – hier: einordnen **13** B3b

sobrar – übrig bleiben **AB9** 11a

sobrasada (f) – Streichwurst **10** CUb

sobre (m) – Brief **AB9** 2b

social – gesellschaftlich, sozial **AB13** 9

socialista – sozialistisch **12** CUb

sociocultural – soziokulturell **11** PRa

sofá (m) – Sofa **8** POR

solar – Sonnen- **AB13** 9

soler ser... – gewöhnlich...sein **10** CUb

solicitar – hier: suchen **11** B4a

soñador/a – träumerisch **12** A1a

sonido (m) – Klang **9** POR

sorprendente – überraschen **AB10** 12a

sorprender – überraschen **8** CUb

sorpresa (f) – Überraschung **AB10** 12a

sótano (m) – Keller **8** A1a

suave – sanft, leicht **14** A1

suceder – geschehen, sich ereignen **AB11** 5a

suceso (m) – Ereignis, Geschehnis **11** A2a

Sudáfrica – Südafrika **13** A1a

suegros (m) – Schwiegereltern **8** CUb

sueldo (m) – Lohn, Gehalt **11** B4a

sueño (m) – Traum; Müdigkeit **11** CUb, **14** B3a

suerte (f) – Glück **AB10** 16b

suéter (m) – Pullover **9** CUb

sufijo (m) – Suffix **AB9** 17

sufragar – finanzieren, bezahlen **9** C7b

sufrimiento (m) – Leid(en) **11** A2a

sufrir – erleiden; leiden **11** A2a, **12** A1a

sugerencia (f) – Vorschlag **AB14** 8

sugerir – etw. vorschlagen **AB14** 8

superar – übersteigen (Preis) **8** A3a

superior – höher **11** B4a

suponer – vermuten, annehmen; bedeuten **10** CUb, **AB11** 8

suramericano/-a (m/f) – Südamerikaner/in **13** A1a

surgir – aufkommen **12** B4a

surrealista – surrealistisch **AB11** 4

sustantivo (m) – Substantiv **10** L2a

T

tacón (m) – Absatz **12** B3a

tailandés – Thailändisch **10** C5b

talla (f) – Größe **12** B3c

taller (m) – Werkstatt; Workshop **10** A1a

tándem (m) – Tandem (Sprachaustausch) **10** C6a

tapiz (m) – Wandteppich **9** CUb

tarea (f) – Aufgabe **8** A3a

tarea doméstica (f) – Hausarbeit **8** A3a

tarjeta de crédito (f) – Kreditkarte **10** POR

tatuaje (m) – Tatoo **12** B4a

taza (f) – Tasse **14** C8a

techo (m) – Dach **8** L1b

técnica (f) – Technik **14** GR2a

tecnología (f) – Technologie **9** POR

tejano/-a – Jeans- **AB12** 10

tejer – stricken **9** CUb

tela (f) – Stoff **9** C5a

telefonía (f) – Telefonie **9** POR

televisión (f) – Fernsehen **12** A1a

temático/-a – thematisch 12 B4b
templado/-a – lauwarm AB14 14b
templo (m) – Tempel 13 C4a
temporada (f) – Saison 11 PRa
temporal – zeitlich 10 GR2a
tendencia (f) – Tendenz 12 B4a
tener calor – jmd. ist heiß 9 L1a
tener en común – gemein haben AB8 8
tener en cuenta – berücksichtigen, beachten 8 C8a
tener ganas de hacer algo – Lust haben, etw. zu tun 10 A1a
tener lugar – stattfinden 9 CUb
terminación (m) – Endung AB8 2c
termómetro (m) – Thermometer 9 L2a
ternera (f) – Kalbfleisch 9 L2a
terrible – schrecklich 11 A1a
terror (m) – Horror AB9 7
terrorista – terroristisch 12 CUb
tesoro (m) – Schatz 9 CUb
textil (m) – Textilie 9 POR
tierra (f) – Erde 13 C5a
tilde (f) – graphischer Akzent AB8 18c
tímido/-a – ängstlich AB12 3a
tinte (m) – Färbemittel 12 B4a
tiranizar – tyrannisieren 13 CUc
tirar – wegwerfen 8 C8a
titulación (f) – akademischer Titel 11 B4a
titular (m) – Zeitungsüberschrift 13 A1a
tocar – berühren AB9 9a
tocarle a alguien – an der Reihe sein AB8 13a
tomar notas – Notizen machen 9 C5b
tono (m) – Ton AB14 16b
torre (f) – Turm AB10 13a
tos (f) – Husten 14 B4b
total – Gesamt- 10 PRb
tradición (f) – Tradition 9 CUb
tradicional – traditionell 9 B3c
traducción (f) – Übersetzung 13 CUc
traducir – übersetzen 9 GR1c
traer – bringen 9 C7b
traje (m) – Anzug AB12 7b
tramo de edad (m) – Altersgruppe 8 CUb
tranquilizarse – sich beruhigen AB14 6
transformar – umwandeln 13 L1b
transición española (f) – Übergang zur Demokratie in Spanien nach dem Tod Francos 12 CUb
transmitir – übermitteln AB13 9
tras – nach 11 A2a
trasladarse – umziehen 11 A2a
trastero (m) – Abstellkammer 8 A1a
tratarse (de) – sich handeln um 8 A2b

trato (m) – Umgang AB8 15
trayectoría (f) – Laufbahn, Werdegang 11 C6a
triangular – dreieckig AB9 13a
tribu urbana (f) – Jugendbande 12 B4a
trigo (m) – Weizen 14 C5a
trilogía (f) – Trilogie 14 CUc
triste – traurig AB14 3b
triturar – zerkleinern 14 C8a
trozo (m) – Stück 14 C8a
trueque (m) – Tausch 9 C7a
tubérculo (m) – Knolle 14 C6a
turco – Türkisch 10 C5b
turista (m/f) – Tourist/in 9 CUb
turístico/-a – touristisch 9 CUb
turno (m) – Reihenfolge, „Schicht" 8 C8a

U

u – oder 12 C6a
ubicación (f) – Lage 8 A2a
últimamente – in letzter Zeit AB8 17
un par de... – einige... 10 C5b
unidad (f) – Lektion 9 B4c
unión (f) – Einheit 13 A1a
Unión de Naciones Suramericanas (UNASUR) (f) – Union Südamerikanischer Nationen 13 A1a
unos pocos / unas pocas – einige wenige 8 A1c
urbanización (f) – Wohnsiedlung 8 A1a
usar – gebrauchen 8 C8a
uso (m) – Gebrauch, Benutzung 8 A8a
usual – üblich, gewöhnlich 14 PORb
utensilio (m) – Gebrauchsgegenstand 8 C8a
utilidad (f) – Nutzen, Brauchbarkeit 9 C5b

V

vale de compras (m) – Einkaufsgutschein 9 A2c
vale regalo (m) – Geschenkgutschein AB9 6b
valiente – mutig 11 C5a
valor (m) – Wert 9 C7b
valorable – wertvoll 11 B4a
vanguardia (f) – Avantgarde 9 CUb
vaqueros (m) – Jeans AB9 2c
varón (m) – Mann 8 CUb
vega (f) – Flussebene 12 C5b
vegetal (m) – hier: Gemüse 14 C5a
veintena (f) – zwanzig... 13 B2a
vela (f) – Segeln 14 POR

vendedor/a (m/f) – Verkäufer/in 9 A1c
vender – verkaufen AB8 4a
¡Venga! – auf geht's! AB13 5a
venta (f) – Verkauf 9 POR
ventaja (f) – Vorteil 8 A2a
ventana (f) – Fenster 8 B5b
ventilar – lüften 14 GR2a
ver – sehen 8 GR2a
veraniego/-a – sommerlich, Sommer- 12 A1d
verbal – Verb- 11 A1c
verdadero/-a – echt 9 CUb
versión (f) – Version 13 GR2b
vestido (m) – Kleid 12 A1a
viajero/-a (m/f) – Reisende/r 9 CUb
vídeo (m) – Video 9 POR
videocámara (f) – Videokamera 9 POR
videoconsola (f) – Videokonsole 9 POR
videojuego (m) – Videospiel 9 POR
vidrio (m) – Glas 8 C8a
viejo/-a – alt 8 L2a
vigoroso/-a – stark, kräftig, energisch 13 CUc
villa (f) – Kleinstadt 13 CUc
vinagre (m) – Essig 14 C8a
vinilio (m) – Vinyl 9 CUb
vino tinto (m) – Rotwein AB9 3a
visión (f) – Sicht 13 CUb
vista (f) – Blick, Aussicht 8 A2a
vitrina (f) – Vitrine AB9 2c
vocálico/-a – vokalisch AB11 2
volar – fliegen 13 B2b
volver a hacer algo – etw. noch einmal machen 8 B5c
voz (f) – Stimme 11 CUb
vuelo (m) – Flug AB13 5a
vuelta (f) – Rückkehr; Drehung 11 CUc, 14 A2b

W

waterpolo (m) – Wasserball 14 POR

Y

y tal – hier: und sowas 10 CUb
yacimiento (m) – Mine 13 A1a
yogur (m) – Joghurt 14 L1a

Z

zanahoria (f) – Karotte 14 CUa
zapatería (f) – Schuhgeschäft 9 POR
zapatilla (f) – Turnschuh 9 POR
zapato (m) – Schuh 12 B3a